口絵図1　カナダ全図

（上：2009年4月撮影，下：2023年9月撮影）
過去10年余りの間に，高層ビルの開発が相次ぎ，スカイラインの高さと厚みが増していることがわかる。
写真4-1　オンタリオ湖からみたトロント市街のスカイライン

口絵　i

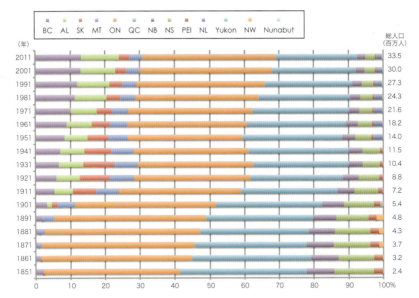

注1：2011年の総人口についても，他の年次と同様に国勢調査（Census）のデータを利用した。そのため，2011年のみ実施された任意の詳細調査「国民世帯調査（National Household Survey）」の総人口とは一致しない。
注2：20世紀になると，1905年にアルバータ州とサスカチュワン州が，1949年にニューファンドランド・ラブラドール州（当時，ニューファンドランド州）が，正式にカナダ連邦へ加わり，現在の全10州が揃った。上図で，これら諸州の名が，それぞれ1901年と1951年より前の国勢調査で認められないのはそのためである。なお，先の2州については，加盟直前からデータが収集されていた。
出典：Statistics Canada 各年をもとに筆者作成

図4-1　カナダの州別人口割合の変化（1851〜2011年）

ポルトガル系の保険代理店や税理士事務所などでは，こうした待合所の風景が一般的であった。（2011年8月撮影）

写真6-1　リトルポルトガルのオフィスに置かれたポルトガル系新聞

複数の種類・大きさのバカリャウ（塩漬けされた干しダラ）が並ぶ。店内には，独特の香りが漂う。（2011年8月撮影）

写真6-2　リトルポルトガルの食料品店に陳列されたバカリャウ

このビルにはポルトガル系電話帳会社など，複数の同胞のオフィスが入居した。写真中央のGuiaと書かれた看板の意匠には，カナダのシンボル・メープルの葉とともに，ポルトガルのシンボル・雄鶏（Galo）が描かれている。（2012年10月撮影）

写真6-3　リトルポルトガルの
エスニック景観

2010年代にコンドミニアムが建設されるまで，域内で最も高い建物はこの高齢者住宅であった。路上では，ポルトガル系の高齢者が談笑する姿もよく見られた。（2013年8月撮影）

写真7-1　テッハ・ノーヴァ高齢者住宅
（Terra Nova Senior Citizens Building）

夕方から夜間にかけ，一世の指導者からカナダ生まれの二世や三世の子どもたちへ，出郷地の踊りが伝えられている。（2012年11月撮影）

写真7-2　Casa da Madeira所有ビルでの
フォークダンスの練習

都市内部のリトルポルトガルから，市内北方の移民回廊地域に移転した社会文化組織のビル。広大な駐車場が完備されている。（2013年8月撮影）

写真7-4　Casa das Beiras所有ビル

ポルトガル・マデイラ島のサンターナ地域の伝統的家屋
（Casa da Santana）（2015年5月撮影）

トロント郊外のマデイラパーク内にある売店
（2013年7月撮影）

マデイラ系移民が所有するマデイラパークでは，出郷地であるマデイラ島の伝統的景観が再現されている。

写真7-3　マデイラ島サンターナ地域の伝統的家屋とそれを模したマデイラパークの売店

口絵　iii

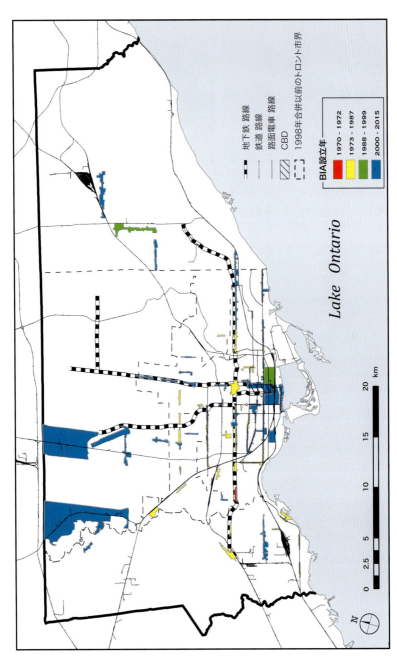

図8-2 トロント市におけるBIAの分布（2015年8月現在）

出典：City of Toronto. Business Improvement Area City of Toronto. Business Improvement Area office 提供資料をもとに筆者作成

口絵　iv

コンドミニアム1階にはヘアサロンやカフェなどの商店が入居し，2～8階が住居フロアになっている。アシンメトリックなデザインとともに，これまで同街区にはなかった異質な建造環境が出現した。
（左：2013年8月撮影，右：2024年10月撮影）

写真9－1　リトルポルトガル内に建設されたコンドミニアム（1）

自動車修理工場（1階建）から住商混在のコンドミニアム（8階建）へと置き換えられた。建設後，この交差点からトロントのシンボルであるCNタワーを望めなくなった。
（左：2013年10月撮影，右：2024年10月撮影）

写真9－1　リトルポルトガル内に建設されたコンドミニアム（2）

口絵　ⅴ

2010年代，一世を中心とする同胞が足繁く通った食料品店から，持続可能性を謳う高級食料品店へと置き換わった。
（左：2012年10月撮影，右：2024年6月撮影）

写真9-2　リトルポルトガルにおける商店の転換例

 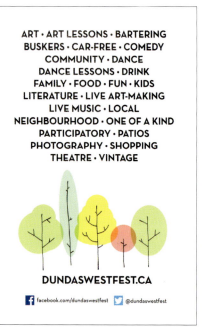

注：実物は左右の広告が片面ずつ，両面印刷されている。出典：Dundas West Fest 2013フライヤー

図9-5　BIAによるストリートフェスティバルの宣伝フライヤー

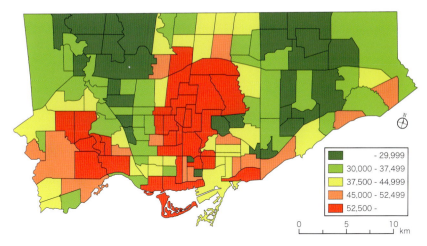

出典:Statistics Canada 2011, City of Toronto Neighbourhood Profilesをもとに筆者作成

図10-4 近隣地区ごとにみるトロント市の平均所得の分布(2011年)

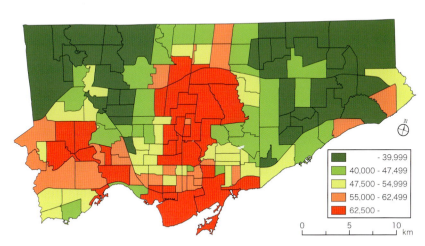

出典:Statistics Canada 2021, City of Toronto Neighbourhood Profilesをもとに筆者作成

図10-5 近隣地区ごとにみるトロント市の平均所得の分布(2021年)

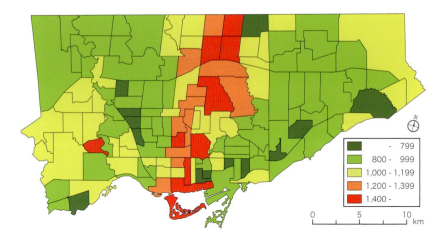

出典：Statistics Canada 2011, City of Toronto Neighbourhood Profilesをもとに筆者作成

図10-6　近隣地区ごとにみるトロント市の平均家賃の分布（2011年）

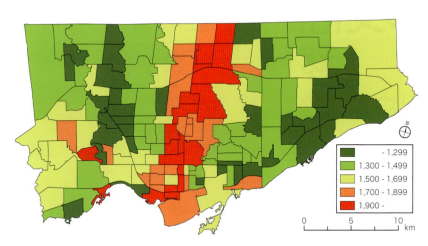

出典：Statistics Canada 2021, City of Toronto Neighbourhood Profilesをもとに筆者作成

図10-7　近隣地区ごとにみるトロント市の平均家賃の分布（2021年）

多文化都市トロントにおける移民街の揺動

ジェントリフィケーション・私的政府BIA・ローカル政治

髙橋 昂輝

明石書店

まえがき

　筆者とトロントとの出会いは，今から15年余り前の2009年4月に遡る。当時，東京の大学に通っていた私は，大学の休学手続きを淡々と済ませると，いかにも屈強そうなエアカナダの機体に乗り込み，成田空港を飛び立った。とっておきの萌黄色のスウェットシャツを着ていたことはよく覚えているし，機内でキャビンアテンダントの女性にオレンジジュースをかけられてしまったことも忘れられない思い出だが，何より，カナダ到着後，トロント郊外のミシサガ市にあるピアソン国際空港から，ガーディナー高速道路でトロント中心部へ向かう道中，視界を独占したオンタリオ湖の雄大さとその説得力は，今なお強くこの眼に焼き付いている。

　トロント到着から1か月余りが経ち，紫外線が次第に強まる5月，私は連日トロント市内の商業地区を歩いて周っていた。カナダ滞在の一番の目的は，単なる語学力の向上でもなければ，友達と和気藹々と過ごすことでもなく，ましてや大学生活というモラトリアムを遊んで過ごすつもりは毛頭なかった。日本国内にいてはできないような「多文化的」な経験を渇望していた。自作の履歴書を印刷し，"Hiring（従業員募集中）"などと書かれた紙が貼られた店舗のドアを片端から叩いて周った。しかし，購入したばかりのFido社の携帯電話が鳴ることはなかった。

　面接の連絡すら届かない中，方針を変更した私は，募集の貼り紙が出ていない店舗にも足を運び，勝手にプレゼンをしながら，履歴書を配ってまわった。迷惑そうに門前払いをされることもあれば，「店長（supervisor）に渡しておくね」と言われ，音沙汰がないのも常であったが，しつこく市内の商業地区を周った。印刷した履歴書の数も100を超えた頃，惰性的に一軒のイタリア料理店を訪問した。後に私を雇い入れることとなる，イタリア系移民の三兄弟が経営するレストランであった。満足に英語も話せない中，履歴書をみせてプレゼンをすると，その場で簡単な質問を受け，それに答え終えた数秒後だったろうか。

3

「明日10時，ブラックシャツ，ブラックパンツ，ブラックシューズでここに来い」と告げられたのである。従業員募集の貼り紙もなく期待薄で訪れていたこともあるし，断られることに既に慣れていたこともあった。俄かには理解できなかったが，どうやら採用が決まったようだった。嬉しかった。

　私は，彼らイタリア系移民のほか，従業員として雇用されていた，ドイツ，フランス，ポーランド，ロシアなど，世界の多様な国・地域を出自とする移民やその二世・三世の同僚とともに，トロントでの日々を過ごした。この時，レストランの接客を担う同僚のほぼ全てがヨーロッパ系の従業員であった一方，表には出ない厨房で勤務するコックたちの大半がインドやスリランカなどの南アジア系の移民従業員であった。この経験は，私の心の深部に疑問として居座り続け，多文化都市トロントの内実を検討するための出発点になったとも言える。そんな職場環境の下，最年少で，かつ唯一の「日本人」であった私は，ウェイターやウェイトレスの指示のもと，テーブルのセッティング・掃除・その他一切の雑用を担う，バスボーイとして汗を流した。

　幸いにもオーナー三兄弟に加え，こちらもイタリア系移民の女性シェフにも気に入られた私は，毎日，熱烈なハグと叱咤をこの身に浴びながら，また，彼らに仕込まれたイタリアンジョークを駆使し，イタリア系をはじめとする常連客とも次第に親しくなっていった。同時に，日本でのアルバイトの経験とは比較にならないほど，精神的・肉体的なタフさも求められた。この店で関わった一人ひとりに感謝が尽きないし，この場所で生じた激しく情緒的な経験は，研究・私生活の垣根を越え，私の原点の一つとなっている。

　さて，予定していた1年間の休学期間を終え，大学に復学した私は，卒業論文のテーマとして，トロントの移民街を取り上げることを決めた。週末は終日，新宿のイタリア料理店の厨房でフライパンを振り，渡航費を稼いだ。帰国後もイタリアに関心の強かった私だが，研究の大変さを何ひとつ知らないことが結果的には幸いし，卒論では，イタリア系移民街に加え，そこに近接するポルトガル系移民街も併せて調査することを決めた。こうして，大学4年生となった2011年の夏，再びトロントに渡り，北緯43度の青い空から燦々と日差しが降り注ぐ中，1か月間のフィールドワークに邁進することとなる。修士課程まで通った駒澤大学地理学教室の寛容でオープンマインドな学風は，こうした充実

した大学生活と自由な研究姿勢の基盤を提供してくれた。

　その後，大学院修士課程への進学を決めると，主な研究テーマをポルトガル系移民街に移した。理由は，卒論の調査を進める中，トロントにおいて，イタリア系に比べてポルトガル系の移民の歴史は浅く，そのため，ポルトガル系移民街は，観光地化されたイタリア系移民街に比して，生々しさに溢れていたためである。大学院での研究活動を通じ，お世辞にもメジャーとは言えないポルトガル文化の知る人ぞ知る奥深い魅力に惹きつけられていった。博士課程を含め大学院に在籍した5年間は，毎年，1年の3分の1程の期間をトロントで過ごした。ポルトガル系移民街でのフィールドワークを続けていくうち，本書の鍵概念ともなった，ジェントリフィケーション，BIA（Business Improvement Areas）など，幾つもの興味深い研究テーマに遭遇し，それを掘り起こしては，異なる色の光を，異なる角度から照射する作業を繰り返した。事象の本質的な部分となる根を掘り当て，有意義な視角からそれを分析するには，数えきれない程のトライアルとエラーを経験したが，これも不思議とさして苦にはならなかった。

　ポルトガル系コミュニティの人々には，アウトサイダーであるはずの私を夏のピクニックへ招待していただくなど，様々な得難い経験をさせていただいた。調査の度に，多くの文化や知恵を確かに受け取らせてもらった。また，ポルトガル系以外のトロントニアン（トロントの人々）にも，皆さん忙しいはずにもかかわらず，時間を惜しまず，いつも親身に笑顔で対応していただいた。出自を問わず，彼・彼女らの人生哲学を聞くことが，気付けば調査の楽しみの一つになっていった。

　本書は，筆者の卒業論文（2012年）・修士論文（2014年）・博士論文（2017年）に加え，大学で職を得た後の2022年，2023年に海外の査読付きジャーナルに掲載された論文が基となっている。本書には，*Urban Geography, Environment and Planning C: Politics and Space, Canadian Geographies* という，世界の主要ジャーナルに掲載された論文の内容も加筆・修正・翻訳の上，収録されている。それら全てが主に2010年代における移民街とエスニックコミュニティの変貌を描き出したものである。なお，国勢調査をはじめとする統計データについては，主に現地調査に依拠する第6〜11章においては，基本的には，その

時々の都市空間の状況に一致させるため，各章の調査時点で入手可能な最新の
データを利用した。

　最後になるが，本書の刊行にあたり，明石書店の安田伸さんには，終始適切
なご助言をいただき，また多大なご尽力をいただいた。この場を借りて，感謝
の意をお伝えする。それでは，多文化都市トロントにおける移民街の揺動につ
いて，ご一読いただければ幸甚である。

　2025年2月20日

　　　　　　　　　　　　　　冬尽く間近，札幌の街並みを左手に
　　　　　　　　　　　　　　　　　髙橋　昂輝

多文化都市トロントにおける
移民街の揺動
――ジェントリフィケーション・
私的政府 BIA・ローカル政治

目 次

まえがき 3

第Ⅰ部 はじめに

第1章 本書の枠組みと目的 …………………………………………… 17

第2章 既往の研究 ………………………………………………………… 29

第1節 インナーシティにおける移民街の生成・変容プロセス 30

第2節 都市圏郊外へのエスニック空間の立地変容 34

第3節 都市政策BIAと移民街の観光地化 38

第4節 移民街におけるジェントリフィケーションと社会的テクトニクス 45

第5節 インナーシティの選挙政治とエスニック集団内外の連帯 49

第3章 研究方法と分析の手順 …………………………………………… 55

第Ⅱ部 多文化都市トロントのポルトガル系移民街

第4章 多文化主義国家カナダと多文化都市トロント ……………… 61

第1節 国土の発展と人口分布の変化 61

第2節 移民法の改正と多文化主義国家カナダの成立 65

第3節 カナダ社会の構造変容と多文化都市トロントの形成 75

第4節 トロント市の民族構成 82

第5章 世界とカナダのポルトガル系ディアスポラ ………………… 87

第1節 ポルトガル帝国主義と植民地の立地展開 88

第2節 ポルトガル人によるカナダへの移住 92

第3節 トロントのポルトガル系移民と移民街「リトルポルトガル」 95

第4節 トロントにおけるジェントリフィケーションと
リトルポルトガルの位置付け 98

8

目　次

■■■　第Ⅲ部　移民街の発展・変容とエスニックコミュニティの空間的分散　■■■

第6章　リトルポルトガルの移民街としての発展段階 ……………… 103

第1節　本章のねらい　103

第2節　移民街の形成と居住分布　104

第3節　移民街における土地利用と景観　108

第4節　移民街内部の労働力　113

第5節　まとめ　116

第7章　リトルポルトガルの脱ポルトガル化と　　ポルトガル系コミュニティの空間的分散化 ……………… 121

第1節　本章のねらい　121

第2節　ポルトガル系居住地の集中と分散　122

第3節　社会文化組織ビルの移転とポルトガル系コミュニティの再編　126

第4節　ポルトガル系経営者・事業所にみる職住分離の進展　135

第5節　まとめ　143

■■■　第Ⅳ部　私的政府BIAとジェントリフィケーション進展下のローカル政治　■■■

第8章　都市の街区政策BIAとその私的政府性 ……………………… 151

第1節　本章のねらい　151

第2節　BIAの制度概要　152

第3節　BIAの起源と政策移転　154

第4節　BIAによるガヴァナンスと移民街のブランディング　158

第5節　まとめ　169

第9章　リトルポルトガルBIAにおける主導権争いと社会関係 …… 173

第1節　本章のねらい　173

第2節　リトルポルトガルにおけるジェントリフィケーションの進展　175

第3節　リトルポルトガルBIAにおける主導権争い　187

第4節　地元経営者の社会関係　193

第5節　まとめ　198

第10章　ジェントリフィケーション進展下の
　　　　　ポルトガル系議員の選挙戦 ……………………………………… 203

第1節　本章のねらい　203

第2節　ポルトガル系移民によるトロント市議会への進出　206

第3節　選挙政治に果たすメディアの役割　214

第4節　選挙活動のアリーナとしてのリトルポルトガル：
　　　　一つの都市空間にある二つの場所　220

第5節　まとめ　223

■■■■■■■■■■■■■■■■■■■■ 第Ⅴ部　おわりに ■■■■■■■■■■■■■■■■■■■■

第11章　移民一世の高齢化と老後の戦略的トランスナショナリズム ‥ 231

第1節　本章のねらい　231

第2節　高齢期のトランスナショナル移住　233

第3節　カナダにおけるポルトガル系移民の高齢化　242

第4節　トランスナショナルな老後生活を促進・制約する諸要因　247

第5節　まとめ　254

第12章　結び：多文化都市トロントのディレンマと移民街の揺動 …… 259

第1節　総括・考察　259

第2節　リトルポルトガルの将来：
　　　　一世の高齢化と多文化都市の商品としての移民街　266

文　献　275
あとがき　289
初出一覧　291
謝　辞　292
索　引　293

目　次

図・表・写真一覧

口絵図１　カナダ全図 …………………………………………………………… 口絵ⅰ

──第１章　本書の枠組みと目的

図１-１　1970年頃を画期とする北米都市における空間構造の変容 …………　19

図１-２　本書に関わる多層的スケールにおける政府の役割と位置付け ………　26

──第４章　多文化主義国家カナダと多文化都市トロント

図４-１　カナダの州別人口割合の変化（1851〜2011年）……………………… 口絵ⅱ

図４-２　カナダにおける民族構成の変遷（1871〜2011年）…………………… 73

図４-３　移民法と労働需要からみたカナダの多文化・多民族化 …………… 75

図４-４　カナダにおける都市・農村人口比率の変化（1851〜2011年）……… 78

図４-５　トロント市におけるエスニックオリジン別の人口構成（2011年）……… 84

表４-１　カナダにおける移民法とエスニック集団関連の主な出来事に基づく
　　　　時期区分 ……………………………………………………………… 66

表４-２　カナダの主な都市圏における総人口と移民人口（2011年）………… 80

表４-３　三大都市におけるエスニックオリジン別（大別）の
　　　　人口構成（2011年）………………………………………………… 81

写真４-１　オンタリオ湖からみたトロント市街のスカイライン ……………… 口絵ⅰ

──第５章　世界とカナダのポルトガル系ディアスポラ

図５-１　ポルトガルの概観図 ……………………………………………………　89

図５-２　受入国別のポルトガル系移民数の推移 ……………………………　93

図５-３　研究対象地域 …………………………………………………………　97

表５-１　カナダにおけるポルトガルからの移民数の推移 ……………………　95

──第６章　リトルポルトガルの移民街としての発展段階

図６-１　トロント市におけるイタリア系出自者の居住分布（2006年）………… 107

図６-２　トロント市におけるポルトガル系出自者の居住分布（2006年）……… 107

図６-３　両地区に立地する商店の業種構成 ………………………………… 109

図６-４　リトルイタリーの土地利用（2011年８月現在）………………………… 109

11

図6-5　リトルポルトガルの土地利用（2011年8月現在）…………………… 110

図6-6　両地区における経営者・従業員のエスニックオリジン……………… 113

図6-7　経営者のエスニックオリジンと開業年（2011年8月現在）………… 115

写真6-1　リトルポルトガルのオフィスに置かれたポルトガル系新聞……… 口絵ii

写真6-2　リトルポルトガルの食料品店に陳列されたバカリャウ…………… 口絵ii

写真6-3　リトルポルトガルのエスニック景観 ………………………………　口絵iii

写真6-4　リトルイタリーのストリートサインと電飾………………………… 112

写真6-5　地下鉄駅構内に貼られた
　　　　　"FIERA TARANTELLA FESTIVAL"のポスター…………………… 112

——第7章　リトルポルトガルの脱ポルトガル化と
ポルトガル系コミュニティの空間的分散化

図7-1　ポルトガル系移民街の形成過程 ……………………………………… 123

図7-2　トロント市におけるポルトガル系出自者の居住分布（2006年）……… 125

図7-3　ポルトガル系集住地区内における居住分布の変化
　　　　（1981年，1996年，2006年）………………………………………… 125

図7-4　マデイラパークでの合同ピクニックの開催を伝える
　　　　ポルトガル系新聞の一面記事………………………………………… 131

図7-5　ポルトガル系五大組織の移転経路 …………………………………… 132

図7-6　ポルトガル系経営者の通勤行動 ……………………………………… 141

図7-7　リトルポルトガルBIAにおける事業所の出店年（2013年10月現在）… 142

図7-8　リトルポルトガルにおけるエスニック機能の離脱プロセス ……… 143

図7-9　ポルトガル系コミュニティにおける空間構造の変容……………… 144

表7-1　ポルトガル系五大組織の概要 ………………………………………… 126

表7-2　Casa dos AçoresとCasa da Madeira会員の出身地……………… 127

表7-3　2012年におけるCasa da Madeiraの年間活動予定表……………… 130

表7-4　ポルトガル系五大組織の歴代入居ビル……………………………… 133

表7-5　ポルトガル系五大組織の所在ビルと資産価値（2013年12月現在）… 135

表7-6　ポルトガル系事業所と経営者の属性………………………………… 136

写真7-1　テッハ・ノーヴァ高齢者住宅
　　　　　（Terra Nova Senior Citizens Building）………………………　口絵iii

写真7-2　Casa da Madeira所有ビルでのフォークダンスの練習…………　口絵iii

写真7-3　マデイラ島サンターナ地域の伝統的家屋とそれを模した
　　　　　マデイラパークの売店 ……………………………………………　口絵iii

目 次

写真 7－4　Casa das Beiras 所有ビル……………………………………………… 口絵ⅲ

──第8章　都市の街区政策 BIA とその私的政府性

図8－1　トロント市における BIA 設立数の推移……………………………… 159

図8－2　トロント市における BIA の分布（2015年8月現在）……………… 口絵ⅳ

図8－3　リトルポルトガル BIA・ダンダスウエスト BIA の英語と葡語の
　　　　ニューズレター ……………………………………………………… 168

表8－1　北米の主要都市における人口と BIA 制度の導入状況
　　　　（2015年8月現在）…………………………………………………… 156

表8－2　トロント市の BIA 一覧（2015年8月現在）…………………………… 160

写真8－1　ブロアウエストヴィレッジ BIA における修景……………………… 162

写真8－2　ダンダスウエスト BIA における BIA 役員会議…………………… 162

──第9章　リトルポルトガル BIA における主導権争いと社会関係

図9－1　リトルポルトガル BIA における土地利用（2013年9月現在）………… 176

図9－2　リトルポルトガル BIA における事業所の出店動向 ………………… 178

図9－3　地元経営者の居住分布 ……………………………………………… 182

図9－4　リトルポルトガル BIA における BIA 役員の変遷（2013年9月現在）… 189

図9－5　BIA によるストリートフェスティバルの宣伝フライヤー ……………… 口絵ⅵ

図9－6　リトルポルトガル BIA のソシオグラム ……………………………… 194

表9－1　リトルポルトガル BIA（ソシオグラム）内における地元経営者の属性 ‥ 180

表9－2　エスニックオリジン別にみる経営者の店舗所有状況………………… 185

表9－3　エスニックオリジン別にみる土地・建物所有者の割合……………… 185

写真9－1　リトルポルトガル内に建設されたコンドミニアム（1）（2）……… 口絵ⅴ

写真9－2　リトルポルトガルにおける商店の転換例………………………… 口絵ⅵ

写真9－3　リトルポルトガルで開催された「ポルトガルデイパレード」… カバー表・表袖

写真9－4　リトルポルトガルで開催された「ダンダスウエストフェスト」…… カバー裏

──第10章　ジェントリフィケーション進展下のポルトガル系議員の選挙戦

図10－1　2014年トロント市議会議員選挙の区割 ………………………… 205

図10－2　ポルトガル系人口の分布（1981年）とトロント市議会議員選挙
　　　　（1978～1985年）の選挙区割 ……………………………………… 208

13

図10－3 ポルトガル系人口の分布（2016年）と
　　　　トロント市議会議員選挙（2000～2014年）の選挙区割…………… 213
図10－4 近隣地区ごとにみるトロント市の平均所得の分布（2011年）……… 口絵ⅶ
図10－5 近隣地区ごとにみるトロント市の平均所得の分布（2021年）……… 口絵ⅶ
図10－6 近隣地区ごとにみるトロント市の平均家賃の分布（2011年）……… 口絵ⅷ
図10－7 近隣地区ごとにみるトロント市の平均家賃の分布（2021年）……… 口絵ⅷ

──第11章　移民一世の高齢化と老後の戦略的トランスナショナリズム

図11－1 トランスナショナル移住のライフサイクルモデル…………………… 234
表11－1 ヨーロッパ・北米の老後におけるトランスナショナル移住者の類型… 239
表11－2 カナダにおけるポルトガル系人口の高齢化（2016年）………………… 242
表11－3 ポルトガル系移民の年齢構成と市民権の保有状況（2016年）……… 244
表11－4 調査対象のポルトガル系移民高齢者の属性 ………………………… 248
写真11－1 Casa dos Açoresで開催される高齢者向けダンスイベント……… 247

──第12章　結び：多文化都市トロントのディレンマと移民街の揺動

写真12－1 リトルポルトガルに建造された雄鶏「ガロ」の巨大オブジェ … カバー裏袖

第Ⅰ部

はじめに

第 1 章
本書の枠組みと目的

　　トロントの人口は，多様なコミュニティ・集団から構成されています。トロント市は，その全ての人々による貢献を高く評価し，市民のもつ多様性がトロントを強化していると信じています。……トロントは，世界で最も多様性に富んだ都市の一つです。それは，トロント市のモットー「多様性，それこそ我々の強み」という言葉に反映されています。

　　Diverse communities and groups make up the population of Toronto. The City of Toronto values the contributions made by all its people and believes that the diversity among its people has strengthened Toronto.…Toronto is one of the most diverse cities in the world reflected in the City of Toronto's motto "Diversity, Our Strength." (City of Toronto 2023)

　トロント市当局のウェブサイトを開き，"Equity, Diversity & Inclusion"のページをみると，上記の文章が認められる。1797 ～ 1841年，イギリス系カナダ（Upper Canada）の首都であったトロント（1834年までの名称はヨーク（York））は，1960年代までは，フランス系カナダの中心地であるモントリオールに次ぐ，国内第2位の都市であった。その後，1960年代から1970年代にかけ，モントリオールに代わり，人口・経済の両方の規模において，国内最大の都市へと成長を遂げると，北米全体でも，ニューヨーク，ロサンゼルス，シカゴに次ぐ，第4位の人口を誇る大都市へと発展した。また，人口規模のみならず，トロン

17

第Ⅰ部　はじめに

ト市は世界各地からの移民を引き寄せ，今日では，文化的多様性によって象徴される「多文化都市（multicultural city）」として，国内外から広く認知されている。

2016年，イギリスの公共放送局BBC（British Broadcasting Corporation）ラジオは，トロントを世界で最も多文化的な大都市（the world's most multicultural metropolis）と発表した（BBC Radio 2016）。2016年のカナダ国勢調査（Census of Canada）において，トロント市の総人口のうち，47.0％を移民が占め，そこに非永住者（3.5％）を加えた50.5％を国外出生者が占めた（Statistics Canada 2016）。すなわち，この都市では，2人に1人以上が国外で生まれた人々により構成される。また，トロント市内には，200以上のエスニック集団が居住するとされ，様々な出身地の移民が暮らしている。

このように，本書の対象都市であるトロント市は，世界有数の多文化都市であり，市内には10以上の移民街が分布する（Tourism Toronto 2012）。移民街を検討するにあたり，多文化都市トロントは有意義な研究材料を提供すると考えられる。本書で焦点を当てるポルトガル系コミュニティは，トロント市の全エスニック集団のうち，1980年代初頭までに，インナーシティ（innercity）内の一定の空間に最も顕著に集中して居住する集団となった（Teixeira and Murdie 1997）。Kalbach（1990）によれば，1970年代初頭～1980年代初頭，ポルトガル系移民はユダヤ系移民と並んで，全エスニック集団の中で最も高いセグリゲーションの指標（index of dissimilarity）を示した[1]。しかし，20世紀末から21世紀初頭にかけた世紀転換期頃を境に，彼・彼女らの移民街は急速な近隣変容（neighbourhood change）を経験している。

本書では，ポルトガル系移民が形成した移民街「リトルポルトガル（Little Portugal）」を取り上げ[2]，この地区の変容に重大な影響を与えていると考えられる，①ジェントリフィケーション（gentrification）と呼ばれる都市現象，②Business Improvement Areas（略称，BIA）という都市政策を二つの鍵概念に据える。後述の通り，ジェントリフィケーションとBIAは，トロント市のみならず，現代の北米都市を理解するために有用な，かつ普遍的な鍵概念と言える。これら二つの要素は，トロント，さらにはより広く北米都市における，1970年代以降の都市空間の再編過程を論じるにあたり，不可欠な要素である。

第1章　本書の枠組みと目的

　都市研究の古典理論を振り返ると，北米の大都市では，まず19世紀末から20世紀初頭にかけて進行した工業化に伴って労働需要が増大すると，移民の送出国がそれ以前に比べて多様化するとともに，数的にもより多くの移民が流入するようになった。到着間もない移民（特にマイノリティである移民エスニック集団）は，中心業務地区（Central Business District）（以下，CBD）の周辺に位置するとともに，工場地帯にも近接するインナーシティの街区に流入した[3]（図1-1）。当時，インナーシティでは，工場の煤煙などにより居住環境が劣悪になるとともに，老朽化した安価なアパートメントが集積していた。結果として，インナーシティには，多様なエスニック集団による複数の移民街が形成された。

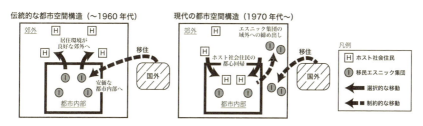

図1-1　1970年頃を画期とする北米都市における空間構造の変容

　都市の社会地理的変化を反映し，1920年代以降，移民街を扱う研究が次第に増加していった。その嚆矢となったBurgessによる同心円地帯モデル（concentric zone model）の発表以後（Burgess 1925），概ね1970年頃までの約半世紀の間，エスニック集団に関する空間論的研究の大半が，空間的同化論（spatial assimilation theory）を前提として取り組まれてきた。この理論において，移民エスニック集団は人的資源に乏しく，ホスト社会において文化的に異質で，かつ社会経済的に劣位にある存在と位置付けられた。彼・彼女らは，制約的な居住地選択の結果，移住先の都市に到着した当初，就業地に近接していることから通勤費を節約でき，さらに居住環境は劣悪だが，安価なアパートメントが立地するインナーシティの街区に居住するとされた。他方，より富裕である白人（多くはイギリス系）は，インナーシティの生活環境の悪化に否定的な反応を示し，路面電車でCBDへと接続された郊外の良好な居住地へと外方に移動していった。この現象は，"ホワイトフライト（white flight）"と呼ばれ，

19

第Ⅰ部　はじめに

彼・彼女らが暮らした郊外住宅地は“路面電車の郊外（streetcar suburbs）”と形容された。

　空間的同化論において，移民またはその子孫は，移住後，多くの場合が移民一世から二世や三世への世代交代を伴いながら，ホスト社会における主要言語の運用能力を獲得する。言語をはじめ，種々の文化変容（acculturation）を経験することで，彼・彼女らは社会経済階層の上昇（upward socioeconomic mobility）を達成する。そして，ホスト社会への文化的・社会経済的な同化を反映し，その居住空間は，居住環境の悪いインナーシティから，ホスト社会で生まれ育ったより富裕な人々が暮らす郊外へと移り，空間的にもホスト社会へと同化・統合されていくと想定された。当該のエスニック集団がインナーシティに形成した既存の移民街は消滅し，代わって，その都市空間は，新たに流入した他の移民エスニック集団により占拠される。こうした考えは，生態学の概念を都市研究に援用した，シカゴ学派の都市社会学者によって“侵入と遷移（invasion and succession）”の概念で説明された（Park et al. 1925）。以上が，北米都市の移民エスニック集団に関する，古典的な空間論的説明枠組みである。

　1960年代頃までは，上記の枠組みに基づき，エスニック集団の居住地移動（residential relocation）と移民街の消失の過程が概ね説明され得た。しかし，1970年代以降，空間的同化論に依拠した説明枠組みは効力を失っていく。1964年，社会学者ルース・グラス（Ruth Glass）により，最初にイギリス・ロンドンの労働者街区において，住民階層の高級化が報告された（Glass 1964）。彼女は，この都市現象を同国の階級の一つである紳士階級（gentry）に因んで，ジェントリフィケーションと命名した。その後，イギリスのみならず，北米をはじめとする欧米諸国を中心に，複数の都市でジェントリフィケーションの発現が報告されるようになっていく。20世紀後半から現在まで，この用語は都市地理学（urban geography）を中心としながら，より広く都市研究（urban studies）の領野における主要な研究テーマとなってきた。トロントも例に漏れず，主に1970年代以降，ジェントリフィケーションの発現と進行が認められている。今日（少なくとも筆者が主に調査した2010年代）のトロントでは，域内住民の平均所得が市内平均を上回り，既にジェントリフィケーションが完了したとみられる地区が認められる一方，リトルポルトガルはジェントリフィケー

20

ションのフロンティアとなっており，ダイナミックな都市変容の過程にある（Walks and Maaranen 2008b）。

ジェントリフィケーションの発生要因をめぐっては，1960年代末から2000年代初頭まで，需要（demand）側／供給（supply）側の双方の研究者の間で激論が展開された。Ley（1996）をはじめとする前者は，20世紀後半における産業構造の転換を反映した，新たな価値観を有する新中流階級（New Middle Class）の出現からジェントリフィケーションを説明した。他方，Smith（1979）を中心とした後者は，潜在的地代と資本化地代との間の差（地代格差，rent gap）に目を付けた開発資本の視点から，この都市現象の要因の解明を試みた。2000年代に入ると，両者は相補性（complementarity）を有するものとみなされ（Lees 2000a），発生要因に関する議論は一定の落ち着きをみせた。

このように，1970年代以降の北米都市では，上位中産階級（その多くがホスト社会で生まれ育った人々）が移民街を含むインナーシティに関心を高めるとともに，開発資本も郊外から都心部へ回帰することで，ジェントリフィケーションが発生している。長らく移民街が立地してきた都市内部の空間では，居住のジェントリフィケーション（residential gentrification）とともに，商業（または小売）のジェントリフィケーション（commercial (or retail) gentrification）が進行する。両者が相互に作用することで，街区のイメージも刷新され，住宅・商業の双方の空間で地価・賃料の上昇に拍車がかかる。その結果，インナーシティにおいて，従前の地域構成員であった移民や低所得層の人々は，域外へと締め出されている（Smith 1996）。

かつてブルーカラーの人々が集積した労働者街区の多くは，同心円地帯モデルおよび空間的同化論で前提とされた，居住環境が劣悪でホワイトカラーの富裕層が忌避するような負の空間では最早なくなっている。20世紀後半，第二次産業から第三次産業への産業構造の転換・グローバルサウスへの工場機能の移転（＝北米都市における脱工業化）などとともに，北米都市の郊外で生まれ育った新中流階級の人々にとって，インナーシティの街区は文化的で魅力的な居住・生活空間として映っている（Ley 1996）。このような新たな文化的・社会的・経済的な動向とともに，北米都市の社会地理的状況を説明するにあたり，空間的同化論はその役目を終えつつある。

第Ⅰ部　はじめに

　1970年，ジェントリフィケーションの発現と時をほぼ同じくして，トロント市において，都市政策BIAが導入された。都市内部が衰退した同時期，この都市政策は街区内の地権者から税金を追加で徴収する代わりに，彼・彼女らにその資金を還流させるとともに，まちづくりに関する多大な決定権限を与えた。その後，BIAは，ニューヨーク市やロサンゼルス市を含む，北米の主要都市へと政策移転（policy transfer）していくことになる（第8章で詳述）。トロント市はBIAの発祥の地であるとともに，北米で最多数のBIAが立地する都市でもある。同市では，この都市政策が土地所有者・経営者らに広く普及するとともに，普及の過程で制度内容も整備されてきたと考えられる。このことから，トロント市はBIAの先端の地とも言え，この都市政策を理解するために有効な都市と考えられる。

　都市政策BIAの誕生・普及は，20世紀後半に生じた北米におけるインナーシティの衰退に加え，ケインズ主義から新自由主義への転換が進むとともに，都市行政において生じた管理者主義（managerialism）から企業家主義（entrepreneurism）への抜本的転換を反映する。Harvey（1989）によれば，都市間競争が激化する中，ローカルな発展と雇用の増大を目指した，新たなローカルガヴァナンスの形態が出現していった。連邦政府から地方政府への交付金が減少する中，基礎自治体は，従来の都市を管理する姿勢から，民間企業やその他の機関・団体と水平的に結びつきながら，官民連携体制（public-private partnership）を構築して経済成長を目指す都市経営の姿勢へとシフトしていった。地元の行政府は，サービス・施設・その他の便益を都市住民へ供給することを主な使命に掲げた従前の管理者主義的な体制から，民営化・規制緩和などを通じて市場の活動を支援することにより発展を目指す企業家主義的な体制に舵を切ったのである。

　BIAは新自由主義的な時代精神を象徴する都市政策であり，都市ガヴァナンスの再構成に関する議論を生じさせてきた（Didier et al. 2013）。この都市政策は，本来，市政府によって管理されるべき公共空間の責務を適切な管理や責任なく，民間セクターへ委譲するものであり，責務を委譲された民間セクター（私人）の力が強大化するとともに，その決定が利己的になり得ることなどが批判されている（Hochleutner 2008: 101）。BIAは，当該の都市空間における

22

「私的政府（private governments）」として機能しているとされる（Lavery 1995）。なかでも，有志のBIAメンバー10名ほどによって組織されるBIA役員会は中枢的な役割を担い，事実上，政策決定の権限を保有する。加えて，都市政策BIAはジェントフィケーションと密接な関係にある。街区の美化活動，ホームレスの排除，ブランディング戦略などに基づく街区イメージの向上を通じ，地価・賃料の上昇を引き起こし，住宅・商業の両面でジェントリフィケーションを促進している（Hackworth_and Rekers 2005; Steel and Symes 2005）。このことから，ジェントリフィケーションとBIAは不可分な関係にあると言える。両者に注目することで，現代北米の都市空間の変容過程に関し，理解が促進されると考えられる。

　Lavery（1995）は，20世紀末以降，アメリカ合衆国（以下，アメリカ）の住宅地で増加しているゲーテッドコミュニティ（gated community）とそこで暮らす富裕層による住民自治組織の台頭に重ね，商業街区におけるBIAの形成を「裏口からの民営化（privatization by the back door）」と指摘した。Laveryによると，ゲーテッドコミュニティとBIAからは，アメリカ社会に歴史的に内在する個人主義的自由の希求，および20世紀末における政府の役割の変化（＝新自由主義化）に関連した，重要なインプリケーションが認められるという。このことを敷衍するならば，カナダ・トロント市がBIAの起源地であり，なおかつ制度の普及が特に進んだ都市であるという事実は，アメリカ社会に象徴される個人主義的な価値観，および新自由主義的な思想が，カナダ（トロント）社会にも一定程度，浸潤していることを示唆する。

　本書では，1970年代以降のカナダ経済の中心地であり，なおかつ同時期における国家スケールでの政策変更（多文化主義の採用とそれに関連する移民法の改正）を重要な背景に，世界的な多文化都市へと発展を遂げた現代トロント市が抱えるディレンマ，およびこの都市の内部に所在する移民街の変動過程を描き出す。アメリカに隣接するカナダは，超大国アメリカに経済的にも大きな影響を受けてきた。カナダでは，アメリカに比して，より高度な社会福祉政策（例えば，医療保険制度，年金制度）が採用されている一方，新自由主義的な経済政策も認められる。都市単位で導入され，街区（＝都市空間）単位で実装されるBIAも，こうした新自由主義化の流れに符合する地域経済政策である。

第Ⅰ部　はじめに

　トロントは，多文化主義（multiculturalism）と新自由主義（neoliberalism）という二つの理念・イデオロギーの両者が如実に読み取れるとともに，それらが錯綜する都市と言える。このことから，本書では，同都市を「多文化主義と新自由主義の交差点」として表現および定置する。世界に先駆けて1971年に多文化主義を採用したカナダにおいて，本来，移民街はその理念を物質的に象徴・表象する空間として，歓迎され積極的に「保存・保護」の対象となるべき都市空間と考えられる[4]。しかし，1970年代末以降，アメリカ・イギリスを中心とした多くの西側諸国では，新自由主義が経済イデオロギーの中心的な地位を獲得し，経済活動の自由化，規制撤廃，民営化などが喧伝され，経済的利潤の最大化が他の要素に優先して一層と求められるようになった。

　米英の2か国を主軸に，1970年代末以降，ケインズ主義から新自由主義への転換が生じる中，旧イギリス領でコモンウェルス（Commonwealth of Nations）の構成国であるとともに，超大国アメリカに隣接するカナダは，そのはざまで不可避的に両国からの影響を受けてきた。1930年代以降，カナダでもケインズ主義的な政策が導入されたが，1970年代後半以降，インフレーションと失業率の上昇に伴い，ケインズ主義的な介入施策は後継に退いていく（Historica Canada 2024）。政府の財政赤字が問題化すると，ブライアン・マルルーニー政権（Martin Brian Mulroney，進歩保守党，1984～1993年）からジャン・クレティエン政権（Joseph Jacques Jean Chrétien，自由党，1993～2003年）にかけ，アメリカとの貿易自由化，および国内の財政健全化が図られた。米加自由貿易協定（1988年）が発効し，米加間における貿易の自由化が促進されたのは，この時期のことであった。主幹の自動車産業（工場の多くがオンタリオ州に立地）をはじめ，アメリカとの貿易はカナダ経済の生命線であり，1980年代におけるアメリカ経済の低迷により，カナダ経済も輸出減に伴う経済的な打撃を受けていたことも協定締約の背景にあった。クレティエン政権下では，政府の役割の再定義が行われ，政府系企業の民営化，連邦公務員の削減，連邦政府から地方政府への交付金の縮小，医療・教育などの社会福祉関係の補助金の削減などが実施された。以降，カナダでは，世界金融危機やCOVID-19パンデミックなどの例外的な時期を除き，同様の政策が採られてきた。

　一方，トロント市政に目を転じると，1960年代～1970年代には，都市改良

（urban reform）運動が興隆する中，ジョン・シウェル（John Sewell）をはじめとする，改良派の候補者が市議会議員に選出された。都市改良派議員の主張は，歴史的な建造環境の保存，都市再開発への反対などによって特徴付けられた。1960年代末，ニューヨークからトロントへ移住した文筆家でアクティヴィストのジェイン・ジェイコブス（Jane Jacobs）が中核となった市民運動により，1971年，都心部でスパダイナ高速道路（Spadina Expressway）の計画が中止されると，1973～1978年には，デイヴィッド・クロンビー（David Crombie）が市長に就任した。彼は，他の高速道路の建設計画にも反対し，その一部を実際に停止させたほか，貧困地区におけるスクラップ・アンド・ビルド型の公共住宅団地の開発にも反対の姿勢を示し，ケンジントンマーケットなど，複数地区の再開発事業を中止させた。その後，1978年には都市改良派の象徴的な議員であったシウェルがトロント市長に就任し，トロント都心部における再開発は継続して抑制された。

　しかし，次の1980年選挙において，シウェルは対抗馬として出馬したアート・エグルトン（Art Eggleton）の前に敗北を喫した。エグルトンは，クロンビーやシウェルとは大きく異なる政策ヴィジョンを有し，都市開発に積極的であり，市の経済的な発展を掲げていた。史上最長となった彼の市政下（1980～1991年）において，トロント市の都心部において，Metro Convention Centre, Sky Dome, CBC Broadcasting Centreなどの大規模な施設が建設され，再開発が進展していった。折しも，この時期，モントリオールに代わって，トロントはカナダ最大の経済都市へと成長を遂げていた。Caulfield（1994）によれば，トロントでは，企業家主義的な都市計画が，1960年代～1970年代に生じた改良志向の都市計画に次第に置き換わり，それを再構成していった。Kipfer and Keil（2002）の見解では，1970年代に生じた，戦後のメトロ・トロント制度下での（都市——郊外間の調整を企図した）都市計画の行き詰まり[5]，およびその後に勃興した都市改良派政治の社会空間的な限界を経て，トロント市の「競争力ある都市（competitive city）」を目指すレジームへの移行が生じた[6]。

　このような今日の新自由主義下では，ヒト・モノ・カネ・情報のみならず，都市空間もまた貪欲な経済的まなざしを受け，商品化されている。こうした中，ジェントリフィケーションは新たな消費のフィールドを産出しており，都市内

部の移民街も一連の情勢変化の下，多大な影響を受けている。前述の通り，移民街は，一瞥すると，カナダの国家的理想，および多文化都市トロントを象徴する都市空間として歓迎されるべき対象と考えられる。しかし実際，ジェントリフィケーションという現代都市の潮流は，これまでとは異なるアーバンアクター（＝ジェントリファイアー，gentrifiers）の到来とともに，街区に新たな特性を与え，さらには，そこに新たな場所アイデンティティを生み出してさえいる。トロントはこうした社会的・文化的・経済的，そして政治的な思潮の変化の中，多文化主義と新自由主義という二つのイデオロギーの両立をめぐるディレンマを抱えているのである。そのディレンマの下，トロント（都市）を構成する一つの空間要素である移民街（都市空間）にも，経済的利潤の追求を求める個人・行政・企業・団体などによる開発圧力，および消費需要が生じている。

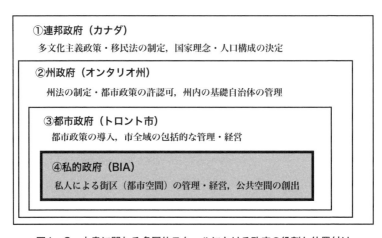

図1-2　本書に関わる多層的スケールにおける政府の役割と位置付け

リトルポルトガルでは，特に2000年代以降，ジェントリフィケーションが急速に進展している。また，同じく2000年代，地元経営者らが中心となり，「リトルポルトガル（Little Portugal）BIA」が組織されたことにより，この街区におけるまちづくりは新たな展開を迎えた。ジェントリフィケーションが進み，街区内の構成員が続々と入れ替わる中，異なる社会的・文化的な属性を有するアクターが同一の都市空間に混在化していった結果，ローカルな覇権をめぐる争いが

第1章　本書の枠組みと目的

激化していったのである。本書において，こうした近隣変容を反映したローカル政治の動態は，まちづくりの中核を担うBIA役員会における主導権争い（第9章），および地元選挙区の市議会議員選挙（第10章）を通じて検討される。

　本書の主な目的は，次の通りである。一点目は，特にジェントリフィケーションとBIAに焦点を当て，トロントのインナーシティ西部に所在する，ポルトガル系移民街の変容プロセスを明らかにすることである。二点目は，同移民街のドラスティックな変容に呼応する，ポルトガル系コミュニティの大都市圏スケールにおける空間構造の再編プロセス，および再編後の空間構成を明らかにすることである。三点目は，「ポルトガル系移民街（Little Portugal）」という，特定のエスニシティにより特徴付けられてきた都市空間が，その社会的・文化的な特性を変化させる（或いは，変化を強いられる）過程において，この空間内部で現出したローカル政治の実践・構造・力学を解明することである。以上の三点を明らかにした上で，前述の二つの鍵概念（ジェントリフィケーション，BIA）に改めて注目し，多文化都市トロントが直面するディレンマ，およびこの都市の内部に所在する移民街の急変が示唆する社会地理的な含意について考察する。

注

(1) ユダヤ系は，インナーシティではなく，ダウンタウンから市内中央北部にかけてのエリート地区において集住していた。

(2) 本書における移民街の定義や用法については，第2章で詳述する。

(3) 移民エスニック集団をはじめ，エスニック集団の定義については，第2章で詳述する。

(4) Brosseau and Dewing（2009）によれば，「多文化社会カナダ」というコンセプトは，①社会的な事実として，②イデオロギーとして，③政策としてなど，いくつかの異なる観点で解釈され得る。①社会的な事実としての多文化主義は，多様な人種・エスニシティを背景とする人々の存在を意味する。②イデオロギーとしての多文化主義は，カナダの文化的多様性の称揚・祝福に関する，比較的に首尾一貫した一連の概念と理想から構成される。③政策としての多文化主義は，連邦，州・準州，基礎自治体の各領域におけるフォーマルなイニシアチヴを通じた，多様性のマネジメントを意味する。これら三つの主要な観点は，相互に不可分な関係にあり，共存関係にあると考えられる。

(5) メトロ・トロント（Municipality of Metropolitan Toronto）については，第2章で詳述する。

(6) World Bank（2015）は，競争力ある都市（competitive city）を「企業・産業が雇用を創

27

第 I 部　はじめに

　出し，生産性を高め，市民の所得を増やすことに長期的に成功している都市」と定義し，そ
れを実現させるためには「都市のリーダーが，民間セクターを誘致・維持・拡大することに
寄与する複数の要素を熟知する必要がある」としている。

第2章

既往の研究

　カナダにおいてポルトガル系出自者は，移民エスニック集団として位置付けられる。エスニック集団は一つのより大きな社会（ホスト社会）において，他と区別できる民族的特色をもつ下位集団（マイノリティ）である（杉浦 2008: 13）。この定義に照らすならば，アメリカにおけるイギリス系出自者，カナダにおけるイギリス系とフランス系の出自者は民族集団ではあるが，エスニック集団ではない。

　南北アメリカ大陸では，ヨーロッパ諸国からの植民，および彼らによる先住民の駆逐により，近代化または西洋化が進行した。その結果，先住民は南北アメリカ大陸における少数派の民族集団，すなわち，エスニック集団となった。北米大陸の先住民は，アメリカにおいてはネイティヴアメリカン（Native Americans），カナダにおいてはファーストネイション（First Nations）と呼称されるのが一般的である。彼らはエスニック集団として分類される一方，土着の人口集団であるために移民エスニック集団とは区別され，先住民エスニック集団のほか，ナショナルマイノリティ（National Minority）と呼ばれることもある。カナダでは植民およびその後の歴史に基づき，ファーストネイションに加え，ケベック州のフランス系住民（Québécois）もナショナルマイノリティに含まれることがある（Good 2009: 6）。以上から，本書で対象とするポルトガル系移民は，非先住民，かつカナダ社会における少数派の民族集団であることから，移民エスニック集団に分類される。

　本章では，北米都市における移民エスニック集団，および移民街に関する既

29

第Ⅰ部　はじめに

往の研究のうち，①インナーシティにおける移民街の生成・変容プロセス，②都市圏郊外へのエスニック空間の立地変容，③都市政策BIAと移民街の観光地化，④移民街におけるジェントリフィケーションと社会的テクトニクス，⑤インナーシティの選挙政治とエスニック集団内外の連帯の五つのトピックに焦点を当てる。各節では，学術用語の意味・用法を整理しながら，それぞれの研究動向を本研究の枠組みに沿って提示した上，第Ⅲ・Ⅳ部を構成する各章との対応関係，および各章から導出される個々の学術的意義を説明する。

第1節　インナーシティにおける移民街の生成・変容プロセス

　北米都市を対象としたエスニック集団に関する研究は，1920年代のシカゴにおける研究を嚆矢とし，現在まで蓄積が進められてきた（cf. Park et al. 1925）。シカゴ大学の都市社会学者Burgessは，同心円地帯モデルにおいて，ゾーン1（CBD＝中心業務地区）とゾーン3（労働者住宅地帯）の間に位置する，インナーシティのゾーン2を「漸移地帯（zone in transition）」とし，そこでの移民街の立地を示した。インナーシティにおいて，エスニック集団が占拠する空間に対しては，これまで欧米および日本の地理学者・社会学者らにより，複数の呼称が与えられてきた。エスニックネイバーフッド（ethnic neighbourhood），エスニックエンクレイヴ（ethnic enclave），ゲットー（ghetto），エスニックタウン（ethnic town）は，なかでも頻繁に用いられる呼称である。これらの用語を区別なく用いる研究者もいるものの，実際には多くの用語に対して学術的な定義付けがおこなわれている。

　次節で詳述する通り，エスニックエンクレイヴは，特定のエスニック集団による集中居住に加え，エスニック集団特有の経済活動，および雇用の創出の含意を強く有し，エスニック集団によって積極的に形成された地区である。それに対し，ゲットーはホスト社会による排除の結果として形成された，特定のエスニック集団による都市内部の集住空間を意味する。元来，イタリアのヴェニスをはじめ，中世ヨーロッパにおいて，ユダヤ人の居住地区を示したが，現在では，転じて，他のエスニック集団の居住地区にも用いられ，エスニックゲッ

30

第2章　既往の研究

トー，ブラックゲットーなどとも呼ばれる。エンクレイヴとゲットーはともに，特定のエスニック集団の集住空間を意味する。空間的帰結に関する限り，両者に異同は殆どないが，空間的集中を引き起こす要因に関しては対置的である。エンクレイヴは，内部凝集力に基づく自発的（voluntary）な要因が卓越した結果として形成される。他方，ゲットーは，ホスト社会からの排除（exclusion）の作用が強く働き，当該のエスニック集団が一定の空間への集中を余儀なくされ，生成される。

エスニックネイバーフッドも，北米において，学術・一般の両方において頻繁に用いられる語の一つである。しかし，筆者が知る限り，エスニックネイバーフッドに対する学術上の確立的な定義はなく，この語は比較的緩やかに使われてきた。本書では，この「エスニックネイバーフッド」のほか，これと同様に固定的な学術上の定義を与えられていない，日本語の「移民街」と「エスニック空間」の語を主に用いる。各語の使い分けとして，移民エスニック集団により形成されたインナーシティの街区に対しては，移民街を用いる。他方，移民街に加え，黒人街区をはじめとする，移民以外のエスニック集団によって形成されたインナーシティのエスニック街区，および郊外のエスニック空間について，より対象射程の広い用語として，エスニックネイバーフッドとエスニック空間の語を相互に置換可能なものとして用いる。また本書においては，現時点でのエスニック集団による居住や商業の集中を絶対的な必要条件とは考えず，街区の歴史やイメージなどを基盤に，特定のエスニック集団と密接に結び付いた都市空間を含め，それらに対し，上記に準拠しながら，移民街，エスニックネイバーフッド，エスニック空間の語を適用する。

一方，日本国内に限っては，学術・一般の双方において「エスニックタウン」の語がおそらく最も頻繁に用いられてきた。本書では，インナーシティのエスニックネイバーフッドと移民街を指し示す際，和文の先行研究との整合性の観点から，本節の以下・第6章・第12章に限っては，一部でエスニックタウンの語も用いる。北米都市における移民街の変容プロセスについては，杉浦がアメリカ西海岸の諸都市において，主に日系の移民街を対象に複数の研究を蓄積してきた（杉浦 1996, 1998, 2004, 2011）。20世紀末以降，欧米のアカデミアでは，マルクス主義地理学の台頭や文化論的展開（cultural turn）の中，社会経

31

第Ⅰ部　はじめに

済的格差や文化諸要素と空間・場所・地域との連関についての関心が高まった。その一方，移民街の変容プロセスなど，システマティックな側面に対する研究関心は低下した。しかし日本においては，こうした言わば古典的な研究関心が一定程度で維持され，論文の生産が継続された。このことは，日本／欧米の優劣を問うものではなく，英語圏諸国を中心とする世界のアカデミアに対する，日本の地理学のガラパゴス化（＝独自の研究動向の展開）の一端を示すと言える。また，移民街の生成・変容プロセス，およびそこから導出されるより広範な社会地理的含意を検討するにあたり，関連の和文の研究成果が有用なことを意味する。

　杉浦（1996）によれば，エスニックタウンには特定のエスニック集団が集住するのみならず，エスニック集団を顧客とする商店・オフィス（＝エスニックビジネス），コミュニティ施設が集積する。エスニックビジネスは集団内の構成員に特有の財やサービスを提供するとともに，エスニックコミュニティの紐帯を維持・強化する役割を果たす。また，納税申告の代行など，ホスト社会における諸手続きを仲介することにより，移民がホスト社会で直面する障壁を緩和する（Hendricks 1974: 123-124; Waldinger 1986: 19-20）。形成から時間が経過したエスニックタウンでは，職住分離の進展により居住機能が縮小するが，このことはエスニックタウンの消滅には直結しない。エスニックタウンに立地したエスニックビジネスやコミュニティ施設は集積を維持する。このような段階にあるエスニックタウンに対し，杉浦（1998）は「エスニック・ビジネスタウン」の呼称を与えた。

　Kaplan（1998）は，エスニック集団による空間的集中がエスニックビジネスの発展に果たす役割を①インキュベータ，②結合，③集積，④焦点の四つの作用に類型化した。杉浦（2011）は，この4類型をエスニックタウンの発展・変容段階に読み換え，①萌芽期，②総合型エスニックタウン期，③エスニック・ビジネスタウン期，④衰退期とし，アメリカ西海岸4都市の日系エスニックタウンを事例にモデルの有効性を検証した。萌芽期には集団成員の集中居住により発生した顧客と労働力が，エスニックビジネスの生成・立地を促す。その後，顧客，労働者，エスニックビジネスの3要素が集積することにより，居住，商業・業務，コミュニティの機能が凝集する総合型エスニックタウン期に移行す

32

る。さらにその後，集団成員が居住機能を縮小させる一方，エスニックビジネスが残存する時，エスニック・ビジネスタウン期へと変容する。そして，エスニック人口のみならず，エスニックビジネスまでもが分散するとエスニックタウンは衰退期を迎える。

　基本的には，エスニックタウンは①から④へと推移すると考えられるが，実際には全てが同様の経過を辿るわけではない。特にエスニック・ビジネスタウン期への変容は全てのエスニックタウンが経験するのではなく，エスニックビジネスの再活性化を促す条件が満たされた時に限って出現する。エスニック・ビジネスタウンは，ホスト社会住民や他のエスニック集団，観光客を顧客に取り込むとともに，集団外部の労働力を利用することで存続する（杉浦 2011）。

　杉浦（2011）の所説は，エスニックタウンが時間の経過とともにその形態を変化させる存在であることを示す。しかし，杉浦が取り上げた四つの日系エスニックタウンは，調査時点において，いずれもエスニック・ビジネスタウン期または衰退期に相当した。杉浦は歴史地理学的な手法により，初期のエスニックタウンの復元を試みているものの，各段階間における就業者の構成や景観の変化に関する分析は不十分である。モデルに従えば，総合型エスニックタウン期からエスニック・ビジネスタウン期への移行時には，域内において当該エスニック集団の居住人口が減少するとともに，労働者として集団外部者を包摂していく。すなわち，居住者のみならず，就業者のエスニック構成もまた変化する。また，特定のエスニック集団の構成員が集住することにより域内には特異な景観が生成されることから（Arreola 1984, 2004），当該集団の居住人口の減少，および就業者の構成の変化は，域内の景観にも影響を与えると考えられる。

　以上の諸点は，都市内部における移民街の変容プロセスに関する残された研究課題と言える。第6章では，リトルポルトガルに加え，異なる発展段階にあると考えられるリトルイタリーを取り上げ，エスニック集団の居住分布，エスニックビジネスの立地のほか，就業者のエスニックオリジン（民族的出自）の構成，域内の景観にも注目することにより，上記の研究課題を克服することに努める。こうした作業をもとに，杉浦（2011）がKaplan（1998）を参考に作成した，エスニックタウンの発展・変容段階モデルに照らし，本調査開始時点の2011年頃における，リトルポルトガルの移民街としての発展段階を特定する。

第Ⅰ部　はじめに

第2節 ┃ 都市圏郊外へのエスニック空間の立地変容

　1920年代，人間生態学の考えに基づき，シカゴ学派の都市社会学者らがインナーシティの移民街に関心を寄せると，その後，ホスト社会で生まれ育った白人（ネイティヴホワイト，native white）と移民エスニック集団との間で認められる，居住のセグリゲーション（residential segregation）に関して多くの研究が蓄積された（e.g. Matwijiw 1979; Massey and Denton 1987, 1988; Zhou and Logan 1991）。1950年代〜1960年代，計算機の発達により生じた計量革命は，こうした研究動向の形成に寄与した。これらの研究の多くは，空間的同化論に立脚し，ネイティヴホワイトと移民エスニック集団との空間パターンの差異に関心が向けられた。この理論においては，移民エスニック集団は総じて経済的に貧しく，移住当初，インナーシティの特定の空間で居住すると考えられた。その後，ホスト社会での居住年数の経過，二世や三世の誕生に伴う世代交代とともに，彼・彼女らの居住地は外方へと移動していく。エスニック集団の構成員の文化（言語や生活様式など）がホスト社会の主流派の文化に同化していき（＝文化変容），それに伴う社会経済的な地位の上昇が起こると，彼・彼女らの居住地もまた，ネイティヴホワイトが多く住む郊外へと移動していくものと想定された（Massey 1985; Waters 2005）。このような文化変容と社会経済的地位の上昇に対応した，都市の内部から外方への転住プロセスは，バージェスのモデルにも符合する。1990年代頃まで，上記の理論に依拠した研究が多数生産され，この分野において，空間的同化論はグランドセオリーとも呼べる地位を獲得した。しかし，それらの研究の大半は，国勢調査をはじめとした定量的データに多く依拠するとともに，居住分布という空間的帰結を記述することに終始した。その一方で，個々のエスニック集団の質的特性や当該集団に特有の内的要因に関する精察を欠くなど，その問題点が次第に指摘されるようになった。

　1990年代末以降，研究の関心は移民エスニック集団の郊外への居住地移動に関する，より詳細かつ個別具体的な要因，および新移民による郊外における新たなエスニック空間の形成とその特異性に向けられていった。トロントのポ

ルトガル系コミュニティに関しては，彼・彼女らが，同胞の不動産仲介業者を利用するため，インナーシティに位置する旧来のポルトガル系移民街から，トロント大都市圏の西部に位置する，ミシサガ市などの特定の郊外地域へ転住していることが報告されている（Teixeira 1997）。

　こうした研究動向の発生は，北米都市において，移民エスニック集団の居住が長期化した結果，文化的・社会経済的にホスト社会に同化し，空間的同化論の最終段階に相当する郊外への居住分散が顕著となったことを反映する。また，移民法の寛容化を受けて人口構成が多文化・多民族化するとともに，ホスト社会から移民エスニック集団に対する圧力が総じて低下したこと，高度な人的・経済的資源を有する移民が流入するようになったことなどから，早期の郊外化を可能せしめたことも背景にある。加えて，自家用車の大衆化，インターネットをはじめとする情報・通信技術の発達など，社会的・技術的な変化が移民エスニック集団の郊外居住を促進していると考えられる。

　Logan et al.（2002）によると，現代では，移民エスニック集団の構成員にとって，郊外に居住することはエスニックネイバーフッドの外部に居住することを必ずしも意味しない。近年，北米都市では，多くのエスニックネイバーフッドが郊外で形成されている。また今日，新規の移民は，ホスト社会において必ずしも経済的に低位にあるとは限らない。彼・彼女らの経済的特徴は，空間的同化論で想定された（移民＝貧困という）前提に一致しない。このため，例えば，富裕層の中国系移民はインナーシティの伝統的チャイナタウンでの居住を経ることなく，郊外地域に直接流入している。こうした流入プロセスが，伝統的な理論（＝空間的同化論）に一致しないことは明らかである。

　Li（1998a, 1998b, 2009）は，中国系を事例に，ロサンゼルス郊外のサンガブリエル・ヴァリー（San Gabriel Valley）において，居住地・商業地から成る郊外のエスニック空間の存在を指摘し，それを「エスノバーブ（ethnoburb）」と命名した。空間的にみたとき，エスノバーブは郊外の一地域において現出する。他方，社会経済的にみると，インナーシティのエスニックネイバーフッドとは異なり，エスノバーブは単一のエスニック集団によっては占拠されない。一つのエスニック集団の構成員による集積が一定の明瞭さを示す一方，より多民族的な人口構成によって特徴付けられるという。さらに，改革開放（1978年）以

第Ⅰ部　はじめに

降，グローバル経済に参入した中国にとって，エスノバーブは本国経済のアウトポスト（outpost）として機能する。Liによる研究は，エスニック集団の活動空間が都市内部から郊外に移動していることを説明したのみならず，エスノバーブがインナーシティのエスニックネイバーフッドとは異なる社会経済的特性を有する空間であることを明らかにした。彼女によれば，エスノバーブは，エンクレイヴ型とゲットー型のいずれとも異なる，特異なエスニック空間として定義される。エスノバーブには，高学歴で富裕な中国系のみならず。富裕層にサービスを提供する教育経験に恵まれなかった貧困層の中国系も居住する。サブグループ別にみても，大陸（本土），香港，台湾，インドシナ半島といった多様な地域の出身者が居住しているとされる。Liによるエスノバーブ研究が意義深いことは論を俟たないが，その一方で，エスノバーブの概念を中国系以外の集団にも適用し，一般化することについては，検討の余地がある。言うまでもなく，20世紀末以降，中国は世界経済に大きな影響力を持つようになった。加えて，その人口は世界の総人口の10％超を占めるとともに，国際移住も継続して活発である。これらのことから，中国系の移民エスニック集団が，他の大半の移民エスニック集団に比べ，例外的であることは明白であろう。

　Li（1998a）でも示されたように，移民エスニック集団による特定の空間の占拠は，居住の側面のみならず，彼らの経済活動とも密接に結び付いている。移民エスニック集団の経済活動については，特に1980年代以降，旺盛な研究が認められる。前述の通り，インナーシティのある空間において，特定のエスニック集団の構成員が集中的に居住したとき，その集団内に特有の商品・サービスに対する需要が生まれる。さらに，このとき，当該の都市空間では集団内での労働需要も発生する。特定のエスニック集団の集住とそれに伴う商品・サービス，労働力に対する需要が生まれ，これらが互いに結合したとき，当該の都市空間においてエスニックビジネスが開業される（Kaplan 1998）。これらが凝集された都市空間において，エスニックコミュニティの構成員は主流派経済から独立した「エンクレイヴ経済（enclave economy）」を発展させる（Portes 1980）。移民エスニック集団によるエンクレイヴ経済は，人的資源に乏しい同胞に対して，下流労働市場（secondary labor market）における低賃金での労働を回避させ，主流派労働市場（primary labor market）の労働者と同等の収入を

36

担保する。また，Aldrich et al.（1985）は，エンクレイヴ内部における同胞の集中居住が，集団外部からの防衛のほか，同胞によってパトロナイズされた「保護された消費者市場（protected consumer market）」の生成に寄与することを指摘した。Portes and Jensen（1987）は，エスニックエンクレイヴが特定のエスニック集団による単なる集住地域ではないことを強調した。彼らによれば，エスニックエンクレイヴは集団内での相互扶助を通じた雇用の創出と密接に関連した地区である。

　このように，都市における移民エスニック集団の経済活動に注目した研究では，居住機能と商業機能の相互作用が議論されてきた。しかし近年，移民エスニック集団の社会空間が郊外化している一方，その居住・商業の両面の変化を合わせて分析し，エスニックコミュニティの空間変容プロセスを大都市圏スケールで総合的に検討した研究は蓄積に乏しい。Allen and Turner（1996）によると，居住機能の拡散後においてもインナーシティのエスニックネイバーフッドにはエスニックビジネスなどの一部の機能が残存する。このため，エスニック集団の構成員は，居住地の移動後においても伝統的なエスニック空間との結合を維持する。Allen and Turnerの論考は，居住機能や経済機能など，エスニックコミュニティが有する諸機能がインナーシティのエスニックネイバーフッドから一斉には消失せず，それらが段階を追って変化することを示唆する。このことは，前節で引いた杉浦（2011）と同様，都市内部の移民街が形成から時間の経過に応じて，様々な形態を経験することを意味する。

　Zelinsky and Lee（1998）が提唱した「ヘテロローカリズム（heterolocalism）」に基づくと，今日，エスニック集団の構成員は居住地域のみならず，また都市／郊外にかかわらず，共通のエスニシティを基盤に複数の空間を利用する。本書では，彼らの指摘を踏まえ，特定のエスニック集団により形成された都市内部および郊外のエスニック空間について，それぞれを独立した完結的な空間として捉えるのではなく，相互に接続された一体の社会空間と捉える。今日，エスニック集団が有する複雑な空間構造を包括的に捉えるためには，都市内部のエンクレイヴ（またはゲットー）や郊外のエスノバーブといった空間的に独立した概念ではなく，コミュニティ解放論に依拠したコミュニティ概念を採用することが有効と考えられる。

第Ⅰ部　はじめに

　1970年代までに，都市社会学の分野では，コミュニティ概念に関する議論が進んだ。現代都市における，コミュニティの「喪失/存続」を主張する二つの立場が台頭し，それぞれ「コミュニティ喪失論」（e.g. Wirth 1938），「コミュニティ存続論」と呼ばれた（e.g. Whyte 1943）。これらに対し，Wellman（1979）は，交通・情報通信技術の発達を踏まえ，社会的ネットワークに注目することにより，「コミュニティ解放論」という第三の解を提出した。すなわち，ここでのコミュニティとは，伝統的なムラ社会に代表されるような一定の空間的制約を有するもの，或いは地域コミュニティを意味しない。これらを踏まえ，本書では，Wellman（1979）およびWellman and Leighton（1979）が提唱したコミュニティ解放論に基づいた，コミュニティ概念を用いる。本書においては，特別な言及がある場合を除き，コミュニティはエスニシティという社会的紐帯によって結び付くとともに，空間的制約を超えた概念である。

　以上の通り，今日，都市/郊外の双方を巡り，エスニック空間の様態が多様化するとともに，拡散化する一方，大都市圏スケールでのエスニックコミュニティの空間構造を総合的に分析した研究は蓄積に乏しい。このことから，第7章では，トロントにおけるポルトガル系コミュニティの居住，エスニックビジネス，社会文化組織のそれぞれの立地変化を包括的に捉える。居住，商業，文化・社交の三つのエスニック機能に注目することで，大都市圏スケールでのポルトガル系コミュニティの空間構造の拡散・変容過程，および今日おける複数のエスニック空間を介した社会的な結節構造を明らかにする。これらの作業を通じて，リトルポルトガルにおける脱ポルトガル化のプロセスについても逆説的に解明していく。

第3節　都市政策BIAと移民街の観光地化

　第二次世界大戦後，北米都市では郊外化に伴う居住機能および商業機能の空間的拡散が進行する一方，都市内部で低所得層の住民が取り残されるとともに，商業の衰退が深刻化した。モータリゼーションの進展を背景に郊外住宅地が形成され，自動車による来店を前提とした大型ショッピングモールが郊外に開業

すると，小規模小売店が集積する都市内部の商業街区は顧客を減少させ，次第に疲弊していった。中心都市から郊外の自治体への中高所得層の転出による税収の減少，およびインナーエリアにおける貧困や犯罪などの問題に対処するため，中心都市の財政は逼迫した。都市内部では，一部で政府の主導によるスクラップ・アンド・ビルド型の大規模再開発計画も実施されたが，その効果は限定的であった。

現トロント市では，1954〜1997年の間，旧トロント市を核に，そこに郊外の複数の基礎自治体を加えた，メトロ・トロント（Municipality of Metropolitan Toronto）政府を形成し，（旧トロント市政府とメトロ・トロント政府との）二層式の統治構造がとられた。メトロ・トロントは，1998年の合併以後の現トロント市の範囲に一致する。メトロ・トロント政府の下，基礎自治体の枠を越えて行政サービスが提供され，行政業務の効率化と都市—郊外間の格差是正などが図られた。Donald（2002）は，1965〜1975年の10年間について，急成長の中にありながら，トロント市は社会環境の面で大きな衰退を経験しなかったと評価した上，その主な要因をメトロ政府の役割がインフラ施設などのキャピタルファシリティーの供給者から，より広範な社会サービスの供給者に変化した点にあるとした。一方，Kipfer and Keil（2002）によれば，こうした戦後の統治体制は，1960年代から1970年代にかけて次第に行き詰まりを見せ，その結果，市民による都市改良運動が勃興した。オンタリオ州では，基礎自治体に対して，均衡財政が求められたため，トロント市は財政上の健全性を保ったが，実際それは，本来必要であった施策を後回しにすることにより達成された（White 2016）。Filion（1999）によれば，メトロ・トロントの制度下では，都心部（旧トロント市）の税源を利用しながら，旧トロント市の都市計画者が優先的に望んだインナーシティ問題への対応施策ではなく，高速道路建設などの郊外の拡張に寄与する公共事業が数多く実現された。

こうした動向の中，1970年，トロント市において，Business Improvement Areas（略称，BIA）が誕生した。この都市政策は，トロント市中心西部のBloor West Village地区の地元経営者らの要請に基づき考案された。都市政策BIAは，特定の街区内の土地所有者が自主的に課税することによって資金を確保し，それにより街区の経済的な活性化を目的とした活動をおこなう地域自治

第Ⅰ部　はじめに

制度である。税金の徴収業務は地方自治体によっておこなわれるが，徴収された資金は地元経営者と土地所有者の有志が組織する Board of Management または Board of Directors（以下，BIA役員会）へ返還される。資金の使途は，基本的には BIA役員会によって決められ，市の業務は税金の徴収のほか，行政関連サービスの情報提供などに限られる。新自由主義を特徴付ける，官民の連携体制を構築することで，全ての地元構成員から強制力を持って原資を徴収でき，これによってフリーライダーの問題も解消される。また，商店会などの既存の自治組織では困難な公共空間のデザインも可能となる。

　BIAの制度はトロント市で誕生後，カナダの他の都市に加え，アメリカ，イギリス，ドイツ，ニュージーランド，南アフリカ共和国などの都市へと伝播した（Hoyt 2003）。Ward（2006）や Hoyt（2006, 2008）は，こうした BIAの諸都市への広がりを政策移転（policy transfer）とし，政策仲介者（policy agents）の役割を論じた。McCann（2011）もまた，こうした都市政策のモビリティ（urban policy mobilities）に注目し，個々の政策仲介者による一見して平凡で些細な活動が政策移転に果たす役割の重要性を指摘した。世界的には同制度の総称として BID（Business Improvement Districts）が用いられることが多いが，その呼称は州や市などの地方自治体によって異なる。日本においては，都市計画学，住宅学，財政学などの分野において，主にアメリカの主要都市における同制度の動向が報告されてきた（例えば，明野 2005; 保井 1998, 1999, 2002, 2003; 渡辺 1999）。したがって，それらの主要都市で用いられることの多い BID の略称をそのまま用いることが一般的である（渡辺 1999; 保井 2003; 明野 2005）。その一方，「ビジネス再開発地区」（保井 1998, 1999）や「業務改善地区」（保井 2002）などと訳出された例も一部で確認される。本書では，対象都市がトロント市であることから，同市で採用されている Business Improvement Areas の略称である，BIAの呼称を用いる。

　1960年代頃，アメリカを中心とする世界的な社会運動の高まりに呼応し，行政主導のスラムクリアランス事業，都心──郊外を接続する高速道路の建設などに対する，市民による反対運動が高揚した。このような時代の潮流は，トロントにおいても同様であった（廣松 1992）。ニューヨークで高速道路の建設反対運動を主導したジェイン・ジェイコブスは，ヴェトナム戦争への反対を理

40

由に，1968年にトロントへ移住すると，ここでも「ストップ・スパダイナ運動（Stop Spadina Campaign）」の中核的な存在となり，トロント大学付近に計画されたスパダイナ高速道路（Spadina Expressway）の建設を阻止した。彼女は，ロバート・モーゼス（Robert Moses）やル・コルビジェ（Le Corbusier）をはじめとする，モダニストによる戦後の都市計画に強固に反対し，低層かつ高密度で混合的な土地利用に基づく，住民主導の都市づくりを主張した（Jacobs 1961）。

こうした個別の反対運動を内包しながら，1960年代〜1970年代，トロント，ヴァンクーバー，モントリオールなど，カナダの都市はもとより，より広く北米都市で市政改革運動が進展した（廣松 1992；Ley 1980, 1994）。トロント市でも，戦後の都市行政に対する反発から，都市改良運動が高揚した。このような当時の社会動向において，公共領域に対する市民参加の意識が高まっていったと考えられる。基礎自治体に対する州権限が強いカナダの行政構造の下，高福祉政策が行き詰まりを見せていた当時の行政側にとっても，市民や民間セクターへの権限委譲は，必然的，かつ歓迎されるべき転換であったと推察される。

Didier et al.（2013）によれば，BIAは新自由主義的な時代精神を象徴する都市政策であり，都市ガヴァナンスの再構成に関する議論を引き起こしてきた。政治経済（e.g. Ward 2006），ガヴァメンタリティやサーヴェイランス研究（e.g. Lippert2009），ニューリージョナリズム（e.g. Wolf 2006），ネットワークガヴァナンス論（Morcol and Zimmerman 2006）など，多様な理論的視座からの研究がおこなわれてきた。BIAの財源は，地元土地所有者が自主的に追加で支払う税金（Levy）によって賄われ，地元の土地所有者と経営者は，この資金をもとに街区内の活性化のため，種々の政策を立案し，施行する。この都市政策は，本来市政府によって管理されるべき公共空間の責務を適切な管理や責任なく，民間セクターへ委譲するものとされ，責務を委譲された民間セクター（私人・私企業）の力が強大化するとともに，その決定が利己的になり得ることなどが批判されている（Hochleutner 2008: 101）。このような特性から，BIAは，当該の都市空間における「準政府（quasi-governments）」（Ross and Levine 2011），「パラレル国家（parallel states）」（Mallet 1993），或いは「私的政府（private governments）」（Lavery 1995）として機能しているとされる。

第Ⅰ部　はじめに

　なかでも，有志のBIAメンバー 10名ほどによって組織されるBIA役員会は
中枢的な役割を担い，政策決定の権限を有する。BIA役員はBIAに指定され
る当該の都市空間において政治的な特権を有していると考えられる。このこと
から，都市間競争が激化する思潮の中，BIAを単なる地方政府による都市経営
施策の一つとしてのみ理解することは，研究枠組みおよび現状理解を矮小化さ
せる懸念がある。そこで第9章では，BIAの指定を受けた商業街区において，
そこで実際に活動するローカルアクター（＝私人）に焦点を当てることで，移
民街を含む，現代の都市空間の形成における私的アクターの役割の重要性，お
よびそれに伴うBIAが有する制度的危うさについても探索する。

　今日，アメリカの48州でBIAの導入が確認されるほか（Mitchell 2003: 3），
北米には合計約1,000のBIAが存在するとされる（Morcol et al. 2008: 2）。2015
年現在，トロントには北米で最多の81のBIAが確認された。このことはトロ
ント市がBIAの起源地であるのみならず，同制度が広く普及した先進地であ
ることを示唆する。トロントのインナーシティでは，北米の大都市に必ずと言
っていいほどに確認される，イタリア系のリトルイタリー，中国系のチャイナ
タウンに加え，他にも多数の移民街が立地し，都市空間の重要な構成要素とな
っている。後述の通り，これらの移民街の大半がBIAに指定されている。

　その一方，北米の他の都市と同様に，トロント市においても，20世紀半ば
までに到着した移民エスニック集団がCBD周辺のインナーエリアに移民街を
形成した一方（例えば，Zucchi 1988; Hiebert 1993; Teixeira 2006），今日，新規の
エスニック集団は都市内部には居住しない傾向にある（Lo and Wang 1997; Lo
et al. 2015）。また，20世紀半ばまでに，こうしたインナーシティに移民街を形
成したエスニック集団も，ホスト社会への文化的・社会経済的な同化，および
ジェントリフィケーションの進展による地価・賃料の上昇によって，郊外に居
住地を移している（Teixeira and Murdie 1997; Murdie and Teixeira 2011）。Fong
（1994）による，ロサンゼルス郊外における中国系居住地域についての研究，
およびSkop and Li（2005）のフェニックス郊外とオースティン郊外における
アジア系の居住集積に関する論考にもみられるように，都市内部の移民街にお
けるエスニック人口の減少，および郊外におけるその増加はトロントのみなら
ず北米の大都市に概ね共通する現象と言える。

42

第2章　既往の研究

　他方，こうした都市内部／郊外における人口構成の逆転現象と並行し，1960年代～1970年代における多文化主義の導入や移民法の改正などに端を発し，1980年代以降，北米ではエスニック集団の文化・歴史を再評価する動きが拡大してきた。このような背景において，従来，否定的なイメージとともに扱われてきた都市内部の移民街は，ツーリズムのアトラクションとしての価値を見出されている（Conforti 1996）。今日，移民街ではエスニック集団の居住人口が減少する一方，集団外部の人々を惹きつけることによる観光地化の動きが確認される（Santos et al. 2008）。それを反映して，トロントの移民街でも，1980年代以降，エスニック集団の名称を冠するBIAの設立が相次ぐとともに，BIAの制度の下で移民街の観光地化が進みつつある（第8章で詳述）。

　観光（tourism）は，束の間のヒトの移動を引き起こすともに，移動の前／後の二地点以上の空間を基礎とする地理的現象である。また，非日常性により特徴付けられ，それは逆説的に日常性を映し出す行為でもある（Urry 1990）。観光地や観光アトラクションには，人々の「日常」とは対置的な「非日常」性が求められる。ホスト・ゲスト・メディアの3者を中心としたサークルの中で，観光は生産・消費されている。既往の研究において，観光の行為を巡っては，複数の捉え方が認められる。Boorstin（1962）が，観光者はメディアを通じて構築された虚構のイメージを消費しているに過ぎないとした一方，MacCannell（1975）は，観光者は常に当地の真正性（authenticity）を追求していると主張した。前者は，観光を一種の記号的な消費とみなし，観光者を非自律的な存在と捉えた点で他の研究者からの批判を受けた。他方，後者は，表舞台（front）／舞台裏（back）の対立的な図式をもとに論を組み立てた。MacCannellによれば，観光者が希求する真正性（＝舞台裏）に応えるため，観光地の中には，観光者向けに用意された舞台裏"のような"演出された真正性（staged authenticity）を提供している地域もあるという。

　両論を踏まえ，Urry（1990）は，観光者のまなざし（tourist gaze）の重要性を説いた。彼によれば，観光者のまなざしとは，社会的に構成され制度化されたモノの「見方」であり，観光地の社会・経済，労働，建造物に対して影響を与えるものである。こうした視座を北米都市の移民街の現状に引き付けてみた時，今日において，北米都市の移民街もまた，観光者のまなざしの対象になっ

第Ⅰ部　はじめに

ていると言える。その過程において，移民街やそこで生活する人々もまた非自律的な存在ではなく，少なからぬ行為主体性を有していると考えられる。すなわち，移民街では，観光者のまなざしの対象となることによって，エスニック集団が保有するエスニシティ，および移民街という都市空間そのものが消費対象となり，商品化されていることが推察される。特に，経済発展を目途とする組織であるBIAでは，域内の構成員により，エスニシティが商品価値を持つものと認識された時，観光地化に向けた積極的な働きかけがおこなわれると考えられる。

　Hackworth and Rekers（2005）によると，リトルイタリーをはじめとした，トロントのエスニックネイバーフッドでは，BIAの制度を活用しながら，街区ブランディングをおこない，それによって居住のジェントリフィケーションを促進させている地区も認められる。一方，トロントのリトルポルトガルに関して，BIAに注目した研究は認められない。また，既存のBIA研究では，財政構造，政策デザイン，都市間の政策移転など，主に財政学や都市計画学を基盤とした巨視的な視点からの検討がおこなわれ，特定の街区において個々のローカルアクターが果たす具体的役割やアクター間の関係性についての議論は等閑視されてきた。

　以上を踏まえ，第8章では，エスニックBIAの出現と活動の取り組みをエスニシティの観光資源化・商品化のプロセスと捉え，街区ブランディングの文脈に位置付ける。リトルポルトガルのほか，リトルイタリー，インディアバザールを例に，私的政府と称されるBIAによる街区経営において，ローカルアクターが果たす役割の重要性，および今日の移民街において，この都市政策が果たす役割とその問題点について，3地区の比較を通じて明らかにする。その上で，第9章において，リトルポルトガルBIA内の経営者に焦点を当て，当該街区内におけるローカルな政治構造の解明に取り組む。ポルトガル系移民街を対象とし，BIAのアクターである地元経営者に着眼することにより，地理学や社会学など，移民，エスニックネイバーフッド，ジェントリフィケーションなどに取り組む諸分野のみならず，これまでBIAについて主に検討してきた行政学や都市計画学などの分野にも新たな知見を提供することを試みる。

第2章 既往の研究

第4節 ┃ 移民街におけるジェントリフィケーションと社会的テクトニクス

　多文化・多民族化した現代の北米都市において，社会的に混合化された都市空間は理想的な空間とみなされる傾向にある。北米では，19世紀末において既にイギリス以外の国・地域からも大規模な移住がおこなわれたものの，ホスト社会／移民エスニック集団の構成員間における社会的接触は，長きに渡って限定的であった。1970年頃まで，セグリゲーション研究が旺盛におこなわれていたことはこの事実を裏付ける。バージェスの同心円地帯モデルをはじめとした伝統的都市理論が説明するように（Park et al. 1925），従来，低所得のエスニック集団はインナーシティに集住するとされ，一方で富裕なホスト社会住民は郊外に居住すると考えられてきた。前述した通り，移民エスニック集団の居住地移動については，移住後に年月を経て，多くの場合，一世から二世・三世への世代交代とともに，文化変容と社会経済的地位の上昇を経験した結果，中心部から郊外へ移るものとされてきた。このように，都市の内側から外側への移動が確認されてきた一方，外側から内側への移動は想定されてこなかった。しかし，1960年代，イギリス・ロンドンにおいてミドルクラスの都心回帰現象が認められ，ジェントリフィケーションとして定義されると（Glass 1964），その後，北米の都市においても同様の現象が数多く確認されてきた。地理学者を中心とした都市研究者は，これまで半世紀以上にわたり，ジェントリフィケーションに関する研究に取り組んできた。ホスト社会住民の都心回帰現象であるジェントリフィケーションは，セグリゲーションを前提とした伝統的な都市理論で想定された，ホスト社会住民／エスニック住民の間における限定的な社会的接触の機会を増加させると考えられる。ジェントリフィケーションが発生するエスニックネイバーフッドでは，それが永続的か否かは別として，社会的混合（social mix）の状態を経験することが予想される。

　第1章で言及した通り，1960年代末頃から20世紀の世紀転換期頃まで，ジェントリフィケーション研究の主な命題は，その発生要因の究明であった。こうした中，米加の都市を対象としたジェントリフィケーション研究の数も増加

45

第Ⅰ部　はじめに

していき，発生要因を含むその諸相の特徴や差異に関する議論も深化していった。Slater（2004a）は，カナダとアメリカの両国におけるジェントリフィケーションの特徴を比較・検討した。カナダでは，Caulfield（1989, 1994）の研究が示すように，これまでジェントリフィケーションは「解放（emancipatory）」言説によって説明されてきた（Lees 2000a; Slater 2004a, 2004b）。このカナダでみられる解放言説は，郊外の抑圧的な相似性，モダニスト的都市計画，市場原理などに対するミドルクラスのリアクション（＝郊外空間の抑圧性・モダニスト的画一性・市場原理などからの解放）としてジェントリフィケーションを捉える。他方，アメリカにおけるジェントリフィケーションは「報復（revanchist）」言説により解釈されてきた。報復言説は，ジェントリフィケーションをミドルクラスによるインナーシティの（低所得者層からの）奪還と考え，イデオロギー的な目的を包含する現象と考える（Smith 1996）。

　Lees（2000a）によれば，カナダで認められる解放言説では，ジェントリフィケーションは都市を救済するポジティブなプロセスとみなされてきた。しかし，Slater（2004b）は，トロントのサウスパークデール（South Parkdale）地区を事例とし，カナダ最大の精神病院の立地というローカルな背景に加え，市および州レヴェルでの新自由主義的な都市政策に焦点を当てることにより，そのジェントリフィケーションの諸相が解放的なプロセスからは乖離していることを指摘した。Slater（2004a, 2004b）の論考も示すように，ジェントリフィケーション研究では，その都市変容プロセスが従前の住民である低所得者に与える影響を中心的な論点の一つとしている。また，2000年代以降，イギリス出身の地理学者であるLeesとSlaterは「ジェントリフィケーションの地理学（geography of gentrification）」を提唱し，ジェントリフィケーション研究においてローカルなコンテクストや特性に注目する重要性を強調している。

　1990年代以降になると，ジェントリフィケーションは都市政策との関連においても活発に議論されてきた（例えば，Lees 2008; Slater et al. 2004; van Weesep 1994）。ジェントリフィケーションは税収の増加を引き起こすため，市政府は実際にはその発生と進行を歓迎するという（Hackworth and Smith 2001）。しかし，マルクス主義地理学者を中心とする都市研究者が継続的に主張してきたこともあり，ジェントリフィケーションの語には従前住民に対する「締め出

し（displacement）」という否定的なイメージが固着してきた（例えば，Smith 1996）。その結果，ジェントリフィケーションは，ダーティーワード（dirty word）のイメージを有している。このため，実際の企図や目標は同様であるものの，市政府はジェントリフィケーションの語を使用することを避ける傾向にあり，代わって，社会的混合の語を採用する（Lees 2008; Rose 2004）。都市再開発のキーワードに社会的混合を据えることにより，ジェントリフィケーションが有するネガティブなイメージを覆い隠しつつも，実際には，それを推進して税収の増加を実現することが可能となる。今日，北米の多くの自治体（都市）において，こうした都市変容を促進するため，新自由主義的な都市政策が実践されているという。

　空間的観点からみたとき，社会的混合は複数の社会経済的・文化的集団が同一の空間に併存する状態を指す。多くの場合，社会的混合は異なる集団間での社会的相互作用を促進する手段と捉えられるとともに，所得の再分配を可能とし，不平等を減少させる都市空間の理想的な状態と考えられてきた。しかし一方で，既存の実証研究において，社会的混合を促進させることにより，社会的に有益な結果がもたらされたとの報告は皆無である（August 2008: 83）。異なる社会集団が空間的に近接・併存することが，社会的に混合化されたユートピア的な都市空間を意味するのだろうか。本書では，この問いに対して懐疑的な立場から分析・考察をおこなう。

　ジェントリフィケーション進行下の都市空間において，その社会空間的な複雑性を読み解くためにはローカルアクターへの注目が不可欠である。ジェントリフィケーション研究のうち，ローカルアクターに着眼した論考は，新規のジェントリファイアーと従前の低所得者に焦点を当てたものに概ね二分されよう。エスニックネイバーフッドにおいて，後者はエスニック集団に当たる。しかし，Lees（2000a）によれば，パイオニア・ジェントリファイアーであるアーティストなど，ジェントリファイアーの立場から数多くの研究が蓄積されてきた一方（例えば，Bain 2003, 2006; Douglas 2012; Ley 2003），エスニック集団に焦点を当てた研究は数少なく，エスニックネイバーフッドにおける事例研究も限定的である。Leesによる指摘以降，若干の研究成果は確認されるものの（Betancur 2002, 2011; Murdie and Teixeira 2011），その数は依然として限定的である。

47

第 I 部　はじめに

　都市の近隣変容は，人間と空間の相互作用の結果として生成される人文地理学的現象である。この点からも，ジェントリフィケーションに伴う近隣変容のプロセスの解明において，ローカルアクターについての精細な検討が不可欠と言える。また，本書で対象とするような過渡期にあるエスニックネイバーフッドでは，既存のエスニック集団成員と新規に流入するジェントリファイアーが空間的に混在すると考えられる。したがって，ジェントリフィケーションが発生しているエスニックネイバーフッドをより詳細に，かつより包括的にバランス良く理解するためには，新／旧の両集団を扱うとともに，両者の関係性に焦点を当てた分析が有効と考えられる。

　ロンドンにおいて，ミドルクラスのジェントリファイアーに焦点を当てたButler and Robson（2003）は，ジェントリファイアーが低所得層の従前住民と社会的に混合することは皆無であると指摘した。また，Robson and Butler（2001: 77）は，ロンドンのブリクストン（Brixton）地区における社会的結合（social cohesion）の形態を「テクトニック（tectonic）」として特徴付けた。新／旧の両集団は多様な社会景観を生成し，物理的には相互作用しているものの，実際には，互いが共有する都市空間という表面上で，それぞれ独立したプレートのように動いているに過ぎない。すなわち，基本的には，二つの社会集団は自集団内でのみ社会的結合を保持している。両集団間の関係は統合的な状態というより，むしろパラレルな状態であるという。

　彼らの論考において，プレートとして表現される二つの社会集団は，街区内の社会的・文化的活動においては経験を共有する点に乏しく，オーバーラップし（部分的にのみ重なり合い），或いはパラレルに（交わることなく横並びで）走っているような状態にある（Butler and Robson 2001: 2157）。ジェントリフィケーション下の都市空間の典型として考えられる，この「社会的テクトニクス（social tectonics）」は，新／旧の住民間における統合，包含，相互理解というより，"不信"や"表面的接触"によって特徴付けられる（Slater 2004b; Walks and Maaranen 2008a）。ジェントリフィケーションという都市変容プロセスは，社会的に結合された一つの地域コミュニティというより，分極化された社会経済集団のテクトニックな並置を生み出している（Lees 2008: 2458; Lees et al. 2008: 216-217）。

48

第2章　既往の研究

　Butler and Robsonによる一連の研究は，重要な問いを提起したものの，従前住民の経験についての分析が不十分であった（Lees et al. 2008: 216-217）。そこで第9章では，エスニックネイバーフッドにおけるジェントリフィケーションを対象にするとともに，新規の集団（＝ジェントリファイアー）と従前の集団（＝ポルトガル系移民）の両方の社会集団に焦点を当てることにより，既存のジェントリフィケーション研究における間隙を埋めることを試みる。前節で述べた通り，第9章は，都市政策（BIA）に関する研究にも深く関わる。すなわち，同章は，既存の学問の枠を超えて，各分野に橋渡しをするとともに，都市地理学，都市計画学，行政学，都市社会学，エスニック研究などの分野に新奇的な視座を与える。

第5節　インナーシティの選挙政治とエスニック集団内外の連帯

　ジェントリフィケーションは，インナーシティの街区において，人口学的，社会的，文化的，経済的，そして政治的な変化を生じさせる。第10章では，ジェントリフィケーションによって引き起こされる近隣変容のうち，特に選挙政治の側面に注目する。通常，ジェントリフィケーションは，低所得者層からパイオニアステージへの移行（アーティストの流入）を経て，上位中産階級への住民階級の置換・変容を伴う都市現象である。このプロセスの中，経済的により低位な住民は，域外へと締め出されていく（Smith 1979）。これを選挙の文脈に敷衍すると，ジェントリフィケーションの発生・進行とともに，地区内における有権者の構成や属性も不可避に変化すると考えられる。しかし，ジェントリフィケーションと選挙との関係については，都市研究と選挙地理学のいずれの分野においても，十分な検討がなされてこなかった。

　Agnew（1990）によれば，選挙地理学は主に四つの目的を有する。すなわち，①選挙行動の地理学（e.g. Agnew 1984; Busteed 1975），②個人間の情報流動が個人の投票行動に与える地理的影響（e.g. Cox 1969; O'Loughlin 1981），③選挙区割（恣意的な選挙区界の決定＝ゲリマンダリング（gerrymandering））をはじめとする選挙システムの地理学（e.g. Johnston 1982; Taylor and Gudgin 1976），④政党

49

第 I 部　はじめに

による組織化・動員の地理的特徴と選挙結果の地理的特徴との関係の解明についてである（e.g. Johnston et al. 1987; Osei-Kwame and Taylor 1984）。1970年代後半以降，選挙地理学の主たる視点は，ミクロで社会的な場所を中心としてきたが（Agnew 1990），その一方，同時期以降に進展していったジェントリフィケーションに焦点を当てた研究は限定的である。Ley（1994）は，ヴァンクーバー市，モントリオール市，トロント市を例に，1980年代の選挙結果の分析を通じ，新中流階級の出現と都市改良政治の動向との関係を検討した。同論は，ジェントリフィケーションとの関係から選挙政治を分析した洞察に富む研究である一方，投票データなどの量的手法に依拠するとともに，その焦点は1960年代〜1980年代における都市全体の新たな政治動向と社会運動にあった。また，投票主体に関して，その主な関心はジェントリファイアーの側にあり，移民エスニック集団をはじめとするマイノリティ（＝インナーエリアの従前住民）の視点から，都市変容を捉えてはいない。

　トロントを含むカナダの主要都市を取り上げた，選挙地理学の複数の研究では，連邦・州・基礎自治体の全レヴェルの選挙において，都市と郊外の間におけるクリーヴェッジ（cleavages，裂開）の存在が指摘されてきた（Doering et al. 2020; Silver et al. 2020; Walks 2004a, 2004b, 2005）。Walks（2005）によれば，カナダの連邦選挙における，インナーシティ／郊外間の投票行動の相違は，1980年代初頭以降に進行した。インナーシティが政治的に左傾化していった一方，郊外はより一層，右派の主要な支援場となっていった。Silver et al.（2020）は，2010年の市長選挙を事例に，トロントにおいて，都市／郊外のコンフリクトが存在することを指摘した。こうした都市／郊外のクリーヴェッジは，消費モードの差異によって理解される。すなわち，郊外居住者は自家用車や持ち家などに象徴される「民営化され個人化された消費様式（privatized-individual mode of consumption）」を選好する一方，都市居住者は公共交通や社会住宅によって特徴付けられる「公共的で集合的な消費様式（public-collective mode of consumption）」を好む（Dunleavy 1979, 1980; Dunleavy and Husbands 1985; Walks 2004a）。

　Taylor and McEleney（2019）は，トロント市選挙における立候補者登録への障壁の低さが，候補者の乱立を引き起こし，多数の候補者による選挙戦を生

じさせていると主張した。また，トロント市では，市長・市議会議員・教育委員会理事の全ての選挙において，無党派（non-partisan）制が採用されている。彼らによると，多くの候補者がひしめく無党派制の選挙戦は，結果として，候補者・寄付者・有権者の全てが，それぞれの候補者の質を評価し得ない低情報環境となり，現職候補者に対する認識，および現職候補者の選挙活動に関するリソースへのアクセスを強化するという。本書で焦点を当てる2014年トロント市議会議員選挙の第18区の選挙戦もまた，1議席をめぐって計12人の候補者が乱立することとなった。しかし，この選挙戦は，現職のポルトガル系候補者にとって，決して容易い戦いとはならなかった（第10章で詳述）。

　既存の研究では，エスニック集団の有権者による同胞候補者への選好や関連する投票行動をはじめ，同胞票（またはエスニック票，ethnic vote）の存在が確認されている（Barreto 2007; Bullock and Campbell 1984; Hero 1992; Philpot and Walton 2007）。一方，選挙戦で同胞候補者が不在の場合，エスニック集団のリーダー・団体から集団外部の特定候補者への支持表明（endorsement）が出される。これを受け，当該エスニック集団内部において，その外部候補者への支援が増加する（Benjamin 2017a）。例えば，ある都市のインド系エスニックコミュニティにおいて，当該コミュニティから立候補者が出ない場合，インド系のエスニックリーダーや団体が集団外部の候補者への支持を表明した際には，インド系有権者によるその非インド系候補者への支援が増大する。

　1960年代における公民権運動の活発化とともに，それ以降，1973年にアメリカ初の黒人市長（Thomas Bradley）が選出されたロサンゼルス市の選挙戦を筆頭に，選挙とエスニック集団との関係に注目した研究が増加していった。既存の研究では，エスニックマイノリティを出自とする候補者にとって，「集団間同盟（inter-group coalitions）」が不可欠であることが指摘されている。Gans（1979）は，1960年代におけるエスニック候補者の選挙戦を検討した先駆的研究である。彼によれば，ライバル候補者に僅差で敗れたものの，1968年のニューヨーク市長選挙に出馬したイタリア系候補者Mario Procaccinoは，イタリア系コミュニティというエスニックな枠を超え，「汎エスニックな連帯（pan-ethnic coalitions）」を形成し，選挙戦に挑んだという。Procaccinoは，彼が"リムジン・リベラル（limousine liberal）"と称したライバル候補者John Lindsayに

第 I 部　はじめに

対し，自らを"こびとの候補者（candidate of the little people）"と位置付け，エスニックな利益・関心（ethnic interests）というより，階級（class）を代表する構図で選挙を戦った。Sonenshein（1993）は，ロサンゼルスにおける黒人と白人リベラル層（white liberals）との集団間の同盟，および人種間の同盟（inter-racial coalitions）を詳細に検討した。彼によれば，イデオロギー・利害・リーダーシップの三つの因子が，この連帯の形成において重要であった。また，O'Loughlin（1980）によれば，1977年の選挙において，アトランタ，ロサンゼルス，ニューオーリンズでは，それ以前に比べ，白人による黒人現職候補者に対するブロック投票（bloc-voting）が劇的に減少し，代わって，黒人と中・高所得層の白人の間での同盟が強化されたという。このほか，近年のアメリカでは，黒人とラティーノの連帯がしばしば生じ，地方選挙で重要な役割を果たしていることが報告されている（Benjamin 2017b）。

　一方，1980年代〜1990年代の研究においては，新中流階級のジェントリファイアーは，リベラルで社会民主主義的なイデオロギーを有し，左派系候補者や人種的マイノリティ候補者を支援する傾向にあることが指摘された（O'Loughlin 1980; Castells 1983; Ley 1994）。30〜40年程の間における時代の変化を考慮すると，当時と現在のジェントリファイアーを必ずしも同一視することはできないが，こうした指摘も本研究に有益な視座を提供すると考えられる。他方，ジェントリフィケーションの進行を踏まえてトロントのインナーシティを探査した最新の選挙地理学的研究をみると，「今日のトロントでは，若年専門職（young professional）の創造階級（creative class）の人々がインナーシティへ侵入したことで，日々の生活に奮闘するブルーカラーや移民コミュニティの人々にとって，外国人（や他の移民コミュニティ）からではなく，経済的により豊かなジェントリファイアーから，切迫した"脅威の感覚"がもたらされている」（Silver et al. 2020）という。

　以上の既存研究を本書の枠組みに照らしてみると，トロントのポルトガル系コミュニティは選挙戦に際し，集団内部はもとより，他の集団との間で同盟・連帯関係を築いているのだろうか。また，ポルトガル系の候補者は，集団外部の有権者に対し，自身への投票を呼びかけているのだろうか。第10章では，こうした論点に加え，現代の都市変容の文脈に沿った問いを立てる。すなわち，

第2章　既往の研究

インナーシティに位置する既存の移民街の選挙戦において，ジェントリフィケーションがいかなる影響を与えているかを問う。同章は，ジェントリフィケーションが進行するトロントのポルトガル系地区において，選挙政治という新奇的な視座からの検討を通じ，ジェントリフィケーション研究，選挙地理学，エスニック研究を相互に接合させ，既存の複数の学術領野の間隙を埋めるとともに，各領野への貢献を試みるものである。

第3章

研究方法と分析の手順

　本書では，第1章で示した本書全体を通じた研究目的を達成するため，次章以降，以下の方法と手順で分析を進める。

　第Ⅱ部「多文化都市トロントのポルトガル系移民街」（第4・5章）では，研究対象であるカナダ・トロント，およびポルトガル系コミュニティとその移民街について，その概要と位置付けを確認する。まず第4章において，カナダ国勢調査に基づき，カナダにおける国土の発展と人口分布の変化を振り返る。また，カナダにおける移民法とエスニック集団に関する主な出来事を概観し，移民法の変遷を時期区分した上，カナダへの移民の流入プロセスを説明する。さらに，西部開拓の以前から現在にかけて，カナダにおける都市・農村関係の変遷を示し，トロントの成長と多文化・多民族化のメカニズムを明らかにする。第5章では，文献資料に依拠し，大航海時代の初期を牽引した，ポルトガルが世界に形成したディアスポラについて俯瞰した上で，帝国崩壊前夜の20世紀中葉，カナダにおいて後発ディアスポラが形成されるまでの流れを辿る。それを踏まえ，カナダにおけるポルトガル系コミュニティの移民史を説明するとともに，ジェントリフィケーションが進行する，今日の多文化都市トロントにおけるポルトガル系移民街の位置付けを確認する。

　第Ⅲ部「移民街の発展・変容とエスニックコミュニティの空間的分散」（第6・7章）では，トロント市のインナーシティにおけるポルトガル系移民街の形成・変容プロセス，および大都市圏スケールにおけるポルトガル系コミュニティの空間構造の変容を検討する。第6章では，国勢調査と文献資料に加え，土

第Ⅰ部　はじめに

地利用調査，景観観察，地元経営者らに実施した労働力に関する質問票調査から得られたデータに基づき，リトルポルトガルに加え，リトルポルトガルと発展段階が異なると考えられたイタリア系の移民街（リトルイタリー（Little Italy））を取り上げ，両地区の存立要因を特定するとともに，それぞれの存立形態を明らかにする。ポルトガルからの移住者が1950年代以降に確認される一方，イタリア系移民は19世紀後半において既にトロントへの移住が認められた。移住開始時期の差異から，両集団が形成した移民街の発展段階は異なると推察される。先着したイタリア系移民により形成されたリトルイタリーとの比較を通じ，調査開始の2011年時点におけるリトルポルトガルの移民街としての発展段階を特定する。

　第7章の分析は，複数年次のトロント市電話帳（Toronto City Directory）と国勢調査に依拠した地図化作業，社会文化組織への参与観察と組織会員への非構造化インタヴュー，およびポルトガル系経営者への半構造化インタヴューと質問票調査に基づく。これらの調査データをもとに，1960年代末に形成されたリトルポルトガルの変容過程を仔細に検討するとともに，①居住，②商業，③社会文化組織の三つのエスニック機能の立地変容に注目し，ポルトガル系コミュニティの空間構造を大都市圏スケールで明らかにする。これら3機能の立地空間は，エスニック集団内における居住，商業・就業，余暇・社交の社会空間をそれぞれ示す。物理的に捕捉可能なこれら複数のエスニック機能の立地変容からポルトガル系コミュニティの社会空間を分析することで，単一の機能に注目するよりも，エスニックコミュニティの空間構造をより精細，かつ総合的に理解できると考えられる。また，これを通じ，逆説的にリトルポルトガルにおける脱ポルトガル化のプロセスも解明できる。

　第Ⅳ部「私的政府BIAとジェントリフィケーション進展下のローカル政治」（第8～10章）では，本書のキーワードであり，1970年にトロント市が考案した街区単位での経済活性化を目的とした都市政策「Business Improvement Areas」（略称，BIA），および20世紀後半以降の北米都市を特徴付ける都市現象のジェントリフィケーションの二点に注目し，移民街のローカル政治を読み解く。第8章の調査では，トロント市当局者，BIA役員会の役員，有給雇用のBIAコーディネーターへの半構造化インタヴューに加え，BIA内での景観観察，

56

第3章　研究方法と分析の手順

北米の人口上位30都市のウェブサイト・行政担当者へのEメールによる調査など，複数の手法を通じてデータが収集された。こうした調査データを基盤に，1970年のBIA誕生以降における，トロント市から北米の他都市への政策移転の流れを概観するとともに，トロント市における，この都市政策を活用した移民街の街区ブランディング（＝エスニックブランディング）の動向を検討し，移民街において，この都市政策が果たす役割とその問題点，およびローカルアクターが果たす役割の重要性を明らかにする。

　第9章は，リトルポルトガルBIAにおける地元経営者と彼・彼女らの社会関係に焦点を当てることにより，同地区におけるローカル政治の展開と構造を明らかにする。ここでは，移民街としての特性を有するとともに，BIAの制度下にあるリトルポルトガルにおいて，ジェントリファイアーとポルトガル系移民という新／旧の両経営者集団に焦点を当てる。これにより，Butler and Robsonが都市空間の社会状態を表すメタファーとして使用した「社会的テクトニクス（social tectonics）」の概念について，メタファーとしての説明を超えて実証的に表現し，ジェントリフィケーションの進行過程にある移民街の社会状態を克明に描き出すことを試みる。しかし，既存の研究において十分に実証されてこなかったように，特定の都市空間における，複数の社会集団間の相互作用の有無や様態を具体的に描写することには困難を伴う。そこで，この章では，社会心理学の分野で考案された図示法「ソシオグラム（sociogram）」を援用することにより，この困難を克服することに取り組む。ソシオグラムを描き出すため，ポルトガル系と非ポルトガル系の両経営者への質問票調査と半構造化インタヴューを実施した。ソシオグラムについては，第9章で詳述する。このほか，トロント市当局者，地元選出議員の秘書，地元経営者への半構造化インタヴューなどによるデータが同章の記述を支える。

　第10章では，リトルポルトガルBIAを中核とするトロントの既存のポルトガル系居住地区に合致する選挙区「第18区（Ward 18）」の選挙政治に焦点を当てる。選挙政治のレンズを通し，ジェントリフィケーションが進行する移民街の政治的ダイナミクスを明らかにする。分析資料には，国勢調査，トロント市文書館（The City of Toronto Archives）で収集された新聞記事や選挙キャンペーングッズなどの歴史資料のほか，2014年の選挙活動期間とその前後に実

57

第Ⅰ部　はじめに

施したフィールドワークで得られた調査データが含まれる。フィールドデータについて，具体的には，現地で収集したフリーペーパーや新聞（カナダの主要新聞，エスニック新聞のそれぞれ複数紙）の記事，各種の選挙キャンペーングッズ，ストリートフェスティバルとポルトガル系社会文化組織のイベントへの参与観察から得られた質的データ，さらには，ポルトガル系現職議員の選挙事務所スタッフ，リトルポルトガルにある二つのBIAの役員と有給のコーディネーター，オンタリオ州ポルトガル系組織連合ACAPO（詳細は後述）の中核メンバーへの半構造化インタヴューのデータなどが含まれる。潤沢な定性的データに加え，補助的かつ論理を補強する役割を果たす定量的データをもとに，選挙政治の観点から，トロント市中心西部の都市空間の政治的ダイナミズムを描出した。

　以上の分析をもとに，最終の第Ⅴ部「おわりに」（第11・12章）では，ポルトガル系コミュニティの内部で生じている変化にも言及しながら，多文化都市トロントにおける移民街の揺動について考案する。第11章では，カナダへの移住から半世紀余りが経過した，ポルトガル系コミュニティの現状を踏まえ，エスニックコミュニティ内部の変化に焦点を当てる。具体的には，移民一世の高齢化に焦点を当て，ポルトガル系移民高齢者によるポルトガルとカナダの両国を股にかけた，老後におけるトランスナショナルなライフスタイルを扱う。カナダのポルトガル系移民の高齢化率や国籍保有状況などに関する国勢調査データのほか，ポルトガル系移民高齢者への質問票調査，ポルトガル系社会文化組織の幹部・スタッフへの非構造化インタヴューから得られた質的なデータを収集した。これらのデータをもとに，主に1960年代〜1970年代，カナダ・トロントへ移住したポルトガル系移民が，近年，高齢期を迎えている現状を踏まえ，ライフサイクルの最終局面におけるトランスナショナルな移動の実践を解明した。第Ⅳ部までに取り組んだ，多文化都市トロントにおける移民街の変容とローカル政治に関する分析に，こうしたポルトガル系移民高齢者の現状に関する記述と洞察を付加し，最終の第12章では，約半世紀前，トロントに到着したポルトガル系移民，および彼・彼女らにより形成された移民街「リトルポルトガル」の揺動を総括の上，今日の多文化都市トロントに生じる社会地理的ディレンマを議論し，本書の結びとする。

58

第II部

多文化都市トロントの
ポルトガル系移民街

第4章

多文化主義国家カナダと
多文化都市トロント

　1971年10月8日，ピエール・トゥルードー（Pierre Elliott Trudeau）首相（自由党）は，首都オタワの連邦議会・庶民院（House of Commons）において，カナダの公式な政策として，多文化主義（multiculturalism）の導入を宣言した。世界では，その後，1975年にスウェーデンが，1978年にオーストラリアが同様に多文化主義を採用した。隣国のアメリカでは，1960年代，公民権運動が拡大し，移民法も大きく改正されたが，今日まで多文化主義政策は導入されていない。カナダは，世界に先駆けて国家（連邦）レヴェルで多文化主義を導入し，今日でも，その政策および国家理念を概ね維持している。カナダで多文化主義が採用された背景には，1950年代～1960年代における人道主義や多元的価値観の世界的な広がりはもとより，カナダに固有の植民史と民族構成が横たわる。また，それまでカナダ第2位の都市であったトロントが，国内最大の都市となり，その人種・民族構成が顕著に多様化していくのも，1970年代以降のことである。本章では，カナダにおける国土の発展，移民関連の政策・法律の変遷を捉えた上，多文化都市トロントの形成過程を明らかにする。

第1節　国土の発展と人口分布の変化

　1497年におけるジョン・カボット（John Cabot）によるニューファンドランド島・セントジョンズへの到達，および1535～1536年のジャック・カルティ

第Ⅱ部　多文化都市トロントのポルトガル系移民街

エ（Jack Cartier）によるセントローレンス川河口部の探検を皮切りに，現在カナダと呼ばれる領域でのヨーロッパ人による植民活動が進展した。カボットはイタリア人探検家であったが，イングランドのヘンリー七世の支援を受けて探検をおこなった。また，カルティエはフランス・ブルターニュ地方出身の航海者であった。

　北米では，イギリスとフランスが中心となり，ファーストネイション（先住民）に対する不合理な交渉と侵略を通じ，領土を拡張していった。イギリスが現在のアメリカ・ニューイングランド地方から植民地を拡げていった一方，フランスはケベック州に位置するセントローレンス川の河口部から拡大させていった。フランスは，先住民に対して，先住民が捕らえたビーバーの毛皮とフランス本国の産品（鉄製品など）を交換する「毛皮交易（fur trade)」を基軸に，その後，ミシシッピ川に沿ってルイジアナ州まで帯状にテリトリーを築いた。当時，この領域は"ヌーヴェル・フランス（Nouvelle France＝新しいフランス)"と呼ばれた。

　しかし，1763年における「七年戦争」（1754 ～ 1763年）の終結以後，パリ条約によってイギリスが北米における覇権を握ることとなった[1]。これにより，その後，今日におけるカナダの領域がイギリス植民地となる礎が形成された。1763 ～ 1791年，現在のオンタリオ州南部，ケベック州南部，およびラブラドール半島に概ね一致する範域が，イギリスによりケベック植民地（Province of Quebec）と呼ばれ，支配・統治された。

　1791年，ケベック植民地は，オンタリオ湖周辺からセントローレンス川上流域までの"アッパーカナダ（Upper Canada)"，およびセントローレンス川下流域とその周辺の"ロウアーカナダ（Lower Canada)"に分割された。アッパーカナダにおいては，イギリスの法律や社会機構が採用された。その結果，イギリスからの独立を果たしたアメリカから，イギリス王党派（ロイヤリスト（Royalists））の人々が数多く流入した。また，1797年，アッパーカナダの首都は，ナイアガラオンザレイク（Niagara on the Lake）からトロント――1793 ～ 1834年の名称はヨーク（York)――へ遷都された。他方，ロウアーカナダでは，フランス市民法とカトリックの信仰が許容され，フランス系住民が残留した。アッパーカナダ／ロウアーカナダの枠組みに基づく，イギリスによる統治体制

第4章　多文化主義国家カナダと多文化都市トロント

は1841年まで続いた。

　1841年，アッパーカナダとロウアーカナダは統合され，西カナダ（Canada West）と東カナダ（Canada East）から成るカナダ州（Province of Canada）が形成された。カナダ連邦が発足する1867年までの間，カナダ州の州都は，キングストン（Kingston，1841 〜 1844年），モントリオール（Montreal，1844 〜 1849年），トロント（1849 〜 1852年，1856 〜 1858年），ケベックシティ（Quebec City，1852 〜 1856年，1859 〜 1866年），オタワ（Ottawa，1866 〜 1867年）と頻繁に遷り変わった。

　カナダ州の形成以降も，現在のカナダの領域はイギリスにより植民地として管轄されたが，1867年，英領北アメリカ法（通称，1867年憲法）による連邦化を受け，オンタリオ，ケベック，ニューブランズウィック，ノヴァスコシアの4州によって，カナダ自治領（Dominion of Canada）が形成された。1841年以降も植民の歴史を反映し，ケベック州の範域はフランス系住民を中心に統治され，その他ほぼ全ての国土はイギリス系住民を中心に治められてきた。

　隣国のアメリカでは，1890年にフロンティアの消滅が宣言された。他方，この時点でカナダには依然として，アルバータ，サスカチュワン，マニトバのプレーリー三州が未開拓の空白地帯として残されていた。そこで，カナダ政府はイギリス人に生物学的に比較的近しいと考えられた，東欧からの移民を国策として募った。ウクライナをはじめとした東欧系移民は，農業に関する知識・技術・経験を有している点からも最適な新移民集団とみなされた。19世紀末〜 20世紀初頭，東欧からの移民の多くは，労働力需要が集中するこのプレーリー三州に流入した。また1871年，太平洋岸に位置するブリティッシュコロンビア州の連邦加盟により，アメリカと同様にカナダもまた，大西洋岸から太平洋岸へと連続した大陸国家となった。次節で詳述する通り，1870年代〜 1880年代，国土を東西に貫通し，ヒトやモノの移動を可能とする大陸横断鉄道の建設も国策として重要な位置付けにあった。鉄道建設の労働力として，東方の大西洋側からはイタリア系を中心とする南欧系移民が，西方の太平洋側からは中国系移民が流入した。こうして，カナダにおいて，相対的には少数ながらも，英仏以外の移民集団（＝移民エスニック集団）が次第に確認されるようになっていく。

　図4－1［口絵］は，1851 〜 2011年におけるカナダの人口構成を州・準州別

63

第Ⅱ部　多文化都市トロントのポルトガル系移民街

に示したものである。カナダ自治領の形成（1867年）以前，人口分布に大きな
変化は認められない。ここでは，カナダ自治領の形成以後を詳しくみていきた
い。1871年，カナダでは総人口（3,689,257人）の43.9％（1,620,851人）がオンタ
リオ州（図中，ON）に，32.3％（1,191,516人）がケベック州（QC）に集中した。
また，ノヴァスコシア州（NS），ニューブランズウィック州（NB），プリンス
エドワードアイランド州（PEI）などの大西洋岸カナダ（Atlantic Canada）の諸
州には合計20.8％（767,415人）が分布した[2]。他方，プレーリー三州にブリ
ティッシュコロンビア州を含めた中部・西部の4州のうち，1871年に国勢調査デ
ータが確認されるブリティッシュコロンビア州（BC）とマニトバ州（MT）に
は，それぞれ総人口の1.0％（36,247人），0.7％（25,228人）が分布するにとどま
った。しかし，19世紀末以降，プレーリー三州の開拓が進むと，1901年には
総人口（5,371,315人）の9.8％（525,423人），1911年には総人口（7,206,643人）の
23.9％（1,720,601人）がこれら4州に分布した。さらに，1931年時点においては，
中部・西部諸州における人口が一層増加したことが確認される。ブリティッシ
ュコロンビア，アルバータ（AL），サスカチュワン（SK），マニトバの各州に
おける人口は，それぞれ総人口（10,376,379人）の6.7％（694,263人），7.1％
（731,605），8.9％（921,785人），6.7％（700,139人）で，合計29.4％（3,047,792人）
を占めるに至った。

　このように，19世紀末から20初頭にかけて，カナダの中部から西部の開拓
が進行したことにより，ブリティッシュコロンビア州とカナディアンプレーリ
ーに位置する三州が，カナダの総人口に占める割合が増加した一方，早期に発
展した大西洋岸諸州が占める割合は低下した。また，1914年に開戦された第
一次世界大戦から1945年における第二世界大戦の終戦までの間，新規の移民
数はカナダ全土において抑制傾向となった。戦後になると，それ以前から発展
していたトロント，モントリオールといったカナダ東部の都市に加え，太平洋
岸のヴァンクーヴァーが発展し，2011年には，大都市圏レヴェルで200万超の
人口を有する大都市へと成長した。今日のカナダでは，トロント，モントリオ
ール，ヴァンクーヴァーが三大都市（圏）として位置付けられ，社会的，経済
的，および文化的にカナダの中枢としての役割を果たしている。なかでも，ト
ロントが位置するオンタリオ州には，2011年，12,851,821人（38.4％）が集中し

64

た。また，モントリオールが所在するケベック州には7,903,001人（23.6％）が，ヴァンクーヴァーが位置するブリッティッシュコロンビア州には4,400,057人（13.1％）が確認された。上記のほか，アルバータ州では，1960年代末以降，フォートマクマリー（Fort McMurray）などで大規模な油砂（Oilsands）の採掘が開始されたことにより，人口が増加している。2011年，アルバータ州の人口は3,645,257人（10.9％）であった。

第2節 移民法の改正と多文化主義国家カナダの成立

表4－1に，カナダにおける移民法の変遷とエスニックマイノリティに関する主な出来事を概観しつつ，Li and Lo（2009）に依拠した移民法の時期区分を示した。カナダにおける移民法の変遷は，英・米間におけるカナダ・アメリカ国境の画定以前に当たる19世紀半ば頃までを初期移住期とし，それ以降現在までの期間は，①排斥期（Exclusion Era），②遷移期（Transition Period），③開放期（Open-Door Period），④選別期（Selective Period）の四期に区分される（表4－1）。ここから，四つの時期区分に基づきながらも，特に排斥期と開放期に注目し，移民法とカナダ社会の変遷を捉えていく。

ここでは本書の目的を鑑みて，まず初期移住期の末期からみてみよう。カナダ連邦の発足から2年後に当たる1869年，カナダで初めての移民法（＝Immigration Act, 1869）が制定された。その目的は，航海中における移民の安全性の向上，カナダ到着後に横行した不当な搾取から移民を保護すること，および障碍者・病弱者の入国制限を厳格化させ，国家への貢献度が高いと考えられた健康な移民を数多く確保することであった。当時のマクドナルド首相（John Alexander Macdonald）は，こうした移民法がカナダ西部における定住者の増加を促進することを期待したが，実際には大規模な移住は生じなかった（Canadian Museum of Immigration at Pier 21, 2023）。

1861～1901年の間，カナダの人口は社会減を経験し，自然増により辛うじて，人口増加率1％台の微増傾向を保った（Statistics Canada 2015）。また，1871年時点，カナダでは，全外国生まれ人口のうち，83.6％をイギリス諸島

第Ⅱ部　多文化都市トロントのポルトガル系移民街

表4−1　カナダにおける移民法とエスニック集団関連の主な出来事に基づく時期区分

初期移住（Initial Immigration: Labour Migration）

1．排斥期（Exclusion Era）：〜第二次世界大戦

1885：中国人に対する人頭税の賦課
1908：日加紳士協定
1908：議会によるインド人の国外退去命令
1909-1913：先住民投票権の否認，専門職からの排除
1910：アジア系（Asiatic）移民に対して，現金200カナダドルを賦課
1923：中国人排斥法

2．遷移期（Transition Period）：第二次世界大戦後〜1960年代半ば

1947：中国人排斥法の撤廃
1947：全ての集団に対して帰化を許可する市民権法が制定（但し，日系人の投票権を除く）
1952：移民法—英国民とフランス市民を好ましいクラスと定める
　　　　—インド人移民に対する年間150人の定員制限

3．開放期（Open-Door Period）：1960年代半ば〜20世紀末

1967：移民法の改正—ポイントシステムの導入
1971：P.トゥルードー首相による，二言語多文化主義政策の宣言
1976：移民法—移住3年後の市民権獲得，移住に関する州への権限譲渡，4つ新たな移民クラスの設定
1988：マルルーニー首相による，第二次大戦中における日本人・日系人の強制収容などに対する謝罪・補償（リドレス）

4．選別期（Selective Period）：20世紀末〜現在

2002：移民および難民保護法—移民クラスの制定：家族クラス，経済クラス（熟練労働者，ビジネス移民，州・準州被推薦人，在宅介護者，季節農業労働者），難民
　　　　—ポイントシステムにおける，フランス語・英語能力，教育歴，職歴の尊重
2006：ハーバー首相による，人頭税の賦課に関する中国（系）人に対する謝罪
2008：ハーバー首相による，レジデンシャルスクール問題に関する先住民に対する謝罪
2008：カナダ経験クラスの導入（連邦政府，州・準州の両レヴェルにおける移民政策）—外国人労働者，およびカナダの大学を卒業した学生の取り込みを企図
2016：J.トゥルードー首相による，駒形丸事件に関するインド（系）人に対する謝罪

注：数字は年を示す。
出典：Li and Lo（2009）をもとに筆者加筆作成

（British Isles）出身者が占めた（Statistics Canada 2018）。広大な国土の開拓が求められた一方で，労働力が慢性的に欠乏する状況の中，1880年代初頭までに，カナダは渋々ながらエスニックマイノリティを許容していく。しかし，イギリス系が人口の大半を占めた当時，特に有色人種を中心とするエスニックマイノリティに対して，次第に反発が強まっていった。

　排斥期は，19世紀末から第二次世界大戦の終戦までである。まず，1885年，カナダに入国を希望する中国人に対して人頭税（10カナダドル）が課された。この年は，カナダにおいて大陸横断鉄道が完成した年に一致する。すなわち，カナダ政府は悲願であった大陸横断鉄道の完成と同時に，中国人に対する事実上の入国制限を始めたのである。翻せば，国家プロジェクトの完遂のため，そ

の間に限り，中国人の入国・就労に寛容な姿勢をとり，彼らの労働力を搾取した。前述の通り，大陸横断鉄道の建設には多くの中国系労働者が貢献した。ブリティッシュコロンビア州の鉄道建設労働者のうち，4分の3を中国系移民が占めていた（Statistics Canada 2023）。中国系労働者は，労働内容が同様の白人労働者に比較し，通常，その半分以下の低い賃金で働いていた（Historica Canada 2023）。

　1907年には，ヴァンクーヴァーのチャイナタウンとジャパンタウンにおいて，アジア人排斥同盟（Asiatic Exclusion League）により，投石などの暴力行為を伴う「ヴァンクーヴァー暴動」が生じ，中国系移民と日系移民が被害を受けた。アジア系人口比率が相対的に高い西海岸都市を中心に，中国系や日系をはじめとする，アジア人に対する排斥感情および人種差別主義（racism）が深刻化した。上記の暴動を契機に，翌1908年，日本とカナダの両国政府の間で紳士協定（Gentlemen's Agreement）が結ばれた。形式的には自主的な措置として，日本政府は男性労働者（male labourers）年間400人に渡航者数を制限した。その後，1923年と1928年における協定の改正により，渡航者数はさらに減少した。また，1908年，イギリスの統治下にあったインドからの移住者に対しても議会による国外退去命令が下された。1914年には，日本籍の船"駒形丸"に乗り，カナダへの上陸を目指したインド人（多くはシーク教徒）が入国を拒否され，帰国を強いられた（＝駒形丸事件）。英国臣民でありカナダに合法的に滞在する権利を有したインド人に対し，カナダ政府は，その船がインドからの直行便でないことを理由に拒絶したのである。この時代，インド─カナダ間の経由を伴わない航海は技術的に不可能であった。このほか，1910年には，アジア系（Asiatic）移民に対し，現金で200カナダドルの支払いが義務付けられた。

　カナダ政府によるエスニックマイノリティに対する制度的差別は先住民にも及んだ。1909～1913年，カナダ政府は，ファーストネイションから投票権を剥奪するとともに，彼らが専門的職業に就くことを制限した。また，先住民社会からの隔離とカナダの主流派社会への同化を企図し，先住民の子どもを寄宿学校（residential school）に収容した。この寄宿学校の起源は，連邦結成以前に遡るが，マッケンジー（Alexander Mackenzie）政権下の1876年における先住民法（Indian Act）の通過後，次第に拡大したという。カナダの先住民寄宿学

第Ⅱ部　多文化都市トロントのポルトガル系移民街

校の制度は，アメリカで既に存在した同様の制度を採用したものとされる。最多となった1950年代，カナダでは，1万人以上の先住民の子どもが寄宿学校に登録されていた。

黒人に関しては，主に1865年の奴隷解放の前後，隣国アメリカからの流入が認められた。地下道から，国境を越えて流入する者もいたとされる。これに対し，1911年の連邦議会では「カナダの気候および需要に不適であることを理由に，ニグロ人種に属する全ての移民を禁止する（"any immigrants belonging to the Negro race, which is deemed unsuitable to the climate and requirements of Canada"）」枢密院令が通過したが，実際に施行されることはなく，移民法に明記されることもなかった（Canadian Museum of Immigration at Pier 21, 2021）。施行に至らなかったとはいえ，この事実は，当時のカナダ政府が黒人の流入を忌避し，制限したい意思を有していたことを示す。

1920年代以降，有色人種に対する制度的差別は一層強化されていく。1923年における中国人排斥法（Chinese Exclusion Act）も，カナダ史における重大な人種差別的な移民法の一つである。また，1941年12月における太平洋戦争の勃発により，翌1942年，カナダ政府は日本人・日系人に対して，その資産を没収した上で，カナダ西海岸沿岸から100マイルの保護地域（protected area）外への移動を強いた。強制収容所（Internment Camps）へ送られた者のほか，プレーリー地域で甜菜栽培などの農場労働を強いられた者，日本への帰国を余儀なくされた者が生じた。以上のように，排斥期においては，中国（系）人，日本（系）人，インド（系）人，ファーストネイションなどの可視的マイノリティ（visible minority）を主な対象として，カナダ社会において人種差別主義が高揚し，これらのエスニック集団に対する排斥が，制度的および非制度的に展開された。

次に，遷移期（第二次世界大戦後〜1960年代中葉）をみてみたい。遷移期には，人種差別主義に基づく法的な制限が徐々に緩和されていった。まず，1947年に中国人排斥法が撤廃されたが，これはアメリカの同法撤廃（1943年）から4年遅れたものであった。長期に渡ってイギリスの植民地下にあったカナダでは，1790年代，アッパーカナダ／ロウアーカナダの両地域で奴隷制度を部分的に規制する法案が通過するなどした。その後，本国イギリスの奴隷制廃止（1834

第4章　多文化主義国家カナダと多文化都市トロント

年）とともに，奴隷制度が撤廃された（Statistics Canada 2020）。1629年頃から1834年までの間，4,000人余りのアフリカを出自とする奴隷がカナダにいたとされる。数の多寡や時間の長短により正当化される訳はあるまいが，国家スケールで見たとき，カナダの奴隷制が，アメリカの奴隷制（1860年代初頭で奴隷人口約400万人，1865年撤廃）に比べ，数的に小規模であり，約30年早く幕を閉じたことは一つの事実として認識しておきたい。

　こうした黒人に対する処遇の歴史が把握される一方，イギリスの文化的・社会的機構が概して維持されたこの国では，アジア人を主たる対象とした人種差別的な法制度は，アメリカよりもさらに長く持続した。1947年，全ての民族集団の構成員に対し，カナダへの帰化を認める市民権法が制定されたが，日系人に対しては選挙投票権が与えられなかった。また，1952年には市民権法において，国家における望ましいクラス（Preferred Class）として，イギリス臣民とフランス国民が明示されたが，カナダと同じくコモンウェルスの構成国であるにもかかわらず，インドからの移民に関しては，年間150人の制限が設けられた。このように，戦後から1960年代中葉まで，基本的には，英仏を基軸とする白人至上主義を保ちつつも，人権に関する国際社会の動向も相俟って，カナダ社会は変化の兆しを示し，移民関連の法律は一部で寛容化されていった。

　1960年代中葉以降，カナダの移民法は抜本的に見直されていった。20世紀末までのこの時期は，開放期に区分される。人道主義の高まりを受け，1962年の枢密院勅令において，既存の人種差別的な移民政策が廃止され，人種（race）や出身国（national origin）ではなく，技能（skills）が移住を決める主な基準となることが決められた。これを踏まえた1967年における移民法の改正では，人種や出身国・地域による差別を撤廃した"ポイントシステム（Points System）"が導入された。ポイントシステムは，英語・フランス語の語学力，保有学位，職歴など，人的資本の項目それぞれの指標に基づいてポイントが算出され，獲得ポイントに応じて，移住の可否を決定する移民審査の仕組みである。ポイントシステムの導入以降，カナダの人口構成はドラスティックに変化していくこととなる。そして，その4年後の1971年，ピエール・トゥルードー首相（当時）が「二言語多文化主義（Bilingualism and Multiculturalism）」を連邦レヴェルの政策に採用することを宣言した。これにより，イギリス系への同化主義

69

第Ⅱ部　多文化都市トロントのポルトガル系移民街

（Anglo conformity）から，英仏の二言語を中心とした多文化主義へと転換が推し進められていった。

　この二言語多文化主義が導入された過程を捉えることは，他の欧米諸国とは異なるカナダの特異性，および世界で逸早くこの国で同政策が導入された背景と理由を理解することにつながる。1960年代，ケベック州を中心に，フランス系住民による権利拡大の動きが進展し，一部は武装蜂起する事態にもつながった。広大な国土を有する一方，それに比して人口が乏しく，先進諸国の中では経済的にも未熟なこの国において，ケベック州の不安定化は大いに憂慮すべき事態であった。そこで，フランス系住民を懐柔すべく，「二言語二文化審議会」が発足され，二言語二文化主義の導入に向けた協議が進められた。しかし，当時のカナダにおいては既に，ウクライナ系をはじめとした，英仏以外の移民エスニック集団も確固としたコミュニティを形成していたため，これらのエスニック集団からの異議申し立てが生じた。19世紀末以降，カナダの発展に貢献してきた，英仏以外のこうしたエスニック集団のプレゼンスも認めつつ，開拓初期を牽引したフランス系の特権性を明示する政策デザインが求められた結果，落とし所としての二言語多文化主義が採用された。

　その後，1976年移民法では，移住に関する州への権限の移譲，四つの移民クラスの設定のほか，移住から3年後における市民権の付与などが決定された。日本からカナダへの移住100周年に当たる1977年以降，太平洋戦争中のカナダ政府による処遇をめぐって，日系人による謝罪・補償（Redress）運動が活発化した。その結果，1988年9月22日，当時の首相ブライアン・マルルーニー（Martin Brian Mulroney，保守党）が，戦時下の日本人・日系人への扱いについて公式に謝罪し，被害者に対する金銭的補償もおこなわれた。このカナダ首相による決定も，同年8月10日，アメリカのロナルド・レーガン大統領が，市民の自由法（Civil Liberties Act of 1988）に署名し，日本人・日系人に対する謝罪と補償を約束したことを追随する形でおこなわれた。このように，開放期には，カナダの主流派社会によるエスニックマイノリティへの対応が大きく変化していった。

　20世紀末以降，カナダでは国家に貢献する人材を選別する時期（選別期）に移行した。前述した排斥期に生じた日本人・日系人への人種差別的処遇に対す

第4章　多文化主義国家カナダと多文化都市トロント

る謝罪を皮切りに，連邦政府によるエスニックマイノリティへの謝罪は，その後，中国系（2006年），ファーストネイション（2008年），インド系（2016年）にも拡大した。謝罪の主体であるカナダ首相の所属政党は，主要政党で政権を担ってきた自由党と保守党をともに含み，政治的立ち位置における左／右を問わなかった。こうした白人至上主義に対する反省が継続して認められる一方，カナダの移民法は新たなフェーズに遷移した。2002年には，移民・難民保護法（Immigration and Refugee Protection Act）が制定された。これによって，家族クラス（Family Class），経済クラス（Economic Class）などの区分が設けられるとともに，ポイントシステムに則り，英語・フランス語の堪能さ，教育歴，職歴を一層尊重するなどの変化がみられた。さらに，2008年には，カナダ経験クラス（Canadian Experience Class）が設けられた。これは，カナダの大学を卒業した学生や短期滞在の外国人労働者をカナダに残留させることを企図するものである。このカナダ経験クラスは，連邦，および州・準州の両方の政府レヴェルで設定されている。20世紀末以降，カナダの移民政策は開放期から，国益に資する人材をより選別する時期へと移行してきた。

　以上のように，1960年代以降に始まった開放期を画期とし，カナダでは，英仏中心の人種差別主義的な移民政策から，基本的には人種や出自を問わず，経済的に国家の発展に貢献する人材を受け入れる政策へと変遷した。その背景には，隣国アメリカに対して，面積では伍する一方，国土の大部分を居住が困難な寒冷地が占めることもあり，人口とGDPでは約10分の1にとどまる，カナダの切実な内情が横たわることも事実である。とはいえ，エスニックマイノリティへの負の歴史をカナダ社会が反省的に捉え，より成熟した社会の形成に取り組んできたことも認めなければ公正とは言えない。

　ここからは，上記の移民法の変遷に照らし，国勢調査による人口データの推移をみていきたい。**図4－2**に，1871年，1901年，1931年，1961年，1981年，2011年におけるカナダの民族構成をそれぞれ示した。1871年および1901年のカナダの民族構成（**図4－2**（a）（b））をみると，イギリス系，フランス系の順に人口が突出して多く，次いでドイツ系が確認される。先住民を除くと，その後には，これら3集団に比べると少数ながら，オランダ系，スカンディナビア系が続く。この時期，カナダではイギリス系，フランス系に加え，イギリス系

71

第Ⅱ部　多文化都市トロントのポルトガル系移民街

に生物学的に近いとされた，他の北西欧系の移民集団が流入した。

　一方，前述したように，19世紀末以降において，カナダ政府は国策として，国土の中・西部に当たるプレーリー三州の開拓に取り組んだ。この時，同地域では大量の労働需要が発生し，それを補うため，カナダ政府はウクライナをはじめとした東欧からの移民に注目した。送出国において既に農業技術を習得していたことに加え，ここでもイギリス系との近似性が，東欧系移民の受け入れを正当化する理由となった。因みに，こうした白人との人種・民族的な近似性，または「白人性（Whiteness）」の概念が，人種差別主義に根差し，恣意的な側面を多分に有する点は指摘するまでもない。Kobayashi and Peake（1994, 2000）は，「人種（race）」概念が生物学的な本質（biological essence）ではなく，社会的な構築物（social construction）であることを論じた。また，ステレオタイプ化された特性に基づいて人種集団を同定し，特定の生活環境へと彼・彼女らを強制的に押し込めいくプロセスが「人種化（racialization）」であるという（Kobayashi and Peake 2000）。

　Roediger（2005）によれば，20世紀前半までのアメリカにおいて，東南欧系の人々は，北西欧系（＝白人）とアジア人・黒人等の有色人種との間に位置付けられていた。彼・彼女らは，中間性（in-betweeness）を有する集団であり，白人としては認知されていなかった。東南欧系の人々は，労働運動，ニューディール改革，住宅購入者の増加などを通じ，白人のカテゴリーへと次第に組み入れられていったという。カナダ社会においても同様に，この時代，東欧および南欧の出身者は，同じヨーロッパ地域を出自とする北西欧系の出身者に対し，より劣位にある集団として人種化され，多くの場合，白人とはみなされていなかった。その一方，有色人種（または可視的マイノリティ）とも区別され，カナダ社会のエスニックハイエラルキーにおいて，東南欧系の人々は，白人（北西欧系）と有色人種との間に布置されていた。

　カナダ西部の開拓が進行した1931年の図（**図4－2**（c））には，ウクライナ系，ポーランド系，ロシア系，ユダヤ系，さらには，鉄道建設業にも多く従事したイタリア系の増加も見て取れる。すなわち，1930年代初頭までに，英仏以外のヨーロッパ系の移民エスニック集団が増加した。このほか，それ以前に流入した中国や日本からの移民とその二世・三世が出生したことから，アジア系も

第4章　多文化主義国家カナダと多文化都市トロント

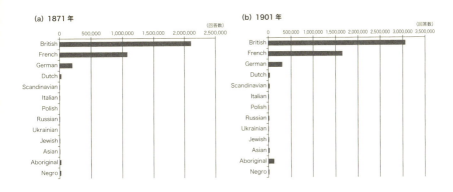

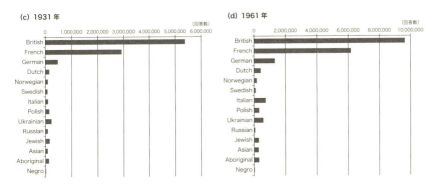

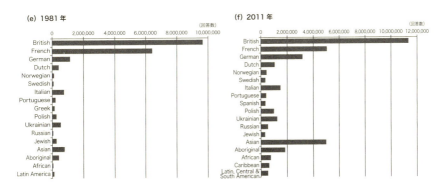

注：1871，1901，1931，1961年におけるNetherlanderの項目は，2011年の標記に合わせ，"Dutch"とした。1871，1901，1931，1961年におけるAsiatic，Native Indian and Inuit (Eskimo) の項目は，2011年の表記 (Asian origins, North American Aboriginal origins) を参考に，それぞれ"Asian"，"Aboriginal"とし，2011年においてもこの省略した表記を採用した。また，その他の項目（民族集団）については，各年における表記を維持するか略称を用いた。
出典：Statistics Canada, Census 1871, 1901, 1931, 1961, 1981, National Household Survey 2011をもとに筆者作成

図4−2　カナダにおける民族構成の変遷（1871〜2011年）

第Ⅱ部　多文化都市トロントのポルトガル系移民街

一定数確認されるが，19世紀末以降，法的に移住者数が制限されたため，ヨーロッパ系に比して，その数は抑制された。

　カナダでは，1960年代以降，可視的マイノリティを含め，多文化に寛容な移民法が導入された結果，移民送出国が多様化していった。**図4−2**（d）〜（e）から，1961年〜2011年におけるカナダの民族構成の変化をみると，アジア系の顕著な増加が確認される。一方，今日では白人（White）に分類されている，南欧系と東欧系の人口についても一定数の増加が認められる。

　本研究で対象とするポルトガル系移民は，南欧系の移民エスニック集団であるが，より広くヨーロッパ系としてみても例外的な集団であり，20世紀半ばまでは人口が僅少であった。彼・彼女らは，移民法が部分的に寛容化され始めた戦後の遷移期にカナダへの移住を開始し，開放期に入ると一層増加した（次章で詳述）。そのため，20世紀半ばまでは主たる民族集団として認識されず，1961年までのデータでは，その数を把握できない。1960年前後，ポルトガル系移民の数は増加の途上にあった。しかし，彼・彼女らは，2011年には，スペイン系，スウェーデン系，ユダヤ系などを凌ぐ人口を示すに至った。このことは，ポルトガル系移民の急速な増加を示唆する。また次章で示す通り，その居住分布は，特にオンタリオ州のトロントに集中している。

　白人の概念がイギリス系（または北西欧系）のみを示すものから，広範疇化した現代カナダにおいて，一般的に，ポルトガル系の人々は白人とみなされる。彼・彼女らは，第二次大戦以前に流入した他の東南欧系の集団に比べ，ホスト社会からの制度的圧力がより小さい時代にこの国へ流入したと言える。人種差別主義に根差した移民法の撤廃，および代わって導入されたポイントシステムや多文化主義の理念を反映し，より多文化化した社会の中で非制度的な差別や圧力も弱まっていったと考えられる。それでは，多元主義が浸透した20世紀後半以降のカナダ，或いは多文化都市トロントにおいて，ポルトガル系移民は摩擦や軋轢を何ら経験することなく，カナダへの定住と統合を達成したのだろうか。また，ポルトガル系移民は，ホスト社会による人種化の経験を一切受けなかったのだろうか。本書では，これらの問いに対して，一部で肯定的な立場を取るものの，以後の章での分析を通じ，彼・彼女らの経験と実践から，それらをより複雑なものとして，精細に捉えていく。

74

第4章　多文化主義国家カナダと多文化都市トロント

第3節　カナダ社会の構造変容と多文化都市トロントの形成

　前節までの分析を踏まえ，図4-3にカナダにおける多文化・多民族化の流れと制度の働きを模式図として単純化して示した。ここでは，19世紀末～20世紀初頭の「排斥期」，ポイントシステムや多文化主義が導入された1960年代半ばから現在までの「開放期」以降の二つの時期に大別した。カナダの国家スケールでの多文化・多民族化の流れを概観しながら，移民が流入・定住した地域の特徴に焦点を当て，地域（または都市）スケールでの分析をおこなう。国家―地域という垂直的スケールに，地域（都市）間の水平的スケールでの分析を合わせ，20世紀後半に「多文化都市トロント」が形成された背景とプロセスを論じる。

　19世紀末～20世紀初頭のカナダでは，空白地帯であった西部のプレーリーの開拓と大陸横断鉄道（Canadian Pacific Railway）の建設が二大国家プロジェクトであった。プレーリー三州（アルバータ州・サスカチュワン州・マニトバ州）の開拓のため，1896年，ウィルフリッド・ローリエ（Wilfrid Laurier）自由党政権で内務大臣に就任したクリフォード・シフトン（Clifford Sifton）は，農業技術を有するとともに勤勉に働く移民を求め，それまでは積極的に受け入

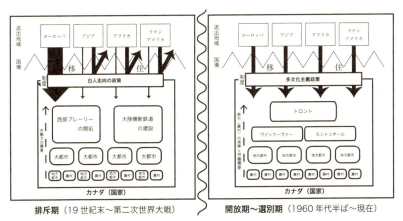

図4-3　移民法と労働需要からみたカナダの多文化・多民族化

れてこなかった中東欧系の労働力に注目した（Historica Canada 2015）。なかでも，この時代に数多く移住したウクライナ系移民の多くは，カナダ西部のプレーリー地域に広く流入し，そこに定住した。イギリス系を中心に，北西欧系出自者を尊重した当時のカナダ社会では，細分化された強固な民族的ハイエラルキーが存在した。主流派のイギリス系による人種化の実践により，この当時，アジア系・アフリカ系のみならず，東欧系や南欧系の人々もまた白人とはみなされておらず，彼らのカナダへの流入に対し，国民の排斥感情は高揚していた。しかし，カナダ政府は，広大な国土の開発のため，移民の出自についての許容範囲を若干だが拡大したのである。

イタリアや中国からの移民は，当初，大陸横断鉄道の建設地や鉱山の採掘地などに流入した。イタリア系移民がカナダへ流入した最盛期は，①1900年〜第一次世界大戦前と②1950〜1970年の二つの時期であり，①の時期には，119,770人がカナダに到着した（Historica Canada 2019）。1911年の国勢調査において，イタリア系人口はモントリオールに7,000人，トロントに4,600人認められた。これら主要都市以外では，ノヴァスコシア州のシドニー（Sydney），オンタリオ州のスーセントマリー（Sault Ste. Marie）とコッパークリフ（Copper Cliff），ブリティッシュコロンビア州のトレイル（Trail）などの遠隔な地域に数多く確認された。

中国系移民は，1858年，ブリティッシュコロンビア州に位置するフレーザー川河谷でのゴールドラッシュを皮切りに集団的な移住を開始し，その後の1880年代には，大陸横断鉄道の労働需要に対応し，その数を増加させた。1850年代〜1860年代に流入した中国系移民に関しては，1848年，カナダに先んじて金脈が発見されていたアメリカのサンフランシスコから転住した者が多数含まれた（Statistics Canada 2023）。ブリティッシュコロンビア州内陸部のバーカビル（Barkerville）には，カナダで最初の中国系コミュニティが形成された。その後，大陸横断鉄道の建設期にあたる1881〜1884年には，17,000人以上の中国系移民がカナダへ到着したとされる。1880年代，彼・彼女ら（多くは男性労働者）は，太平洋岸のブリティッシュコロンビア州に顕著に集積した（Historica Canada 2023）。ゴールドラッシュが終焉を迎え，大陸横断鉄道も開通した20世紀になると，中国系移民は都市部に集住した。ブリティッシュコ

ロンビア州のヴィクトリアやヴァンクーヴァーには，チャイナタウンが形成されるほどに多くの中国系人口が認められた。その一方，ブリティッシュコロンビア州での反アジア人感情の高まりを受け，カナダ東部へ転住する者も現れた。1940年代，全中国系移民数の約50％が太平洋岸地域に居住していた（Historica Canada 2023）。

第一次世界大戦の開戦（1914年）から第二次世界大戦の終戦（1945年）までは，出自を問わず，カナダへの移民数は抑制傾向となったが，この間においてもアジア系に対する排斥的な移民法が施行され続けた。第二次大戦中，適性外国人（Enemy Aliens）とされた日本人・日系人に対しては，ほぼ全ての資産を没収した上で，強制収容所への送還，ロッキー山脈以東への移動，または日本への帰国が強いられた。

戦後の遷移期を経て，1967年にポイントシステムが導入されると，カナダの民族構成は劇的に変化していった。その後間もなく制定された，多文化主義に根差した移民政策に基づき，可視的マイノリティ，或いは人種的マイノリティ（racial minority）に対する移住の障壁は著しく緩和された。一方，大陸横断鉄道の建設とプレーリー地域の開拓は，この時期には既に完了していた。また，20世紀初頭以降，他の先進諸国と同様に，カナダでも産業構造が転換して工業化が進展すると，都市化が進行した。都市・農村の人口割合は，1931年には農村優位から都市優位へと逆転した（**図4－4**）。第二次大戦後，総人口のうち，都市に居住する人口の割合は一層増加し，2011年，カナダの総人口の80％以上が都市部に居住する。

こうした法制度（移民政策），および産業構造と労働需要の変化を反映し，1960年代末以降に到着した，多様な国・地域からの移民は，就労機会を求めてカナダ最大の都市であるトロントを筆頭に，そのほかモントリオール，ヴァンクーヴァーをはじめとする大都市圏に集中して流入している。新たな移民の労働力を動力源として，これらカナダの三大都市圏は，国内的にも国際的にも，その機能と役割を増大させている。

1960年代まで，これらの三大都市の中でも，人口および経済の規模において，ケベック州に位置するモントリオールが最大の都市であった。しかし，1960年代，ケベック州ではカナダからの分離独立（または自治権の拡大）を目

第Ⅱ部　多文化都市トロントのポルトガル系移民街

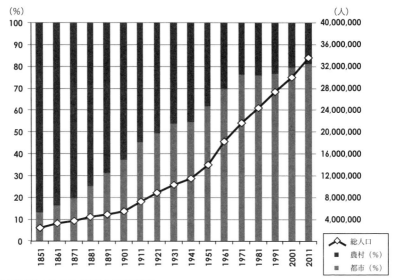

出典：Statistics Canada, 各年をもとに筆者作成

図4-4　カナダにおける都市・農村人口比率の変化（1851～2011年）

指す動きが活発化した。さらに1977年，ルネ・レベック（René Lévesque）率いるケベック党政権のもと，「フランス語憲章（Charter of the French Language）」101号法（Bill 101）が通過し，フランス語のみを州の公用語に定め，大・中規模の会社では社内公用語としてフランス語の使用が義務化されることが決められた。当時，国内最大の生命保険会社であったSun Lifeは，これに即座に反応し，同年，トロントへの本社移転を発表した（Semple and Green 1983）。ケベック州における社会・政治情勢の不安定化と分離独立の懸念，およびそれに伴う経済的な影響を危惧し，主要銀行を含む，国内の複数の有力企業が本社機能をモントリオールからトロントへと移転させた（Hackworh 2016）。企業の本社機能の移転に伴い，カナダ経済の中枢となると，トロント市では雇用機会も増加し，職を求めて多数の人々が流入するようになっていった。Hackworth（2016）は，同市の経済的地位の上昇に関する一連のプロセスを「歴史上のアクシデント（an accident of history）」と形容している。また，大都市圏スケールで比較すると，モントリオールの人口が，1,539,308人（1951年），2,110,679人（1961年），2,743,208人（1971年），2,862,286人（1981年），3,127,242

78

第4章　多文化主義国家カナダと多文化都市トロント

人（1991年），3,426,350人（2001年）と推移した。他方，トロントの人口は，1,262,000人（1951年），1,919,000人（1961年），2,628,045人（1971年），2,998,947人（1981年），3,893,933人（1991年），4,682,897人（2001年）となった。このように，1980年頃までに，トロントは人口規模・経済規模の両方において，モントリオールに置き換わり，カナダの中心都市となった。

　連邦政府からケベック州政府へと自治権の一部が移譲されると，同州では，移民希望者にフランス語の運用能力を求めるなど，独自の移民政策を策定することが可能となった。同一の国家に属しながら，他の州とは異なる特有のゲートコントロールが開始された結果，ケベック州への移民送出国の構成は変化し，フランス語話者である旧フランス植民地出身の移民が増加していった。翻って言えば，トロントが英語圏であることも，今日，移民希望者にとっては，この都市を移住先に選ぶ一つの重要な要素となっている。他方，太平洋岸のヴァンクーヴァーでは，移民割合は高いものの，環太平洋に位置する立地上の特性から，中国系をはじめとするアジア諸国からの移民に傾斜し，エスニックな多様性という観点においてはトロントのそれに劣る。

　上記の通り，トロントにとっては外在的な要因の発生に伴い，カナダの社会的・文化的・政治的・経済的な構造変化が生じ，それによってこの都市への経済機能・雇用機会の集中，および国内南東部という立地特性を背景に，1970年代以降，世界の様々な国・地域を出自とする多様な移民が，トロントに最も多く流入することとなった。総人口に関しても，大都市圏スケールにおけるモントリオールとトロントの人口は1970年代に逆転し，トロントが第1位の座についた。

　表4－2は，2011年におけるカナダの主要な都市圏の人口，移民の総数，およびその割合を示す。カナダの総人口は32,852,320人を数える。このうち，20.6％に当たる6,775,765人が移民によって構成される。トロント大都市圏には，国内総人口の16.8％に相当する5,521,235人が居住する。大都市圏スケールでみた時，トロントはモントリオール（3,752,475人）の約1.5倍，ヴァンクーヴァー（2,280,700人）の約2.5倍の人口を有する。また，トロント大都市圏には，2,537,410人の移民が居住しており，この数は同大都市圏内の総人口の46.0％を占める。トロントの総人口に占める移民の人口割合は，モントリオールの22.6

79

第Ⅱ部　多文化都市トロントのポルトガル系移民街

表4-2　カナダの主な都市圏における総人口と移民人口（2011年）

順位	都市圏名	総人口		移民人口		各都市圏の移民比率(%)
		数(人)	割合(%)	数(人)	割合(%)	
--	Canada	32,852,320	100.0	6,775,765	100.0	20.6
1	Toronto	5,521,235	16.8	2,537,410	37.4	46.0
2	Montréal	3,752,475	11.4	846,645	12.5	22.6
3	Vancouver	2,280,700	6.9	913,310	13.5	40.0
4	Ottawa - Gatineau	1,215,735	3.7	235,335	3.5	19.4
5	Calgary	1,199,125	3.7	313,880	4.6	26.2
6	Edmonton	1,139,580	3.5	232,195	3.4	20.4
7	Québec	746,685	2.3	32,880	0.5	4.4
8	Winnipeg	714,635	2.2	147,295	2.2	20.6
9	Hamilton	708,175	2.2	166,755	2.5	23.5
10	Kitchener - Cambridge - Waterloo	469,935	1.4	108,720	1.6	23.1
11	London	467,260	1.4	87,655	1.3	18.8
12	Halifax	384,540	1.2	31,260	0.5	8.1
13	St. Catharines - Niagara	383,965	1.2	64,385	1.0	16.8
14	Oshawa	351,690	1.1	56,175	0.8	16.0
15	Victoria	336,180	1.0	60,075	0.9	17.9
16	Windsor	315,460	1.0	70,290	1.0	22.3
17	Saskatoon	256,435	0.8	27,355	0.4	10.7
18	Regina	207,215	0.6	21,735	0.3	10.5
19	Sherbrooke	196,675	0.6	12,115	0.2	6.2
20	St. John's	193,825	0.6	5,875	0.1	3.0

注：総人口と移民人口の下に記された割合（%）は、いずれも全国（Canada）に占める各都市圏の割合を示す。ここでの都市圏は、国勢調査都市圏（Census Metropolitan Areas）を示す。また、総人口の値は、回答義務のないNational Household Surveyに基づく推計値であり、回答義務のある国勢調査（Census）の値とは誤差がある。
出典：Statistics Canada 2011, National Houesehold Surveyをもとに筆者作成

　％，ヴァンクーヴァーの40.0％を凌ぎ，カナダ国内で最も高い。2011年時点，カナダへの総移民数の37.4％がトロント大都市圏に集中している。また後述のように，都市スケールでみても，トロント市（48.6％）は，ニューヨーク市（39.1％），ロサンゼルス市（36.9％），シカゴ市（21.2％）といったアメリカの大都市と比較しても，総人口に占める移民の割合において最高である。
　エスニシティの多様性という観点から，カナダの三大都市を比較したい。本書の研究対象地区であるリトルポルトガルがトロント市内のインナーシティに位置していることから，ここでは市内の人口構成の特徴を把握することを目的とし，郊外を除く中心都市のみを対象とした。表4-3は，三大都市における

第4章　多文化主義国家カナダと多文化都市トロント

表4-3　三大都市におけるエスニックオリジン別（大別）の人口構成（2011年）

エスニックオリジン	トロント市		モントリオール市		ヴァンクーヴァー市	
	回答数	割合	回答数	割合	回答数	割合
North American Aboriginal origins	31,390	1.2%	36,270	2.2%	14,675	2.5%
Northern and Western European origins	911,150	35.4%	569,655	35.3%	297,090	50.3%
: British Isles origins	590,810	22.9%	153,295	9.5%	172,715	29.3%
: French origins	115,500	4.5%	352,360	21.8%	35,250	6.0%
: Other origins	204,840	8.0%	64,000	4.0%	89,125	15.1%
Southern and Eastern European origins	696,140	27.0%	322,035	20.0%	102,690	17.4%
Caribbean origins	148,755	5.8%	101,295	6.3%	3,420	0.6%
Latin, Central and South American origins	103,360	4.0%	73,655	4.6%	11,900	2.0%
African origins	126,025	4.9%	152,880	9.5%	8,025	1.4%
Asian origins	981,770	38.1%	275,710	17.1%	292,445	49.5%
総人口	2,576,025	－	1,612,640	－	590,205	－
総人口に占める移民比率	1,252,215	48.6%	538,280	33.4%	258,750	43.8%

注：エスニックオリジンの質問項目には，複数回答が認められているため，回答数の和は各市の総人口を上回る。したがって，
　　各市におけるエスニックオリジンの割合の和も100％を超える。また，表中の総人口は質問項目の集計値から求められた
　　推計値であり，実際の総人口（2,615,060人）とは一致しない。表中の割合は，この推計値の総人口を分母とする。
出典：Statistics Canada 2011, National Household Survey をもとに筆者作成

エスニックオリジン（ethnic origin）の構成について，世界の地域単位で示し
たものである。エスニックオリジンの項目に関しては，移民のみならず，カナ
ダ生まれの人口も含まれる。移民比率については，別途，最下部に示した。ト
ロント市の移民比率（48.6%）がトロント大都市圏のそれ（46.0%）と大差ない
ことは，近年におけるジェントリフィケーション（ホスト社会住民の都心回帰）
の進行と移民の郊外化の証左である。

　この表からもわかるように，モントリオール市では，フランス系人口の卓越
に加え，北アフリカやカリブ海地域などの旧フランス植民地からの移民の増加
に伴い，アフリカ系とカリブ系の項目が三大都市の中で最も高かった。一方，
アジア系，イギリス諸島系の割合は，三大都市の中で最も低く，東南欧系につ
いても，トロント市を大きく下回った。他方，ヴァンクーヴァー市では，イギ
リス諸島系を中心とする北西欧系とアジア系の二極化傾向がみられ，先住民を
除き，その他の出自者の割合は，トロント市とモントリオール市のそれを大き
く下回った。このような構成を示すモントリオール市とヴァンクーヴァー市に
対し，トロント市は伝統的な入植集団であるイギリス諸島系を中心とする北西
欧系が35.4%を示したが，アジア系はそれを上回る38.1%に達した。また，東

81

第Ⅱ部　多文化都市トロントのポルトガル系移民街

南欧系も27.0％と高い割合を示した。加えて，先住民を除き，その他の出自者もヴァンクーヴァー市を上回る割合を示し，多様な人口構成が確認された。

　このように，モントリオール市における移民の送出国・地域は，旧植民地をはじめとするフランス語圏に傾斜する。また，太平洋岸に位置するヴァンクーヴァー市の移民送出地は，中国をはじめとしたアジアの国・地域に集中する。トロント市においてもアジア諸国からの移民は増加しているが，東南欧，アフリカ，カリブ海，中南米など，世界各地からの移民が流入している。

　以上の通り，20世紀初頭以降に進んだ産業構造の転換と都市化の進展，1960年代以降における移民法の改正，および同時期に生じたケベック州の社会・政治的な不安定化とそれに起因するライヴァル都市・モントリオールの地位の低下など，国内の他地域との関係にも依拠し，特に1970年代以降，トロントでは人口の増加と多文化・多民族化が進行してきた。すなわち，トロントの多文化・多民族化は，カナダ社会が構造変容を迎える中で，国家（national）／州（provincial）／都市（local, urbanまたはmetropolitan）などの複数のスケールが，垂直的次元で相互に影響を与えつつ，さらに州間や都市間などのインターローカル（またはトランスローカル）な作用も生じることで，水平的にも相互作用しながら，複雑に絡み合って進展した。

第4節　　トロント市の民族構成

　トロント市はカナダ南東部に位置するオンタリオ州の州都であり，経済および人口の規模において国内最大の都市である。**写真4－1**［口絵］は，オンタリオ湖から見て，その北方に位置するトロント市の中心部を写したものであり，高層のオフィスビルやコンドミニアムなどの集積が確認される。2009年と2023年の比較から，本書の調査期間にも少なからぬ数の開発がおこなわれ，市内中心部の高層化と過密化が一段と進展したことが読み取れる。トロントは，1793年にヨーク（Town of York）として誕生すると，イギリス植民地（アッパーカナダ）時代の1797年，ナイアガラオンザレイクからの遷都後，イギリス系住民の中心地となった[3]。カナダ国勢調査によると，2011年時点，トロント

第4章　多文化主義国家カナダと多文化都市トロント

市の総人口は約261.5万人を数える。さらに，トロント市に隣接するハルトン（Halton），ピール（Peel），ヨーク（York），ダーラム（Durham）の4地域を加えて構成される，グレータートロント（Greater Toronto（トロント大都市圏））の人口は約558.3万人に達し，北米第4位の大都市圏を形成する。カナダの公用語は英語とフランス語の二言語であるが，トロント市ではイギリス系住民が多数を占めてきたことなどから，社会活動においては主に英語が用いられる[4]。

　前節の通り，2011年時点，トロント市の人口をカナダ統計局（Statistics Canada）のエスニックオリジンの項目別（地域単位）にみると，アジア系出自者は約98.2万人認められ，最多であった[5]（表4－3）。北西欧系（91.1万人）はそれに続き，そのうちの64.8％の59.1万人をイギリス諸島系が[6]，12.7％の11.6万人をフランス系の出自者が占めた。東南欧系出自者が69.6万人であったほか，カリブ系（14.9万人），アフリカ系（12.6万人），ラテン・中央・南アメリカ系（10.3万人），先住民（3.1万人）であった。今日，トロント市には200以上のエスニック集団が居住するとされ，こうした人口構成からも，特定の地域に限らず，世界中から移民が流入していることが理解される。

　図4－5には，2011年におけるトロント市の人口構成をより詳細なエスニックオリジン別に示した。ここでは，回答者数5万人以上の代表的な集団のみを記した。今日，トロント市では総人口の約半数を移民が占める。中国系は約30.9万人を記録し，33.3万人で最多のイングランド系（English）に迫った。地域単位では，アジア系出自者が北西欧系出自者を上回った一方，より詳細な出自別にみると，イングランド系はかろうじて最多集団の地位を維持した。また，インド系（East Indian）出自者も19.5万人に達し，中国系に次ぐ市内第2位のエスニック集団であった。第6章でポルトガル系との比較対象となるイタリア系の出自者は，インド系に次いで多く，17.7万人が確認された。北西欧系以外の集団としては市内第3位であった。インド系の後には，フィリピン系（14万人），ポーランド系（9.8万人）が続いた。また，これら二つのエスニック集団の間には，北西欧系の集団であるドイツ系（11.9万人）とフランス系（11.6万人）が認められる。本書の主な研究対象であるポルトガル系の人口は，トロント市内に約9.3万人を数え，市内で第6位に位置するエスニック集団であった[7]。

83

第Ⅱ部　多文化都市トロントのポルトガル系移民街

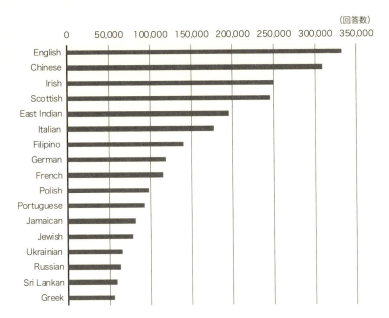

注：Canadianなど，主観に基づく回答項目は除外した。
出典：Statistics Canada 2011, National Household Surveyをもとに筆者作成

図4-5　トロント市におけるエスニックオリジン別の人口構成（2011年）

注

(1) 七年戦争のうち，北米での戦争は「フレンチ・インディアン戦争（英語：French and Indian War）」または，「征服戦争（仏語：Guerre de la Conquète）」と呼ばれる。

(2) ニューファンドランド島（旧ニューファンドランド自治領）は，1931年にイギリスからカナダに編入された。ニューファンドランド・ラブラドール州の利用可能な国勢調査データは，1951年から確認される。また，アルバータ州，マニトバ州，ユーコン準州に関しては，1901年以降に国勢調査データが得られた。このほか，ヌナブト準州のデータは，1991年までノースウエスト準州のデータに含まれている。

(3) トロント（当時，ヨーク（York））は，ナイアガラオンザレイクに比べ，アメリカからの攻撃にさらされにくい立地にあることなどから，アッパーカナダの首都になったとされる。

(4) 1971年以降，カナダでは英語とフランス語を公用語としつつ，その他全ての文化を尊重する，二言語多文化主義政策が採られているが，ケベック州など一部の地域を除き，大半の地域において日常的な社会活動においては，基本的に英語が用いられている。その一方，公的書類や商品の表記などには英語とフランス語が併記される。

(5) 当該質問項目は回答者に複数回答を許可するため，全回答数は総人口を上回る。

(6) 2011年は，詳細な国勢調査は実施されず，代わって国民世帯調査（National Household

第4章　多文化主義国家カナダと多文化都市トロント

Survey）がおこなわれた。イギリス諸島系は，国民世帯調査のエスニックオリジンの項目
における，Britih Isles originsの回答に対応する（Statistics Canada 2011）。

（7）　図中の集団のうち，マジョリティ的性格を有する北西欧系のEnglish，Scottish，Irish，
German，Frenchを除く。

第5章

世界とカナダのポルトガル系ディアスポラ

　ヨーロッパ大陸の最西部に位置し，国土面積に乏しいポルトガルは，ヨーロッパの列強が大陸内やその周辺で覇権を争う中，15世紀以降，大西洋の向こうに広がると考えられた非ヨーロッパ世界に逸早く新たな活路を求めていった。結果として，それ以降，南米のブラジルのほか，アフリカのアンゴラやモザンビーク，インドのゴア，中国のマカオ，アメリカのニューイングランド地方，カリフォルニア，ハワイなど，世界の広い地域にポルトガル系ディアスポラが形成された。

　今日，世界の在外ポルトガル系人口は，合計496.9万人を数える（Rocha-Trindade 2009: 23-24）。このうち，ヨーロッパ，南北アメリカ，アフリカ，アジア，オセアニアの各地域に，それぞれ158万人，284万人，37.7万人，15.7万人，1.6万人が分布する。カナダは，先住民の地において，移民の労働力により国土を開発・発展させてきた「移民国家」であり，北西欧系移民に比べれば少数ながらも，1900年前後からはイタリア系やウクライナ系などの東南欧系の移民も受け入れてきた。しかし，ポルトガル系移民に関しては，1950年代まで，その流入が認められなかった。その数は，特に1960年代～1970年代，急激に増加した。すなわち，カナダはポルトガルの帝国崩壊前夜から直後にかけて形成された新興のポルトガル系ディアスポラである。2007年時点，送出国のポルトガル側で算出されたデータにおいて，カナダ国内には，約35.8万人のポルトガル系人口が確認された。受入国であるカナダ側では，2006年時点，約41万人が報告された。なかでも，最も多くのポルトガル系移民がトロントに居住

第Ⅱ部　多文化都市トロントのポルトガル系移民街

し，都市スケールにおいて，トロントには北米最大のポルトガル系コミュニティが形成されている。

　本章では，まず，大航海時代以降における，ポルトガル系ディアスポラの世界的な立地展開を説明する。その上で，20世紀後半以降のポルトガル人によるカナダへの移住の発生から定着の流れを捉え，特にトロントにおいて，彼・彼女らが集積していった要因を考察する。最後に，トロント市内におけるポルトガル系移民街「リトルポルトガル」の形成，および同市におけるジェントリフィケーションなどの社会地理的な特徴と現況を踏まえ，この移民街の位置付けをおこなう。

第1節　ポルトガル帝国主義と植民地の立地展開

　1415年，ポルトガルによるセウタの攻略により，大航海時代の幕が開いた。以降，ポルトガルは，バルトロメウ・ディアス（Bartolomeu Dias）による喜望峰到達（1488年），ペドロ・カブラル（Pedro Álvares Cabral）によるブラジル到達（1500年），アフォンソ・デ・アルブケルケ（Afonso de Albuquerque）によるインド・ゴアの侵略（1510年）に代表されるように，スペインとともに大航海時代の初期を牽引していった。ヨーロッパにおいて，最西端に位置するポルトガルは，逸早く自国の国力強化を非ヨーロッパ地域（および非イスラーム地域）に求めていった。ヨーロッパの中でポルトガルが置かれた地理的状況，或いは地政学的状況が，ポルトガル人を大西洋への航海に押し出した。ポルトガル人は，今日にも続くグローバリゼーションの黎明期を担ったとも言えよう。

　15世紀，セウタの攻略後まもなくして，ポルトガルはマデイラ諸島（1419年）とアゾレス諸島（1427年）に到達した。アゾレス諸島は，大西洋中央海嶺が位置する洋上の九つの島から構成され，ポルトガル人が到達した当時，無人島であったとされる。マデイラ諸島も人口に乏しく，かつサトウキビが栽培可能な亜熱帯気候であることから，砂糖の生産地としても重要視され，開拓が進んだ。ポルトガル王室は，多くの人口をこれら二つの島嶼群へ送り，植民活動に取り組んだ。アゾレスとマデイラの両諸島は，現在，ポルトガルの自治領の

第5章　世界とカナダのポルトガル系ディアスポラ

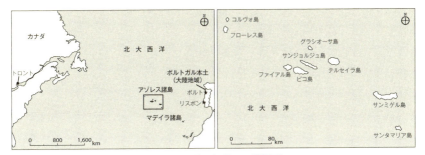

図5−1　ポルトガルの概観図

位置付けにあり，国土（領域）の一端を構成している（図5−1）。後述の通り，主に19世紀以降，これらの島嶼群から北アメリカの両国へと多数の移民が送り出されることになる。

　その後，ポルトガルは，西アフリカのヴェルデ岬（Cape Verde）の沖合に位置する島嶼（現カーボヴェルデ共和国（Republic of Cabo Verde））に到達し，そこを植民地支配した。アフリカ大陸にも触手を伸ばしたポルトガルは，現在の南アフリカ共和国に当たる地域のほか，大陸南部の西岸にはアンゴラ，同東岸にはモザンビークに相当する地域を中心に植民地を築いた。そして，インド洋を渡り，インドのゴアを制圧し，香辛料貿易の拠点を形成した。一方，小国であるが故，ポルトガルは，本国からこれらの地域へ十分な植民を送り出すことができなかった。その結果，例えば，イギリス領東アフリカのポルトガル領事館では，20世紀初頭から半ばにかけ，ゴア人がポルトガル領事を務めるなど，ポルトガル出身ではない人々が，第三国（・地域）でポルトガルの公人として要職を担う事例も認められた（Frenz 2012）。

　1557年，ポルトガルは中国のマカオにおいても居留地を獲得し，そこを貿易港とした。その後，ポルトガル領とすると，中国に変換される1999年までの間，マカオで一定のプレゼンスを示した。マカオがポルトガル植民地となり得た背景として，居留地となった当時，近海で海賊行為が横行していたことが挙げられる。ポルトガル船がそれを抑止・鎮圧する役割を担い，中国側にとっても利益が認められると考えられた。このほか，東ティモールなどにもポルトガルはその勢力を拡大した。こうして，16世紀以降，アジア地域にもポルト

89

第Ⅱ部　多文化都市トロントのポルトガル系移民街

ガル系ディアスポラが形成された。種子島への漂着と鉄砲伝来（1543年）を端緒として，その後，長崎を拠点とした交易，キリシタン大名の登場などにみられるように，ポルトガルは日本にもその足跡を残したが，豊臣秀吉によるキリスト教禁教令，その後の徳川幕府による鎖国政策，出島における交易相手国のポルトガルからオランダへの変更など，日本側の社会的・政治的・経済的な反応・変化の下，日本列島にディアスポラを形成するには至らなかった。

　Newitt（1981）によれば，ポルトガルはヨーロッパにおける帝国権力と植民地争奪戦において，最弱国であり続けた。ポルトガルの野望は，しばしばイギリスによる領土への飽くなき欲求によって押しつぶされた（Newitt 1981: 24-33）。ヨーロッパ列強との激しい攻防の中，ポルトガルは苦戦を強いられながらも，一部地域では植民地を維持・拡大したが，1580年には，本国がスペインによる支配を経験した。その後，スペイン支配から脱却し，再び独立を果たしたが，1807年，ナポレオンがポルトガルへ侵攻すると，ポルトガル王国は再び危機に直面した。ポルトガル王室一行はブラジルへと逃れ，翌1808年，首都をリスボンからリオデジャネイロに遷した。イギリスがフランス軍を駆逐した後，1821年，ジョアン六世（Dom Joao VI）はポルトガルへの帰国を果たした。王室不在のこの約13年間，ポルトガルはイギリスの保護下において，かろうじて社会的な機能を維持した（Frenz 2012: 197）。ポルトガルは，フランスと激しく覇権を争っていたイギリスとの間に親密な関係を築いていたことにより，九死に一生を得たのである。ポルトガル王国は，1386年にイギリス王国との間で結ばれたウィンザー条約をはじめ，かねてからイギリスと友好的な関係を構築していた。17世紀以降には，経済的にもイギリス依存を一層強め，1703年にはメシュエン条約を結び，英葡関係をより強固にした。こうしたヨーロッパ内における国家間のパワーリレーションや同盟関係のもと，ポルトガルは，近隣のフランスやスペインからの圧力をなんとか交わし生きながらえ，20世紀を迎える。

　1910年，王政をとったポルトガル王国は終焉を迎え，新たに共和制を敷くポルトガル共和国が成立した。しかし，1925年，カルモナ将軍により軍事政権が築かれ，共和制は崩壊した。さらに，1932年以降，サラザール（António de Oliveira Salazar）による独裁政権へと移行し，ポルトガルは混迷の時代に入

第5章　世界とカナダのポルトガル系ディアスポラ

った。サラザールは1968年に没するが，彼の影響を強く受けたカエターノが，1974年までこの独裁体制を継承した。世界が植民地体制から脱植民地体制へと移行するこの時期，グローバルヒストリーの視点からは，興味深い動向がポルトガルにおいて認められた。すなわち，1960年の所謂「アフリカの年」以後も，ヨーロッパの小国であるポルトガルは，独裁政権の下，植民地に固執した。アンゴラとモザンビークはともに，長期化した独立戦争を経て，1975年にポルトガルからの独立を果たした。ポルトガルは，15世紀の大航海時代の始まりから，20世紀に進行した脱植民地化の時代まで，帝国主義・植民地主義の体制を最も長く維持した国と言える。

　ポルトガル人の移住先は，時代とともに変化していった。Serrão（1971）によれば，16世紀初頭，年間約2,400人がインド洋沿岸の要塞化された町々（fortified towns）へと向かった。16世紀後半には，年間約3,000人を受け入れたブラジルへの移住の増加とともに，ポルトガル本国から国外への移住が加速化した。1576年，ブラジルにおけるポルトガル系移民の数は57,000人に達した（Rocha-Trindade 2009: 20）。また，1580〜1600年の20年間に，その数はさらに約4倍増加した。

　インドおよび東南アジアにおけるポルトガルの覇権の低下とともに，ポルトガル政府は植民地政策における主たる移住先をインド洋地域から大西洋地域へと移した（Rocha-Trindade 2009: 20）。これにより，移住が奨励されたブラジルへの出移民数が一層増加し，1700年から1760年代半ば頃までに，年間8,000〜10,000人がポルトガルからブラジルへ向かうこととなった。ブラジルへの出移民数は，18世紀後半に若干減少したものの，1807年にポルトガル王位がブラジルへ移転すると，再び増加した。しかし，1822年，ブラジルが独立を果たすと，同国でのポルトガルによる植民地主義的なプレゼンスは消失，または著しく低下していった。その結果，ポルトガルからは，植民地ではない他の国・地域への移住も生じるようになっていった。なお，ポルトガル帝国は，その影響力を弱めながらも，インド（〜1961年），アフリカとティモール（ともに〜1975年），マカオ（〜1999年）の植民地を維持していたが，これらの植民地への移住者数は，ブラジルへのそれには及ばなかった。

91

第Ⅱ部　多文化都市トロントのポルトガル系移民街

第2節　ポルトガル人によるカナダへの移住

　南北アメリカ大陸におけるポルトガル人とスペイン人の位置付けは，英仏はもとより，その他のヨーロッパ系の集団とも異なる。旧ポルトガル植民地のブラジル，および旧スペイン植民地のメキシコ，コロンビアなどはラテンアメリカ（中南米）地域に位置する。このため，20世紀前半まで，ポルトガル人とスペイン人は，南北アメリカ大陸のうち，主にラテンアメリカの国・地域を移住先としていた。ポルトガルからの移住者は，16世紀以降に植民地となったブラジルに集中した。その一方，18世紀末から20世紀初頭には，主にアゾレス諸島出身者が，捕鯨船の乗組員として，マサチューセッツ州を中心に，アメリカ北東部のニューイングランド地方に移住した。この時期，アゾレス諸島では，人口過多かつ諸島内の雇用機会が限定的であったこと，およびニューイングランド地方から出港されていた捕鯨船がアゾレス諸島に寄港し，そこで船員をリクルートしていたことが，この地域からニューイングランド地方への移住を促した。1849年のゴールドラッシュ以降，カリフォルニア州にも少数ながらポルトガルからの移民が認められるようになり，その後，1870年代以降，主にアゾレス諸島から大規模な移住が発生した（Bohme 1956）。このほか，1878年以降，サトウキビ農場の労働者としてハワイに移り住む者も現れた。ハワイへのポルトガル系移民もまた，大半がマデイラ諸島とアゾレス諸島の島嶼部出身者であった。1924〜1965年，アメリカにおける移民法の不寛容化に伴い，ポルトガルからアメリカへの移民数は減少したが，既に流入していた人々を中心に，ポルトガル系コミュニティは維持された[1]。このように，北アメリカ地域の中でも，アメリカでは，18世紀末から20世紀初頭までに，既にアゾレス諸島を中心に，ポルトガルからの移民が認められた。その一方，この時期，ポルトガル人がカナダへ移住した公式的な記録は確認されない。

　ポルトガル人のカナダへの移住は，1953年，ノヴァスコシア州ハリファックス港において初めて記録された。16世紀以降，ポルトガル人はグランドバンクにおけるセイヨウタラ（Bacalhau）などの海洋資源を目的として，ニュー

92

第5章　世界とカナダのポルトガル系ディアスポラ

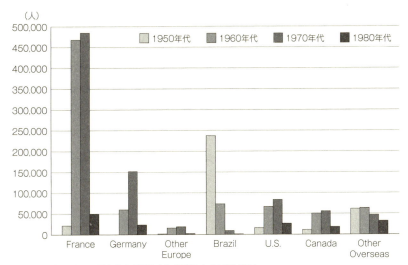

注：データの制約により，1980年代は1980年から1988年までの合計を示す。
出典：Baganha (2003) をもとに筆者作成

図5-2　受入国別のポルトガル系移民数の推移

ファンドランド島セントジョンズとその周辺に度々来訪していた（Williams 1996）。しかし，それらは夏季における季節労働であり，ポルトガル人漁師はタラを塩漬けにし，乾燥させて保存食にすると，厳寒の冬が来る前にそれらを船に積み，ポルトガルへと帰っていた。前述のように，イギリス，フランスを中心に開始されたヨーロッパ人によるカナダへの流入は，その後，ドイツ，オランダなど，その他の北西欧諸国へと拡大した。さらに，19世紀末から20世紀初頭には，東欧および南欧からの移民もカナダに一定数流入していた。こうしたカナダにおける移民史を振り返ると，この国において，ポルトガル人が特異なヨーロッパ系集団として位置付けられることが理解できよう。

　20世紀後半に入り，ポルトガル人の主な移住先は，ブラジルから，環大西洋の他の複数の国へと変化していった。1950年代に発生した合計約35万人のポルトガルからの出移民数のうち，67.8％にあたる約23.7万人はブラジルに流入した（図5-2）。しかし，1960年代に入ると，彼らの移住先はヨーロッパと南北アメリカの両方の地域内で多様化していった。最も多くのポルトガル系移民が距離的に近く，経済的な上昇を見込めるフランスを目指した。戦後復興の

第Ⅱ部　多文化都市トロントのポルトガル系移民街

途上にあり，外国人労働者を積極的に受け入れたドイツも，ヨーロッパ地域では，フランスに次いで多数のポルトガル人の移住先となった。

　南北アメリカ大陸においても，アメリカにおけるハート・セラー法の成立（1965年），カナダにおけるポイントシステムの導入（1967年）といった両国における移民法の寛容化・開放化を受け，1960年代から1970年代にかけて，多数のポルトガル系移民が両国へ向けて出国した。カナダの人口がアメリカの10分の1程度であることを踏まえると，受入国の総人口比でみると，カナダにおいて，より高い割合でポルトガル系移民が流入した。また，20世紀前半までに既にポルトガル系移民を受け入れていたアメリカに対し，カナダでは，20世紀半ばのこの頃までポルトガル系移民は認められなかった。このことから，ポルトガル系移民の流入がホスト社会に与えた影響は，カナダにおいてより顕著であったと考えられる。また，カナダのポルトガル系移民は，新規の移民エスニック集団として，ホスト社会で一からエスニックコミュニティを築き上げていく必要があった。

　1953年5月13日，ノヴァスコシア州ハリファックスの第21埠頭（Pier 21）に，蒸気船サターニア号に乗ったポルトガル系移民の一団が上陸したことから，カナダにおけるポルトガル系移民の歴史が始まったとされる。1950年代，カナダ政府は国内での労働需要に対応するよう，農業分野と建設分野の移住を推奨したため，この時期以降，その需要に合致すると思われたポルトガルからの移民の数が増加していった（Anderson and Higgs 1976）。当時，カナダの移民法は排斥期と開放期の間に位置する遷移期にあった（第4章）。英仏を好ましい移民として定めていた一方，他の集団に対する処遇も一部で次第に緩やかになっていた。**表5－1**に，1950 ～ 2016年までのカナダにおけるポルトガル系移民（到着者）数の推移を示した[2]。1953年以降，若年層の男性を中心に，ポルトガルからカナダへの移民数は増加し，1959年までに合計17,114人のポルトガル人がカナダに移住した（Toronto Historical Board 1993: v.20, 1-3）。同時期の移民は，当初，農村部において契約労働者として雇用され，数年後の契約期間満了後にトロントやモントリオールなどの都市部に流入した。

　スポンサーシップ制度とそれによる家族の再統合により，1960年代から1970年代にかけ，移民の数は加速度的に増加していった（Teixeira and Da

94

第5章　世界とカナダのポルトガル系ディアスポラ

表5−1　カナダにおけるポルトガルからの移民数の推移

年	移民数（人）
1950 - 59	17,114
1960 - 69	59,667
1970 - 79	79,891
1980 - 89	38,187
1990 - 99	19,235
2000 - 09	4,158
2010 - 16	4,653

出典：Teixeira and Da Rosa（2009: 6），およびIRCC（2016）

Rosa 2009)。移民の累積数は1990年代までに20万人に達したが，1980年以降，移住の流れは減退し，21世紀に入り，大規模な移住は認められなくなった。一方，送出国側の状況に目を向けると，移民が増加したこの時期，ポルトガルにはサラザールを中心とした独裁的な政権が存在した。また，1961 ～ 1974年にはアンゴラやモザンビークなどのアフリカ植民地において独立戦争が勃発していた。アフリカ植民地での戦争は，工業化が遅れたポルトガルにおいて，自給的な小規模農業を生業としていた国民の生活を一層逼迫させた。また，徴兵制度により若年層の男性には軍役の義務が課されていた。独裁政権，貧困，徴兵など，ポルトガル国内における政治的・社会経済的な要因が相俟って，脱植民地化の最終局面にあったこの時期，多数のポルトガル人が国外へと移住した。1960年代後半から1970年代前半にかけては，カナダを目的地とする移住のみならず，ポルトガルから国外への出移民数が最も増加した時期である（金七1996: 243-245)。ポルトガルからのプッシュ要因の強まりに対応し，カナダにおいてもこの時期にポルトガル系移民が急増した。1970年代，ポルトガルからカナダへの総移民数は合計8万人に迫った。

第3節　トロントのポルトガル系移民と移民街「リトルポルトガル」

　20世紀後半におけるポルトガルの出移民の傾向をみると，本土出身者がフランス，ドイツなどのヨーロッパ諸国を中心に移住した一方，アゾレス諸島，マデイラ諸島の島嶼部出身者はカナダやアメリカに移住する傾向にあった。カ

95

第Ⅱ部　多文化都市トロントのポルトガル系移民街

ナダにおけるポルトガル系移民の数を送出地域ごとに算出することは，統計資料の制約から困難であるが，Teixeira and Da Rosa（2009: 7）は，ポルトガル系総人口の60～70％がアゾレス諸島出身者とその子孫によって占められると試算した。

2011年の国民世帯調査（National Household Survey）によれば，カナダにおいて自らのエスニックオリジンをポルトガル系と回答した者は，合計429,850人であった。また，このうち，約69％の295,030人がオンタリオ州に集中した。さらに，オンタリオ州のポルトガル系人口のうち，約67％に当たる196,975人がトロント大都市圏に居住するとともに，トロント市内にはその約47％の93,050人のポルトガル系出自者が確認された。ポルトガル系移民によるオンタリオ州，なかでもトロント大都市圏への集中は，ポルトガル系移民が1960年代～1970年代を中心に移住したことに依拠する。すなわち，ポルトガル人による移住の最盛期は，カナダにおける人口および経済の首位が，モントリオールからトロントへと交代する時期に一致する。就業機会に最も恵まれたことなどから，当時，ポルトガル人はトロントに集中して流入したと考えられる。

移住当初，ホスト社会のトロントにおいて，ポルトガル系移民の社会経済的な地位は低位に位置していた。Reitz（1990）は，1970年代末のデータに基づき，エスニックオリジン別の職業的地位と所得中央値を検討した。この研究によると，対象となった全8集団（イギリス系（原文ではMajority），ドイツ系，ウクライナ系，イタリア系，ユダヤ系，ポルトガル系，中国系，西インド諸島系）のうち，ポルトガル系は，職業的地位において最も低く，その指数は男性32.1（全平均：45.4），女性33.4（全平均：47.7）であった。ポルトガル系コミュニティにおいては，男性が建設業，女性が清掃業の分野に高度に集積していた。また，所得の中央値（全平均：男性CAD 17,299，女性CAD 9,771）に関しても，ポルトガル系は，男性については，最下位の西インド諸島系（CAD 14,522）に僅差の7位でCAD 14,746，女性に関しては，最下位のCAD 7,537であった。

1950年代，トロントに到着したポルトガル系移民は，トロントにおける移民受入地区（immigrant reception area）として位置付けられていたケンジントンマーケット（Kensington Market）に集積した（図5－3）。1960年代～1970年代には，トロントで生活の基盤を確立した移住者が本国に残った家族や親戚

96

第5章　世界とカナダのポルトガル系ディアスポラ

を呼び寄せたことにより，ポルトガル系人口が急激に増加した。また，こうしたチェーンマイグレーションに加え，ポルトガル系移民の間における婚姻が発生したことにより，単身世帯から家族世帯へと世帯構成も変化していった。移住者の急激な増加に伴い，1960年代末以降，ポルトガル人の居住域はケンジントンマーケットから次第に西方へと拡大していった。同時期以降，バサーストストリート（Bathurst St.）以西のダンダスストリート（Dundas St. W.）沿いには，ポルトガル系経営者による事業所が集積を始め，ポルトガル系商業地区が形成された[3]。

図5-3　研究対象地域

　移住最盛期から40～50年を経過した今日，トロントのポルトガル系コミュニティは一世から二世，或いは三世へと世代交代期を迎えている。他方，1960年代以降，ホスト社会であるカナダ（国家），およびトロント（都市・基礎自治体）も移民法や都市政策などの制度的側面，およびエスニックマイノリティに対するまなざしや社会的価値観などの非制度的側面において，様々な変化を経験してきた。ポルトガル系コミュニティ内部の変化に加え，こうしたホスト社会における制度的・非制度的な変化もまた空間改変力を有していると考えられる。主に1960年代以降に形成された，ポルトガル系移民街であるリトルポルトガルは，こうしたポルトガル系コミュニティ内外の変化によって，地域変容

第Ⅱ部　多文化都市トロントのポルトガル系移民街

を経験していると推察される。

第4節 ┃ トロントにおけるジェントリフィケーションとリトルポルトガルの位置付け

今日，トロント市の街区は，その特性に応じて三つに区分される（Hulchanski 2007, 2010）。Hulchanski（2007）は，1971年と2001年の国勢調査における居住者の社会経済的地位に関するデータをもとに，トロント市における社会空間的分断の様相を国勢調査区（census tract）単位で明らかにした。彼によれば，トロント市の街区は，1970 ～ 2000年の間において，域内の個人所得の平均が，①20％以上増加した地区，②増減20％以内の地区，③20％以上減少した地区に3分類される。ダウンタウン周辺のインナーエリアは，概して，①個人所得の平均が20％以上増加した地区に該当する。一方，トロント市内の外縁部には，③個人所得の平均が20％以上減少した地区が卓越する。このようなトロント市の中心部と外縁部における傾向に対して，リトルポルトガルおよびその周辺域は，②平均所得の増減が20％以内の地区に該当する。これは，1970 ～ 2000年の間，リトルポルトガルにおいてポルトガル系住民が高い割合で居住を継続してきたためと考えられる。

Walks and Maaranen（2008b）は，トロント，モントリオール，ヴァンクーヴァーの三大都市を取り上げ，1961 ～ 2001年の国勢調査データをもとに，国勢調査区単位において，ジェントリフィケーションが発生したタイミング，パターン，および現在における進行状況を明らかにした。彼らによる研究では，国勢調査区内の平均所得が市内全体の平均所得を上回った時点において，ジェントリフィケーションが完了したものと考えられた。彼らによれば，ヤングストリート（Yonge St.）沿いのブロアストリート（Bloor St.）以北の地域，およびブロアストリートより南方でCNR（Canadian National Railway）の路線より西方に位置するハイパーク（High Park）地域は，トロントのエリート地区である。これらの地区は，1961年以前において既に居住者の平均所得が市内平均を上回っていた。トロントのジェントリフィケーションは，1960年代以降，エリート地区に隣接する地区，および地下鉄の路線近くから始まったという。

98

第5章　世界とカナダのポルトガル系ディアスポラ

　トロントでは，ヤングストリート，ユニヴァーシティアヴェニュー（University Ave.），スパダイナロード（Spadina Road）の三つの大通りに沿って，U字上に南北線が走る[4]。他方，ブロアストリートとダンフォースアヴェニュー（Danforth Ave.）に沿って，東西線が走る[5]。リトルポルトガル内には，ダンダスストリート沿いに路面電車505号線が，カレッジストリート（College St.）沿いに路面電車504号線が走り，南北方向にはバス路線も走る一方，地下鉄駅への近接性は低い。トロントにおけるジェントリフィケーションは，リトルポルトガルからみて，東方のCBD（ダウンタウン）周辺，および西方のハイパーク地域周辺から，1970年代以降，徐々に進行してきた。しかし，そのほぼ中央に位置するリトルポルトガルは市内中心部近くのインナーシティにおいては珍しく，依然としてジェントリフィケーションが完了していない地区である。

　Walks and Maaranen（2008b）によれば，トロントのリトルポルトガル中心部（リトルポルトガルBIAとその周辺部）においては，域内の東側の範域で1991～2001年の間にジェントリフィケーションの開始が確認された。また，域内の西側の範域では，2001年時点，ジェントリフィケーションは発生しておらず，将来的にジェントリフィケーションが発生することが見込まれる“潜在性を有する地区（potential for future gentrification）”に分類された。以上のことから，トロントのリトルポルトガルでは，2010年代現在，ジェントリフィケーションが進行しており，地域変容期に直面していると考えられる。

　インナーエリアで進行するジェントリフィケーションは，トロントの社会地理学的変化を説明する上で重要な現象である。リトルポルトガルにおける居住のジェントリフィケーションに関しては，Murdie and Teixeira（2011），およびChum（2015）が確認される。Murdie and Teixeira（2011）は，トロント市中心西部（リトルポルトガル）におけるポルトガル系住民に対するジェントリフィケーションの肯定的・否定的影響を評価した。彼らは，今後，リトルポルトガルにおいて，アフォーダブルな住宅が供給され続けることは疑わしいとした一方，調査時点において，居住者はこの変化に対して，アンビヴァレントな意見を示したことを報告した。また，Chum（2015）は，サウスパークデール（South Parkdale）地区とリバティヴィレッジ（Liberty Village）地区とともに，リトルポルトガルにおいて，ジェントリフィケーションの発生に伴う，追い立

99

第Ⅱ部　多文化都市トロントのポルトガル系移民街

て（eviction）の動向を検討した。彼によれば，リトルポルトガルの一部地区は著しい社会人口学的な変化を経験しているが，地域全体の傾向としては，リトルポルトガルはジェントリフィケーションの初期段階（early gentrification）に位置付けられるとした。

　両者の論考の一つの共通点は，リトルポルトガルにおいてジェントリフィケーションが萌芽段階にあることを指摘したとともに，現在，この地区が地域変容期に直面していることを示した点にある。これら二つの既存研究は，Walks and Maaranen（2008b）の研究結果にも符合する。以上の計三つの論考は，近い将来にジェントリフィケーションの本格的な展開が予想される，トロントのリトルポルトガルにおいて，異なる視点とともに，より詳細な調査・研究が必要とされていることを示唆するものである。

注

(1)　1957～1958年には，アゾレス諸島のファイアール島で火山噴火が起こったため，アメリカ政府は，例外的措置として，1958年9月に「アゾレス人難民法（The Azorean Refugee Act）」を制定させ，避難民を受け入れた。このため，ポルトガルからアメリカへの移民数は一時的に増加し，1959～1960年の2年間で1万人に達した。

(2)　図5-2と表5-1は，それぞれ送出国側と受入国側のデータに依拠するため，両者の数値は一致しない。また，ポルトガル系移民の中には，ポルトガルからカナダへ直接移住する者だけでなく，第三国を経由して移住する者もいる。

(3)　本文中において，以後，通り名を表す際には，StreetとAvenueをそれぞれ"St."と"Ave."，また，Westを"W."と簡略化して表記する。

(4)　スパダイナアベニューは，ブロアストリート以南の名称であり，それより北へ行くと，その名称をスパダイナロード（Spadina Road）に変える。このU字上の路線は，ブロアストリート付近で，ユニバーシティアヴェニューからスパダイナロードへ切り替わる。

(5)　ブロアストリートは，ヤングストリートの以東から，その名称をダンフォースアヴェニューに変える。

第Ⅲ部

移民街の発展・変容と
エスニックコミュニティ
の空間的分散

第6章

リトルポルトガルの移民街としての発展段階

第1節　本章のねらい

　本章では，リトルポルトガルに加え，リトルポルトガルと発展段階が異なると考えられるリトルイタリー（Little Italy）を取り上げる。第2章第1節で取り上げた，Kaplan（1998）をもとに作成された，杉浦（2011）のエスニックタウンの発展・変容モデルに照らして両地区を比較することにより，リトルポルトガルの特性を浮き彫りにし，移民街としての発展段階を明らかにする。なお，本章の調査データは，主に2011年8月の現地調査に基づく。

　現在，トロント市内には約10の移民街が存在する（Tourism Toronto 2012）。これらには，エスニック・ビジネスタウン化したものが存在する一方，集住機能を有するものもある。本章で取り上げるリトルイタリーは，1920年代においてイタリア系の居住，および商業の中心地であった。しかし，1980年代までに多くのイタリア系がトロントの郊外地域に居住地を移し，現在ではリトルイタリー域内におけるイタリア系人口は全体の約10％を占めるにとどまる[1]。一方，リトルポルトガルは1970年前後に形成された移民街であり，調査時点においてもポルトガル系による集住が概ね維持されていた[2]。両地区は近接して立地し，都市構造上の位置付けは類似している。

　本章では以下の手順で分析を進める。第2節では文献資料および国勢調査を

103

用い，両移民街の形成と現在までのエスニック人口の動態を検討する。第3節
では，土地利用調査と景観観察をもとに，商業地としての両地区の特徴を明ら
かにする。第4節においては，質問票調査から明らかにされた域内における商
店経営者・従業員のエスニックオリジン [3] の構成，および経営者の出自にみ
る事業所の出店動向を分析し，発展段階の差異と商業従事者の出自との関係を
考察する。以上の分析を踏まえ，第5節では，Kaplan（1998）をもとにした杉
浦（2011）のモデルに則し，両地区の諸特徴を整理し，それぞれの存立要因を
特定した上，リトルポルトガルの移民街としての発展段階を明らかにする。

第2節　移民街の形成と居住分布

1　イタリア系移民街・ポルトガル系移民街の形成

　19世紀において，トロントでは東欧系ユダヤ人など，英仏以外のヨーロッ
パ系集団による移住が開始され，以降20世紀前半に隆盛を迎えた。イタリア
からの移住者数が最初に増加したのもこの時期にあたるが，ポルトガル系移民
の流入は1950年代以降に確認され，1960年代～1970年代に最も増加した。一
方，近年では1970年前後における移民政策の転換が契機となり，中国系やイ
ンド系を中心としたアジア系移民の流入が急速に進行している。現在，トロン
トにおける最多のエスニック集団は，人口約30万人を有する中国系である [4]。
イタリア系およびポルトガル系は，それぞれ18万人と9万人であり，イギリス
系，フランス系，およびカナディアンを除いたエスニック集団の中では，それ
ぞれ第3位，第6位に位置する。

　Zucchi（1988: 34-67）によると，1940年以前のトロントには既に三つのイタ
リア人街が形成されていた。トロントにおけるイタリア系移民の流入は，19
世紀後半に始まり，1900年代以降顕著に増加した。最初期のイタリア系移民は，
ザ・ワード（The Ward）と呼ばれた現在のダウンタウン地区，およびカレッ
ジストリート（College St.）とグレースストリート（Grace St.）の交差点付近
（以下，カレッジ＆グレース [5]）を中心とする，現在のリトルイタリー地区に居
住した。ザ・ワードは，トロントにおける移民の到着地点であったユニオン駅

（Union Station）近くに位置し，ザ・ワード周辺には労働者のための仲介業者や様々な国や地域の食料品店が集積した。仲介業者や食料品店の経営者は，かたわらで下宿屋を経営し，入植間もない移民に宿泊場所を提供した。ザ・ワードにはイタリア系のみならず，東欧系ユダヤ人やイギリス諸島出身者など多くの移民集団が流入したが，イタリア系移民による最初の集住地区が存在したことから，Zucchi（1988）では，ザ・ワードの一部地区をファースト・リトルイタリー（First Little Italy）と位置付けている。しかし，スラムでもあったザ・ワードのファースト・リトルイタリーは，再開発に伴うクリアランスの影響を受け，20世紀半ば以降次第に衰退し，その後完全に消滅した。

　現在，リトルイタリーと呼称されるカレッジ＆グレースは，セコンド・リトルイタリー（Second Little Italy）に当たる。1870年代〜1880年代，カレッジ＆グレースはアイルランド系移民の居住地域であった（Dunkelman 1997）。イタリア系が移住を開始した19世紀末から20世紀初頭，アイルランド系およびユダヤ系移民はすでに同地区にそれぞれ定着していた（Hackworth and Rekers 2005）。しかし，イタリア系が流入し，その後，人口規模を拡大させたことにより，カレッジ＆グレースの主な居住者は，アイルランド系からイタリア系へと交代した。1920年代以降，同地区は居住・商業の両面において，イタリア系の中心地として認識されるようになった（Dunkelman 1997）。

　サード・リトルイタリーの形成は，1890年代，カレッジ＆グレースの北西約3kmの地域において始まった。当時，同地区の中心地であったダファリン＆ダヴェンポート（Dufferin St. & Davenport Ave.）は，東西に走るカナディアンパシフィック鉄道（Canadian Pacific Railway）のオンタリオ＆ケベック地区路線と南北を結ぶノーザン鉄道（Northern Railway）の結節点に位置し，鉄道工事など建設業に従事するイタリア系出稼ぎ労働者が集まった（Zucchi 1988: 34-67）。現在では，このイタリア系地区の中心地は北方のダファリン＆セントクレア・ウエスト（Dufferin St. & St. Clair Ave. W.）に移り，コルソイタリア（Corso Italia）と呼ばれている。

　一方，1950年代，ポルトガルからの初期移住者がトロントに到着すると，ケンジントンマーケット（Kensington Market）周辺に集住地区が形成された（Cochrane and Pietropaolo 2000: 71）。この地区において，初期のポルトガル系

105

第Ⅲ部　移民街の発展・変容とエスニックコミュニティの空間的分散

移民はトロントで最初のポルトガル系社会文化組織を設立し，飲食店を開業した（Teixeira 2006: 49-65）。ケンジントンマーケットは，当時，到着間もない移民集団が居住する地区として位置付けられ，ポルトガル系が流入する以前にはイタリア系や東欧系ユダヤ人など多様なエスニック集団が居住した。初期のポルトガル系移民は，当時荒廃していたこの地区の家を前住者であるイタリア系やユダヤ人から安価な値段で購入することにより，自らの住居を確保した[6]。

　1960年代末，初期移住者らがトロントに定着を始めると，チェーンマイグレーションにより，ポルトガルからの移住者数は急激に増加した（Teixeira 1998）。同時期において，ポルトガル国内の人口は増加傾向が進み，1920〜1960年の間に総人口は約1.5倍増加した[7]。継続的に人口が増加する一方，国内の経済は低調を維持し，住宅の未整備や雇用の不足が深刻化した（Teixeira and Da Rosa 2009: 3-17）。こうした経済的停滞の背景には，ポルトガル国内の政治情勢が関係した。1930年代から約40年間に及び，ポルトガルではサラザールを中心とした独裁的政権体制が執られていた。1961〜1974年においては，アンゴラやモザンビークなどのアフリカ植民地との間で独立戦争がおこなわれ，ポルトガル国民の生活をさらに逼迫させた。また，この時期，若年層の男性には徴兵の義務が課されていた。同時期における，ポルトガル国内の社会・経済的状況がポルトガル人を国外へと押し出していった[8]。

　1950年代以降，ポルトガル系移民はケンジントンマーケットに飲食店のほか，食料品店や床屋，衣料品店など多様な業種の店舗を次々と開店させた。その結果，1960年代までにケンジントンマーケットはポルトガルマーケットと呼ばれるまでに強いポルトガルのエスニシティを示すようになった。一方で，急激な人口増加に伴い，ポルトガル系の居住域は西方に拡大していった。居住域の拡大に対応し，西方地域においてもポルトガル系経営者により商店が開業された。この結果，1960年代後半以降，ポルトガル人街の中心はケンジントンマーケットから約2km西方に位置するリトルポルトガルBIAの付近に移動した。現在では，この一帯がポルトガル系コミュニティの中心地として認識される一方，ケンジントンマーケットは多様なエスニック集団が居住した歴史から多文化都市トロントを象徴する地区の一つとして位置付けられている。

106

第6章 リトルポルトガルの移民街としての発展段階

2 居住地域の移動

2006年時点のトロント市におけるイタリア系，およびポルトガル系の居住分布をトロント市が定める近隣地区（neighbourhoods）単位で**図6－1**，および**図6－2**に示した。

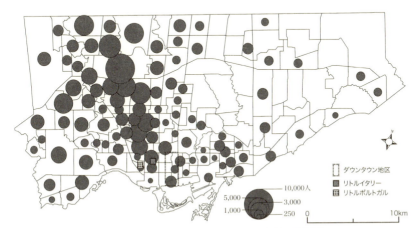

図6－1　トロント市におけるイタリア系出自者の居住分布（2006年）

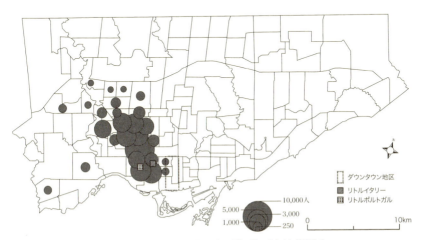

図6－2　トロント市におけるポルトガル系出自者の居住分布（2006年）

107

第Ⅲ部　移民街の発展・変容とエスニックコミュニティの空間的分散

　現在，イタリア系は市内の西半分を中心に居住するとともに，ダウンタウンから北西方向にその居住地域を拡大している（**図6−1**）。Hackworth and Rekers（2005）によると，1980年代までに多くのイタリア系がリトルイタリーから，北方のコルソイタリアに居住地の移動をおこなった。1980年代前後，リトルイタリーがイタリア系集住地区としての性質を弱めた一方，コルソイタリアはリトルイタリーのイタリア系を吸収し，集住地区としての性質を強めた。しかし，近年コルソイタリアのイタリア系は同地区からトロント大都市圏の郊外へと居住地を移している。トロントのイタリア系は1980年代までにリトルイタリーからコルソイタリアに，近年ではトロント郊外へと居住域を拡散させている。

　一方，ポルトガル系はダウンタウンの西側地区に集中的に居住する（**図6−2**）。今日，ポルトガル系の居住域は市内の北方へ拡大しつつあるとともに，トロント市外（郊外）への居住地移動も確認される。しかし，リトルポルトガル内の居住者のうち，ポルトガル系は依然として最多のエスニック集団である。1970年前後において，リトルポルトガルに形成されたポルトガル系の集住形態は，今日（2006年の国勢調査時点）においても一定程度維持されていると言える。

第3節　移民街における土地利用と景観

1　土地利用からみたエスニシティ

　リトルイタリーおよびリトルポルトガルの商業・業務地区において，土地利用調査をおこなった結果[9]，それぞれ143，113の店舗が確認された[10]。同調査において確認された両地区の業種構成を**図6−3**に，土地利用を**図6−4**，**図6−5**に示した。

　リトルイタリーにおける商店の半数は，飲食店によって占められる（**図6−3**）。リトルイタリーの飲食店には，イタリアンレストランやカフェなどイタリアのエスニシティに根差すものが多く含まれ，店名にはイタリアやシチリアなどといったイタリアとの関連を示す単語が用いられる。一方，域内において

第6章　リトルポルトガルの移民街としての発展段階

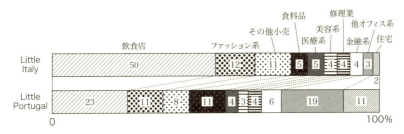

図6-3　両地区に立地する商店の業種構成

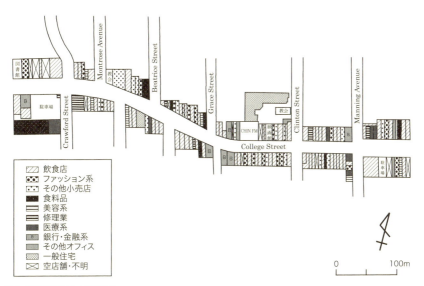

図6-4　リトルイタリーの土地利用（2011年8月現在）

食料品店が占める割合は5％にとどまる。こうした業種構成の特徴から，リトルイタリーが近隣住民の日常的な需要には対応せず，域外からの来訪者を主な顧客としていることが読み取れる。

多文化都市トロントにおいて，移民街は観光資源の一翼を担う。日本国内で発刊されるトロントの観光ガイドブックにおいても，エスニックタウンの特集ページが必ず組まれる。なかでもチャイナタウンとリトルイタリーには最も多くの紙面が割かれ，リトルイタリーの観光地としての性格を強調している。

第Ⅲ部　移民街の発展・変容とエスニックコミュニティの空間的分散

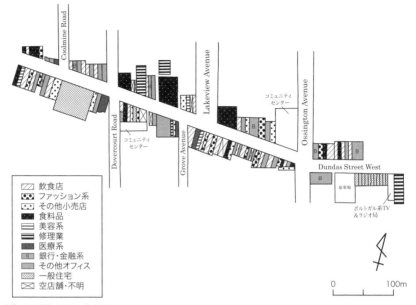

出典：現地調査をもとに筆者作成

図6-5　リトルポルトガルの土地利用（2011年8月現在）

　一方，リトルポルトガルでは飲食店が全商店の23%を占めるものの，全ての業種が突出することなく含まれる。多様な業種構成は，リトルポルトガルが周辺住民の多様な需要に応えることを示す。リトルポルトガルにおいて，全体の19%を占めるその他オフィス系の事業所は，旅行代理店や法律事務所，会計事務所などである。これらのオフィスではポルトガル語を解す従業員が，英語を解さないポルトガル系顧客に応対する。こうしたリトルポルトガルのオフィスや食料品店には必ずといっていいほどポルトガル系新聞が複数紙置かれ（**写真6-1**［口絵］），ポルトガル語によるラジオまたはテレビ番組が流れる。このことはリトルポルトガルの事業所における顧客の大半が，ポルトガル系の同胞により構成されることを如実に示す。

2　エスニック景観

(a) エスニシティの景観表象

　エスニックタウン内の景観にはエスニシティが表象される。リトルポルトガ

ルではポルトガル語の看板のほか，店頭にポルトガルの国旗やサッカークラブ
のユニフォームを飾る商店，“ファティマ（Fatima）”巡礼ツアーのポスターを
掲示する旅行代理店 [11]，鮮魚店などもみられる。内陸に位置するトロントで
は，一般的な食料品店は概して生魚を取り扱わない。一方で，ポルトガル人の
食生活において，鮮魚は欠くことができない食材である。リトルポルトガルで
は鮮魚専門店が立地するほか，一般食料品店においても生魚が扱われる。一般
食料品店は店内に鮮魚専用の冷蔵室を設置し，生魚や貝類を陳列する。イタリ
アにおいても鮮魚は重要な食材であるが，リトルイタリーにおいて鮮魚取扱店
は確認されない。このことは，リトルイタリーにおいてイタリア系住民の日常
生活に根差した需要が小さいことを示す。さらに，リトルポルトガルの食料品
店の店頭にはコラード・グリーン [12] をはじめ，ポルトガル特有の野菜が並べ
られ，店内には決まってバカリャウ [13] が置かれる（**写真6−2**［口絵］）。これ
らには，ポルトガル語で商品名が表記される。

　このほか，リトルポルトガルの事業所の多くは店頭，或いは店内にポルトガ
ルにおいて幸運のシンボルとされる雄鶏“ガロ（Galo）”の置物を飾る。ポルト
ガル系電話帳会社においては，ロゴマークとしてガロが採用され，同社の入口
に設置された看板に描かれている（**写真6−3**［口絵］）。リトルポルトガル内に
は，言語，食習慣，宗教，民間伝承などポルトガルの多様な文化要素が景観と
して表象される。

（b）BIAによる景観形成

　2012年現在，市内73の商業地区がトロント市からBusiness Improvement
Area（BIA）の指定を受けている。BIAは官民一体の地域経済活性化事業であ
るが，地元経営者および土地所有者（以下，BIAメンバー）がその運営を主導
する。有志のBIAメンバー10人程は，BIA役員会を編成する。BIA役員会は
無給での活動を基盤としており，年次会議で決められた予算（活動資金）[14] に
応じ，景観の修景事業など域内の発展のための活動をおこなう。したがって，
BIAの事業により，域内には地元経営者および土地所有者の目的や意図を反映
した景観が生成される。このような景観は，エスニック集団の集中により形成
される景観とは区別して考えられる。

第Ⅲ部　移民街の発展・変容とエスニックコミュニティの空間的分散

　リトルポルトガルで確認されるエスニック景観は，経営者の嗜好や顧客の需要が表象された自然発生的なものであり，外部からのまなざしを重要視しない。一方，BIAにより形成される景観は組織的かつ，経済的な発展を目的としており，集団外部の人間に対して，より明快な説明性・記号性を有する。

　写真6－4は，リトルイタリー内でみられるイタリア国旗と同色のストリートサイン，および国土をかたどった電飾である。同様のストリートサインは，他の移民街においても確認されるが，リトルイタリーには電飾をはじめ，他の移民街ではみられない多様な景観要素が配置される。ラジオ局CHINの創業者であるジョニー・ロンバルディ[15]の名が付された通り"Johnny Lombardi Way"のほか，リトルイタリーにはロンバルディ親子のブロンズ像が置かれる広場"Piazza Johnny Lombardi"も存在する。ラジオ局CHINは，ジョニー・ロンバルディによって1966年に同地区の中心部に創設された，多文化・多言語ラジオ局である（CHIN Radio 2012）。CHINは毎年9月に催される"FIERA TARANTELLA FESTIVAL"をはじめ，リトルイタリー内で催される各種行事の中心スポンサーを務める（**写真6－5**）。また，CHINにはリトルイタリーBIA役員会の本部が置かれ，ジョニーの息子である現経営者レニー・ロンバルディは，役員会の役員を務める。同地区においてCHINは高い中心性を有し，BIA役員会を牽引する。イタリアとの関連を強く有した歴史を基礎とし，エスニック集団（イタリア系）と同地区を結ぶアイコンを組織的に利用することにより，リトルイタリーにはエスニックな景観が形成される。

出典：撮影筆者（2011年8月）

写真6－4　リトルイタリーのストリートサインと電飾

出典：撮影筆者（2011年8月）

写真6－5　地下鉄駅構内に貼られた"FIERA TARANTELLA FESTIVAL"のポスター

第6章 リトルポルトガルの移民街としての発展段階

第4節　移民街内部の労働力

1　経営者・従業員の構成

　図6-6には，両地区内の経営者および従業員のエスニックオリジンを示した。本節では，商業従事者の構成から両移民街の差異を観察するため，同図をもとに分析をすすめる。

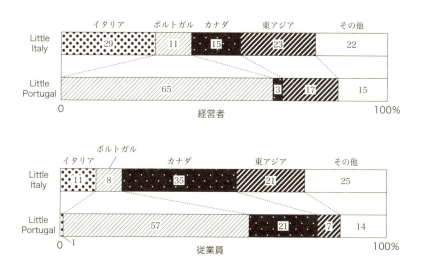

出典：現地調査をもとに筆者作成

図6-6　両地区における経営者・従業員のエスニックオリジン

　リトルイタリーでは，経営者の構成においてイタリア系が占める割合が29％（14人）で最多を占める。リトルイタリーでは，すでに集住地区としての性質が失われているが，一方で観光地としてのリトルイタリーには，「イタリアらしさ」が希求される。このような需要の存在は，イタリアのエスニシティを観光資源化させる。1985年，カレッジ＆グレース地区がBIAに指定される際，地元経営者らは，かつて同地区がセコンド・リトルイタリーと呼ばれたことを理由に，イタリアのブランドが地域の経済発展に活用できると考え，「リトル

113

イタリー」と命名した（Hackworth and Rekers 2005）。すでにイタリア系住民を失った同地区にリトルイタリーの名を与えることにより，地元経営者らはこの都市空間をイタリアと分かちがたく結び付けた。「リトルイタリーBIA」の誕生は，観光地化への重要な転換点であったと言えよう。観光客の来訪は，それ以前主要な顧客であったイタリア系住民にとって代わり，今日イタリア系経営者の経営基盤を形づくる。来訪者によるイタリアらしさの希求は，同地区にイタリア系経営者をとどめる。しかし一方で，イタリア系人口が数少ない同地区において，経営者はイタリア系以外の出自者を労働力として採用する。また，顧客に（イタリア語しか話せない）イタリア系は少ないため，イタリア系出自者を雇用する必要性が低い。

　他方，リトルポルトガルでは経営者の65％（22人）がポルトガル系によって構成され，従業員数においてもポルトガル系が57％（83人）を占める。聞き取りによると，同地区の商店では顧客の過半数がポルトガル系によって占められる。リトルポルトガルの事業所では，経営者の同胞意識，および英語を解さない顧客への対応のため，ポルトガル系の従業員が雇用される。前述したように，ポルトガル系は1960年代〜1970年代に最も増加した移民集団であり，移民一世が健在である。英語を解さないなどホスト社会に同化できない移民一世の存在は，ポルトガル系経営者による商店の存立基盤を形成する。

2　リトルイタリーにおける非イタリア系事業所の増加

　経営者のエスニックオリジンと店舗開業年がともに確認された事業所を**図6－7**に示した。イタリア系移民一世による飲食店Aはこの中では最も古く，1959年に開業した。リトルイタリーにおいて，1995年以前に開業した事業所は食料品店Bを除き，イタリア系またはポルトガル系が経営者である。しかし一方で，1990年代後半以降，リトルイタリーではイタリア系，ポルトガル系以外による開業が相次いだ。非イタリア系事業所の数は18を数え，イタリア系の4を大きく上回る。この中にはタイ系経営者によるタイ料理店や中国系経営者による寿司店などが含まれる。

　1980年代までに，リトルイタリーのイタリア系住民は域外に転出した。イタリア系住民の減少は，同胞を対象としたビジネスを営むイタリア系経営者に

第6章 リトルポルトガルの移民街としての発展段階

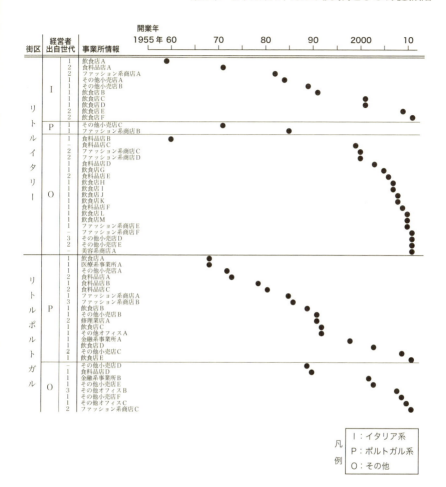

図6-7　経営者のエスニックオリジンと開業年（2011年8月現在）

とって顧客の減少を意味する。イタリア系住民の転出に伴い，一部のイタリア系経営者は廃業または他地区へ移転したと推測できる。イタリア系経営者の撤退は，非イタリア系経営者に新規参入の余地を与えた。リトルイタリーでは，イタリアをコンセプトとした街区の活性化計画が進展する一方，近隣住民の大半はイタリア系以外となった。非イタリア系経営者にとって，リトルイタリーは結果として同業種間の競合が少ない商業地区となった。したがって，新たに

115

第Ⅲ部　移民街の発展・変容とエスニックコミュニティの空間的分散

出店した非イタリア系経営者は，必ずしもイタリアに関連した事業所を起こさ
ず，自らの出自に根差すニッチな商店を経営すると考えられる。

3　リトルポルトガルにおけるポルトガル系事業所の存続

　リトルポルトガルにおいて，開業年が最も古い事業所は1968年に開業した
ポルトガル系一世経営の飲食店A，および医療系事業所Aである。同年はポル
トガル系の居住域が，ケンジントンマーケットから同地区に拡大したとされる
時期に一致する。このことから，エスニック集団の居住地移動が同地区におけ
る同胞経営者の出店を促進したと言えよう。1968年以降1990年代まで，ポル
トガル系による出店は継続しておこなわれ，出店数は14に及ぶ。一方，非ポ
ルトガル系出自者による出店は1989年と1990年の2店にとどまる。2000年以
降，非ポルトガル系出自者による出店数は6店と増加するものの，ポルトガル
系経営者による出店も3店が確認される。

　リトルポルトガルにおけるポルトガル系事業所の出店動向は，ポルトガル系
の居住動態に概ね対応する。すなわち，同地におけるポルトガル系の継続的な
居住が，ポルトガル系事業所の存続を支えている。

第5節　｜　まとめ

　以上の分析を通し，明らかになった両移民街の特徴は以下の通りである。

　1920年代以降，リトルイタリーはイタリア系住民が集中居住するとともに，
イタリア系商業の中心として機能した。しかし，1980年頃までにイタリア系
住民はリトルイタリーから拡散した。現在，リトルイタリーではイタリア系を
中心とした経営者が，カナディアン（ホスト社会住民）やイタリア系以外のエ
スニック集団の構成員を雇用する。域内の業種構成においては，飲食店が全商
店の半数を占め，食料品店など日常生活に密接に関連した商店は数少ない。
1985年に設立したリトルイタリーのBIA役員会は，エスニシティを地域資源
として利用することを企図し，同地区をリトルイタリーと命名した。今日，リ
トルイタリーには観光客をはじめ，集団外部者が多数来訪する。集団外部の人

116

第6章　リトルポルトガルの移民街としての発展段階

間は，同地区に「イタリアらしさ」を希求する。域内の経営者らは，同地区と
イタリアのエスニシティを結び付けるイコンを景観に採用することにより，観
光客をはじめとした来訪者の需要に応える。リトルイタリーは，1920 ～ 1980
年前後の総合型エスニックタウン期を経て，その後エスニック・ビジネスタウ
ン期に移行した。現在，域内のエスニック人口は全体の約10％を占めるにと
どまるが，イタリアとの関連を示す景観を組織的に形成することにより，「エ
スニック・ビジネスタウン」として存立を続ける。

　一方，1970年前後，ポルトガル系住民がリトルポルトガルBIA周辺に居住
を開始すると，ポルトガル系経営者による商店も相次いで出店を始めた。ポル
トガル系住民の急激な増加は，インキュベータの機能を果たし，ポルトガル系
商店の生成・立地を促した。この時期において，リトルポルトガルは萌芽期に
相当した。リトルポルトガルに形成された，ポルトガル系の集住形態は本章の
調査時点においても一定程度維持され，ポルトガル系経営者による新規ビジネ
スの出店も継続している。就業構造においては，ポルトガル系が全経営者の3
分の2を占めるとともに，過半数の労働力を集団内部で賄う。

　1960年代～ 1970年代を中心に移住したポルトガル系には，移民一世が数多
く健在である。英語を解さないなどホスト社会に同化できない一世は，英語の
使用を必要とする際，ポルトガル系の事業所を必要とする。一世を中心とする
ポルトガル系顧客が生む需要に対応し，ポルトガル系経営者の事業所では，ポ
ルトガル系が雇用される。集団内部の構成員によって利用されることにより，
リトルポルトガルでは結果的に本国の文化に根差した景観が形成される。移民
一世の存在は，「総合型エスニックタウン」リトルポルトガルの存立を支える。

　本章では，リトルイタリーとの比較を通して，リトルポルトガルの移民街と
しての発展段階を明らかにすることを試みた。杉浦（2011）のエスニックタウ
ンの発展・変容モデルに照らしたとき，リトルイタリーが居住機能を消失した
「エスニック・ビジネスタウン期」に当たる一方，リトルポルトガルは「総合
型エスニックタウン期」に相当することがわかった。

　しかし一方，移民街は集団内外の種々の状況の変化により，形態を変える動
的な存在である。本章の調査（2011年）時点において，リトルポルトガルでは
経営者の大半をポルトガル系が占めていたものの，2000年代以降，非ポルト

117

第Ⅲ部　移民街の発展・変容とエスニックコミュニティの空間的分散

ガル系経営者が増加傾向にあることもわかった。リトルポルトガルの存立を支える一世の住民に関しては，多くが移住から50年前後を経過しており，高齢化が指摘される。すなわち，厳密に言うならば，リトルポルトガルは，総合型エスニックタウン期からエスニック・ビジネスタウン期，または衰退期への移行段階にあると考えられる。これらの諸点を踏まえ，次章以降では，2012年以降の追跡調査に基づき，リトルポルトガルの変化，およびポルトガル系コミュニティの空間構造の様態をより精細に捉えていく。

注

(1)　国勢調査によりエスニック集団の人口を把握する場合，一般にmother tongue（母語），home language（家庭内言語），ethnic origin（エスニックオリジン）の三つの指標が用いられる。リトルイタリーのイタリア系人口比率は，それぞれ8.7％，4.8％，16.1％である（Statistics Canada 2006）。

(2)　リトルポルトガル周辺におけるポルトガル系人口比率は，それぞれ30.6％（mother tongue），22.4％（home language），38％（ethnic origin）である（Statistics Canada 2006）。

(3)　カナダの国勢調査ではエスニックオリジンを，対象者のエスニックな出自と定義している。ここでのエスニックは，日本語における民族を指示すると考えられる。したがって，カナダ社会におけるエスニックマイノリティのほか，カナディアン，イングランド系などのマジョリティ集団も選択肢に含まれる。

(4)　当該質問項目は複数回答を許可するため，各集団の人口の和は総人口を超える。

(5)　トロントにおいて特定の比較的に狭い地区を指し示す場合，最寄りの交差点の名称が用いられる。「カレッジ＆グレース」などのように，交差点名には交差する2本の通りの名前が引用される。

(6)　当時のポルトガル系移民の多くは，農村地域出身者であった（Teixeira 2006: 51-53）。彼らは鮮やかな色彩の塗料を用い，古くなった家屋を改修した。また，庭では本国の食習慣に根差した野菜を栽培するとともに，カトリック信仰に基づく，ファティマの聖母・マリア像（Our lady of Fatima）を配置し，トロントで故郷の景観と生活を再現した（Cochrane and Pietropaolo 2000: 71）。

(7)　Instituto Nacional de Estatistica（Statistics Portugal）によると，1920年および1960年におけるポルトガルの総人口は，それぞれ608万135人と888万9,392人であり，その間の人口増加率は146.2％である。

(8)　独立戦争期間にあたる1960年代後半から1970年代前半は，ポルトガルにおける出国移民数の最盛期である（金七 1996: 243-245）。トロントにおいても，ポルトガル系移民の約58％が，1966年から1975年の間に移住をおこなった（Murdie 1996）。

(9)　トロント市が定めるBIA（Business Improvement Area）"Little Italy"，および"Little

118

第6章　リトルポルトガルの移民街としての発展段階

Portugal"の範囲において，土地利用調査を実施した。

(10)　リトルイタリー，リトルポルトガルにおいて，それぞれ2軒，13軒の一般住宅が含まれる。

(11)　ファティマ（Fatima）はポルトガル中部の都市である。1917年5月13日，同都市において3人の子どもが聖母マリアから三つの予言を伝えられたとともに，これを信じた人々の病が治癒したとされる。1956年，ファティマはローマ教皇庁によってカトリック信仰の聖地に認定された。現在では国内外を問わず，多くのローマ・カトリック教徒がファティマを巡礼に訪れる（金七 2011: 149-151: デッカー 2010: 42）。

(12)　コラード・グリーン（collard greens）はキャベツの一種であるが，結球しないのがその特徴である。ポルトガル人はスープや煮込み料理のほか，肉や魚料理の付け合わせとして，コラード・グリーンを用いる。

(13)　バカリャウ（Bacalhau）は，塩漬けされた干しダラを意味する。16世紀以降，北大西洋でのタラ漁はポルトガルにとって，主要な産業となった。大量に収穫されたタラは，塩漬けすることにより，保存食として利用された。バカリャウは，現在においてもポルトガルの中心的な食材であり，多様な調理法が存在する。リトルポルトガルの食料品店においては，バカリャウのコロッケなどの加工品も販売されている。

(14)　BIAの活動資金は，域内の土地所有者から特別税（Levy）として徴収される。Levyは不動産評価額に応じて算定され，トロント市がその徴収業務を代行する。トロント市により集められたLevyは，その後BIA役員会へと渡り，活動資金として管理される。

(15)　ジョニー・ロンバルディ（Johnny Lombardi）は，ラジオ局CHINの創業以前から同地で食料品店を経営するなどし，リトルイタリーとの関連が強く，"リトルイタリーの市長（Mayor of Little Italy）"と呼ばれた人物である。また，カナダ国民勲章（Order of Canada）の受章者であり，イタリア系カナディアンの象徴とされる。

第7章

リトルポルトガルの脱ポルトガル化とポルトガル系コミュニティの空間的分散化

第1節　本章のねらい

　本章では，居住地，社会文化組織，エスニックビジネスの3機能に注目することにより，1970年頃から現在までのリトルポルトガルの変化を検討するとともに，トロントにおけるポルトガル系コミュニティの社会空間の変容過程を大都市圏スケールで明らかにする。本章で利用するデータは，2012年10～11月，および2013年7～10月の現地調査に基づく。現地では，資料収集のほか，ポルトガル系事業所における聞き取り形式での質問票調査，およびポルトガル系の社会文化組織での聞取り，参与観察を実施した。

　本章では，以下の手順で分析を進める。まず第2節において，トロント市電話帳，国勢調査，およびその他の文献資料を用い，ポルトガル系移民の到着からリトルポルトガルの形成過程を改めて詳細に整理した上で，その後のポルトガル系居住分布の変化を検討する。次に第3節では，エスニックビジネスの経営者を対象とした質問票調査から，事業所の経営形態，経営者の属性，通勤行動などを分析する。さらに第4節においては，社会文化組織における聞き取りと参与観察により得られた情報から，ポルトガル系コミュニティの空間的，および社会的な動向を把握する。以上の分析により得られた情報を整理することにより，第5節では，リトルポルトガルにおける脱ポルトガル化のプロセス，

121

第Ⅲ部　移民街の発展・変容とエスニックコミュニティの空間的分散

およびトロントのポルトガル系コミュニティにおける空間構造の変容を明らか
にする。

第2節　ポルトガル系居住地の集中と分散

1　ポルトガル系移民の到着とリトルポルトガルの形成

　ポルトガル系移民がトロントに最初に到着したのは，1950年代である。前
述の通り，当初，ポルトガル系移民はケンジントンマーケットに流入した。ケ
ンジントンマーケットは，CBDに近接して立地し，19世紀末以降，トロント
における移民受入地区としての役割を果たしてきた。しかし，1960年代にお
いてポルトガルからの移住者が急増すると，ポルトガル系の居住域はケンジン
トンマーケットから西方へと拡大していった。同時期以降，バサーストストリ
ート（Bathurst St.）以西のダンダスストリート（Dundas St. W.）沿いには，ポ
ルトガル系経営者による事業所が集積を始め，ポルトガル系の商業地区が形成
されていった。ポルトガル系の流入以前，リトルポルトガルの範域には東欧系
のエスニック集団が集積していた。しかし，1960年代末以降，ポルトガル系
の進入に伴い，同地区の主要なエスニック集団は東欧系からポルトガル系に交
代した。

　1966年，1981年，および2001年のトロント市電話帳（Toronto City Directory）
をもとに，リトルポルトガルにおいてポルトガル系の個人（住居），商店・事
業所，および組織・団体を抽出した（**図7-1**）[1]。リトルポルトガルにおける
ポルトガル系の個人（住居）の分布は1966年においては3件にとどまり，それ
以後顕著に増加した。1966年の電話帳においては，東欧系を示す"ski"で終わ
る姓，ウクライナ系新聞社などが確認される。ポルトガル系の流入以前，同地
区は東欧系によって半ば専有化されていた。

　同地区への流入当初，ポルトガル系は東欧系の商店において雇用されていた
と考えられる。現地調査においては，雇用主であったポーランド系から衣料品
店を譲り受け，現在においても経営を続けるポルトガル系経営者が確認された。
1966年，ポルトガル系（個人・住居）の分布は3件にとどまるものの，一部の

122

第7章 リトルポルトガルの脱ポルトガル化とポルトガル系コミュニティの空間的分散化

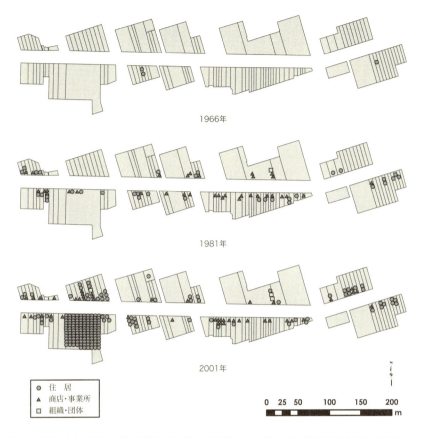

注：図中の住居，商店・事業所，組織・団体は，全てポルトガル系人のものを示す。図中の範囲はリトルポルトガルBIAに一致する。
出典：Toronto City Directory 1966，1981，2001をもとに筆者作成

図7-1　ポルトガル系移民街の形成過程

ポルトガル系は従業員として既にこの地区に流入していたと推察される。その後，移住者の増加とともに，ポルトガル系は経営者および居住者として，域内で活動の幅を拡げていった。1981年には，ポルトガル系の居住者や事業所のほか，エスニック組織の立地も確認され，エスニックコミュニティの諸機能が集積したポルトガル人街が形成されたことが読み取れる。さらに，2001年においてもポルトガル系の集積は維持されており，なかでも域内西部（南側）の特定の区画においてはポルトガル系住民の顕著な増加が見て取れる。

123

第Ⅲ部　移民街の発展・変容とエスニックコミュニティの空間的分散

　1986年5月，この区画には公営の高齢者住宅"テッハ・ノーヴァ高齢者住宅（Terra Nova Senior Citizens Building)"が竣工した（**写真7−1**［口絵］）。入居条件に利用者の出自は設けられていないものの，その名称からわかるように，この公営住宅は実質的にはポルトガル系住民の高齢化に対応して建設された[2]。2001年において，ポルトガル系入居者は全入居者の約92%を占めた。トロント市当局によってテッハ・ノーヴァ高齢者住宅が建設されたことは，ポルトガル系社会における高齢化の始まりを示すとともに，1986年当時において，この都市空間とポルトガル系コミュニティが不可分な関係にあったことを明示する。

2　リトルポルトガルからの居住分散

　図7−2には，2006年のトロント市におけるポルトガル系出自者の居住分布を国勢調査区（census tract）の単位で示した。同図からは，ポルトガル系の居住域がトロント市中心西部の一定の範囲に集中していることが見て取れる。さらに，この集中居住地域をより詳細にみると，リトルポルトガルとその周辺における集中に加え，より北方の地域（以下，移民回廊地域）における集積が確認される。

　図7−3においては，リトルポルトガルから移民回廊地域にかけてのポルトガル系住民の分布の変化を確認できる[3]。1981年において，ポルトガル系の居住域はリトルポルトガルに集中した。しかし，1996年および2006年の分布からわかるように，以後，ポルトガル系の居住域は次第に北部へと移動していった。1980年代まで，この移民回廊地域にはイタリア系が集中的に居住していたが[4]，その後，イタリア系の居住域はさらに北西方向へと移動した（Teixeira 1998; Buzzelli 2001; Hackworth and Rekers 2005）。すなわち，ポルトガル系はイタリア系の減少に呼応し，移民回廊地域に居住地を移した[5]。

　2006年，リトルポルトガルにおいて，総人口に占めるポルトガル系人口の比率は30〜40%を維持したものの，移民回廊地域では40%を超える地区が分布した。さらに，トロント市当局への聞き取りによれば，2013年8月現在，テッハ・ノーヴァ高齢者住宅の全入居者に占めるポルトガル系入居者の割合は，約70%にまで低下した[6]。ポルトガル系一世の高齢化は一層進展している一方，リトルポルトガル内の高齢者住宅におけるポルトガル系入居者の割合は低

124

第7章 リトルポルトガルの脱ポルトガル化とポルトガル系コミュニティの空間的分散化

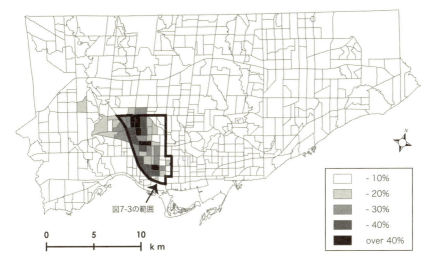

出典：Statistics Canada 2006をもとに筆者作成

図7-2 トロント市におけるポルトガル系出自者の居住分布（2006年）

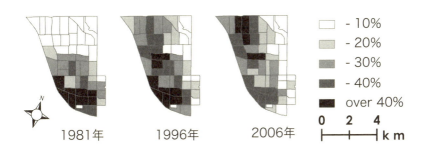

出典：Statistics Canada 1981, 1996, 2006をもとに筆者作成

図7-3 ポルトガル系集住地区内における居住分布の変化（1981年，1996年，2006年）

下している。こうした矛盾した現象は，この都市空間（リトルポルトガル）とポルトガル系との結び付きが弱体化していることを示唆する。これに加えて，Teixeira and Murdie（1997）によれば，1980年前後以降，ポルトガル系住民はミシサガ市（City of Mississauga）をはじめとしたトロント大都市圏の西部地域（以下，西部郊外）にも移動している。ミシサガ市におけるポルトガル系人口は，1971年の1,415人から，1981年の6,990人を経て，2006年には24,700人

125

第Ⅲ部　移民街の発展・変容とエスニックコミュニティの空間的分散

に増加した。他方，リトルポルトガルにおいては[7]，ポルトガル系人口が最多であった1981年の19,655人から，2006年には9,040人にまで人口が減少した（Teixeira and Murdie 2009）。

　以上のように，現在トロント大都市圏には3つのポルトガル系居住地域が存在する。すなわち，減少傾向にあるものの，一定の集積を維持する①リトルポルトガル，主に1980代以降増加の著しい②市内北部および③西部郊外が，ポルトガル系の主な居住地域として同定される。

第3節　社会文化組織ビルの移転とポルトガル系コミュニティの再編

1　社会文化組織にみるポルトガル系コミュニティの現状

　トロントにおいて，ポルトガルからの移住者が一定数に達すると，同胞者間における交流の促進を目的とするエスニックな社会文化組織が結成された。トロントのポルトガル系移民は食事会やピクニックを開催するほか，ダンスクラブやサッカーチームを組織した[8]。本章では，今日においても比較的活発に活動するCasa do Alentejo, Casa dos Açores, Casa das Beiras, Casa da Madeira, およびFirst Portuguese Canadian Club（以下，FPCC）の5団体（以下，ポルトガル系五大組織）を分析の対象とした[9]。表7-1には，各組織の概要を示した。

表7-1　ポルトガル系五大組織の概要

| 名称 | 設立年 | 会員数 | 活動内容 | | | | | 年会費 (CAD) | 公的支援 | 有給職員 |
			サッカー	学校	パーティ	ダンス	レストラン			
Casa do Alentejo	1983	約100	×	×	○	×	○	65	×	×
Casa dos Açores	1985(1983)	580	×	○	○	○	○	80	○	△
Casa das Beiras	2000(1989)	約200	×	×	○	○	×	150	×	×
Casa da Madeira	1963	400-450	×	×	○	○	×	60	×	×
First Portuguese Canadian Club	1956	600-700	×	○	○	○	×	60	○	○

注：CADはカナダドルを意味する。
出典：聞き取り調査をもとに筆者作成

　FPCCは，トロントで最も古いポルトガル系組織であり，1956年に創設された。同組織はトロント市からの経済的支援を受けて運営されており，ポルトガル系の常勤職員を雇用している。一方，FPCCを除く4団体はボランティアに

126

第7章　リトルポルトガルの脱ポルトガル化とポルトガル系コミュニティの空間的分散化

表7-2　Casa dos AçoresとCasa da Madeira会員の出身地

出生地			Casa dos Açores	Casa da Madeira
	Açores	Corvo	1	0
		Faial	10	0
		Flores	7	0
		Graciosa	6	0
		Pico	15	1
		Santa Maria	8	0
		São Jorge	9	0
		São Miguel	315	12
		Terceira	46	8
		Unknown in Açores	6	14
		Total Açores	423	35
	Madeira	Camara de Lobos	0	6
		Funchal	0	27
		Santa Cruz	0	8
		Santana	0	1
		São Vicente	0	1
		Unknown in Madeira	2	74
		Total Madeira	2	117
Portugal	Continente	Alentejo (região)	1	0
		Algarve (região)	2	1
		Almada	1	0
		Alvaiázere	1	0
		Arganil	1	0
		Aveiro	1	3
		Bombarral	1	0
		Caldas da Rainha	1	0
		Cantanhede	1	0
		Castelo Branco	1	1
		Coimbra	1	0
		Famalicão Anadia	0	1
		Fornelos	1	0
		Ílhavo	1	0
		Leiria	2	2
		Lisboa	6	2
		Nazaré	1	0
		Oliveira de Azeméis	1	0
		Penafiel	1	0
		Peniche	2	0
		Porto	1	0
		Póvoa de Varzim	0	1
		Santo Tirso	1	0
		São João	0	1
		Seia	1	0
		Tábua	1	0
		Torre de Moncorvo	1	0
		Torres Vedras	0	1
		Vila Franca de Xira	0	1
		Vila Nova de Famalicão	0	1
		Viseu	1	1
		Unknown in Continente	5	0
		Total Continente	38	16
		Unknown in Portugal	9	22
		Total Portugal	472	190
Canada		Toronto	21	4
		Unknown in Canada	24	12
		Total Canada	45	16
Africa		Angola	3	1
		Moçambique	1	0
		Total Africa	4	1
Latin America		Brasil	3	1
		Equador	1	0
		Total Latin America	4	1
Others and unknown			54	20
Total			579	228

出典：Casa dos Açores会員名簿，およびCasa da Madeira会員登録証をもとに筆者作成

127

よる自助的なエスニック組織である[10]。運営の中核を担う幹部メンバーはそれぞれ他に仕事を有しているため，平日の夜や休日に組織のための活動をおこなう[11]。幹部メンバーの主な仕事内容は，イベントの企画・運営，ニューズレターの作成・郵送，会費の徴収などである。また，これら4団体は全て出郷地に基づいて結成された同郷組織である[12]。アレンテージョ（Alentejo），ベイラス（Beiras）はいずれもポルトガル本土に位置し，アゾレス（Açores，ポルトガル語ではアソーレス），およびマデイラ（Madeira）は北大西洋上の島嶼群である（**図5−1**）。

　今日，会員の出身地は必ずしも組織の名称に冠された地域に一致しない。Casa dos Açoresの会員名簿およびCasa da Madeiraの会員登録証から，両組織会員の出郷地が明らかになった（**表7−2**）[13]。両組織において，過半数の会員が同郷者によって構成される。しかしその一方，残る3〜5割は非同郷の会員が占める。このことは，トロントのポルトガル系コミュニティにおいて，サブグループ間の境界が曖昧であることを示唆する。しかし，Casa da Madeiraを例に幹部メンバーの構成をみると，幹部全39名中38名はマデイラ島出身者によって占められた。特筆すべきは，これら幹部が同郷者であることに加え，移民一世であることである。両組織において，移民二世・三世を意味するカナダ出生者の割合は，8％の45人（Casa dos Açores），7％の16人（Casa da Madeira）にとどまる。同郷組織には非同郷のポルトガル系やカナダ生まれの新世代の会員も一部所属しているものの，運営の中核は同郷者の一世が担っている。

2　行事の共同開催と組織名の改称

　一世の高齢化，およびカナダで生まれ育った二世・三世のカナダ社会への同化により，ポルトガル系社会文化組織の活動は変化しつつある。今日，ポルトガル系五大組織の主な活動は，ハロウィーンやクリスマスなどに際した食事会である。こうした年中行事は，一世から二世・三世へとポルトガルの文化的伝統を継承する機会を提供している。

　年中行事での発表のため，有志の年長者から子どもたちへとフォークダンスの指導がおこなわれている（**写真7−2**［口絵］）。五大組織により運営されるも

第7章　リトルポルトガルの脱ポルトガル化とポルトガル系コミュニティの空間的分散化

ののほか，トロント大都市圏には出身地域ごとに数多くのダンスクラブが組織されている。一方，現在，ポルトガル系五大組織のうち，サッカーチームを保有するものはない。サッカーチームを維持するためには，少なくとも20名程度の若年男性を必要とする。1980年代以降，本国からの移住の流れが停滞し，その後移民一世が高齢化すると，ポルトガル系サッカーチームの数は次第に減少していった[14]。聞き取りによれば，トロントで生まれ育った世代（二世・三世）はポルトガル系コミュニティのサッカーチームではなく，学校のクラスメイトが所属するホスト社会のサッカーチームへの入団を希望するという。一世の高齢化，および二世・三世のホスト社会への文化的・社会的同化は，エスニック組織の活動を縮小させている。

　表7－3には，2012年におけるCasa da Madeiraの年間行事を示した。Casa da Madeiraの各種行事は，例年6～9月の夏期においてマデイラパークで，それ以外の期間において組織ビルで開催される。春分の日の復活祭（Festa do Pascoa），12月のクリスマス（Natal das Crianças）などキリスト教に根差す行事はもちろん，11月の豚の屠殺（Matança do Porco）もポルトガル系にとっては欠くことのできない行事である。ポルトガル系の社会・文化組織は本国の文化や習俗の維持・再現において，重要な役割を果たしていると言えよう。このほか，2010年にマデイラ島で豪雨災害が発生した際には同組織によって寄付金が集められ，災害復興に充てられた[15]。

　マデイラパークにはカナダとポルトガルの国旗に加え，マデイラ自治政府の旗も掲げられている。さらに，公園内にはマデイラ島サンターナ地域の伝統的家屋（Casa da Santana）を模した売店や倉庫が配置され，郷土の景観が再現されている（**写真7－3**［口絵］）。マデイラパークでは，1956年におけるCasa da Madeiraの創設以降，毎年7～8月にピクニックが催されてきた。当初，ピクニックは同組織の会員のみによる行事であったが，2007年以来，Casa do Alentejo，Casa dos Açores，Casa das Beirasの三つの同郷組織と共同でおこなわれるようになった（**図7－4**）。

　ピクニック当日は参加者の大半がキャンピングカーやテントを利用し，マデイラパーク内に宿泊する。参加者は家族連れも多く，老若男女を問わない。自家用車を有さない高齢の女性などは，ピクニック当日の早朝，移民回廊地域に

129

第Ⅲ部　移民街の発展・変容とエスニックコミュニティの空間的分散

表7-3　2012年におけるCasa da Madeiraの年間活動予定表

月	日	行事名	会場	類型
1	7	Festa dos Reis	○	C
	28	Aniversario do Rancho	○	I
2	11	Festa São Valentim	○	C
	28	Festa do Carnaval	○	C
3	10	Festa da Mulher	○	O
	24	Festa do Socio	○	I
4	7	Festa da Pascoa	○	C
	20−28	25a Semana Cultural Madeirense	○	I
5	12	Festa da Flor e dia da Mae	○	O
	26	49° Aniversario do Clube	○	I
6	23−24	Festa dos Santos Populares	●	C
	30 −(7/1)	Festa do Emigrante e Dia da Madeira	●	I
7	14-15	Piquenique annual Luso-Canadiano Paluca Tourada a Corda	●	I・P
	28−29	Nellie Pedro e Tourada a Corda	●	I・P
8	18−19	Festa de Nossa Senhora do Monte	●	C・M
9	15−16	Festa do Senhor Bom Jesus da Ponta Delgada e Tourada a Corda	●	C・P
	29	Festa da Vindima	○	P
10	6	Festa do 50 & 60	○	O
	20	Gastronomia Madeirense	○	P・M
	27	Festa do Halloween	○	C
11	10	Festa de São Martinho	○	P・M
	24	Matança do Porco	○	P
12	15	Natal das Crianças	○	C
	31	Passagem do Ano	○	O

会場
○：Casa da Madeira 保有ビル
●：Madeira Park

類型
C：カトリック由来の行事
P：カトリック以外のポルトガル由来の行事
I：移住・移民に関連する行事
M：マデイラ諸島に関連する行事
O：その他（ダンスパーティ等）

出典：聞き取り調査，およびCasa da Madeira 2012年カレンダーをもとに筆者作成

あるショッピングモールの駐車場に集合し，貸し切りバスで現地を訪れる。マデイラパークでは各組織が屋台を出し，ポルトガルの郷土料理を提供する。Casa dos Açoresのブースでは，アゾレス諸島発祥のドーナツ“マラサーダ（Marasada）”が供されるなど，出郷地に根差した料理も振る舞われる。このほ

第7章　リトルポルトガルの脱ポルトガル化とポルトガル系コミュニティの空間的分散化

か，各地方のフォークダンスやアゾレス式の闘牛なども興じられる。マデイラパークにおける合同のピクニックは，ポルトガルの文化が再現される場所であるとともに，出郷地の垣根を越えたトロントのポルトガル系移民コミュニティの交流の場となっている。

　一方，こうした行事の共同開催はポルトガル系社会文化組織における会員数の減少を反映している。Casa das Beirasの事例をみてみたい。Casa das Beirasは，Clube Academico de Viseu of Toronto（以下，Viseu Club）として，1989年に設立した。その名称が示すように，Viseu Clubはポルトガル北部の都市である，ヴィゼウ

出　典：ABC Portuguese Canadian Newspaper
2013年7月29日号一面

図7-4　マデイラパークでの合同
ピクニックの開催を伝える
ポルトガル系新聞の一面記事

（Viseu）出身者のための同郷組織であった。Casa das Beiras代表への聞き取りによれば，組織の設立以降，ポルトガルからの移住者数の減少とポルトガル系一世の高齢化によって，会員数が減少していった。Beiras地方は，ベイラ・アルタ（Beira Alta），ベイラ・バイシャ（Beira Baixa），ベイラ・リトラウ（Beira Litoral）の3地域から構成される。Casa das Beirasへの改称は，ヴィゼウが位置するベイラ・アルタのほか，隣接する2地域を加えることにより，組織への入会条件を緩和することが目的であった。すなわち，ヴィゼウ出身者のみで組織を維持することが困難になったため，組織名に冠される地域を空間的に拡大し，会員数の増加，および組織の存続を図った。今日，トロントのポルトガル系コミュニティでは，エスニックコミュニティの活動を維持するため，サブグループ間における妥協的な結合がおこなわれている。

3　市内北部への移転と不動産の保有

　ポルトガル系社会文化組織は，創設以降，所在地の移転を経験してきた。図7-5には聞取りによって明らかにされたポルトガル系五大組織の移転経路を，

131

第Ⅲ部　移民街の発展・変容とエスニックコミュニティの空間的分散

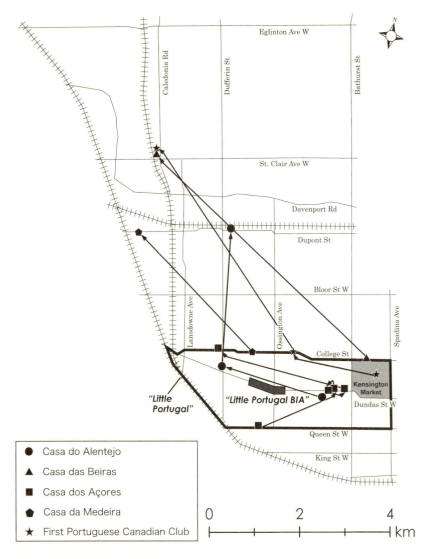

注：2013年12月時点までのデータを示した。
出典：聞き取り調査，および*Casa dos Açores do 1 Ontario: 1985-2010*をもとに筆者作成

図7-5　ポルトガル系五大組織の移転経路

第7章　リトルポルトガルの脱ポルトガル化とポルトガル系コミュニティの空間的分散化

表7－4　ポルトガル系五大組織の歴代入居ビル

名称	設立年	順番	移転年	住所	所有／賃借
Casa do Alentejo	1983	3	2001	1130 Dupont St.	所有
		2	1992	646 Dufferin St.	所有
		1	1983	140 Claremont St.	賃借
Casa dos Açores	1985（1983）	5	2007	1136 College St.	所有
		4	1994	772A Dundas St. W.	賃借
		3	1994	863A Dundas St. W.	賃借
		2	1984	830A Dundas St. W.	賃借
		1	1983	1082.1/2 Queen St. W.	賃借
Casa das Beiras	2000（1989）	2	2000	34 Caledonia Rd.	所有
		1	1989	374 College St.	所有
Casa da Madeira	1963	2	1995	1621 Dupont St.	所有
		1	1968	961 College St.	所有
First Portuguese Canadian Club	1956	3	2007	60 Caledonia Rd.	賃借
		2	1978	722 College St.	所有
		1	1956	64 Nassau St.	所有

出典：聞き取り調査，および*Casa dos Açores do Ontario:1985-2010, Toronto's Property Assessment Roll*をもとに
　　　筆者作成

表7－4にはこれまでに入居したビルの所在地，移転年，および所有／貸借の
いずれかをそれぞれ示した。トロントで最も長い歴史を有するFPCCは，1956
年にケンジントンマーケット中心部の66 Nassau St.（ナッソーストリート）に
おいて創設された。トロント市による経済的支援を受け，同組織は当地のビル
を購入したが，1978年には組織の発展に伴い，カレッジストリートにより大
きな規模のビルを購入した。FPCCのこの移転は，当時，ポルトガル系コミュ
ニティが拡大過程にあったことを示す。

　次に，1963年，数名のマデイラ系移民によってCasa da Madeiraが創設され
た。組織の立ち上げに伴い，創設者らはトロント市中心部から約90km北方に
位置する，郊外のサットン（Sutton）に広さ50エーカー（約20ha）の土地を購
入すると，そこをマデイラパーク（Madeira Park）と命名した。結成当初，
Casa da Madeiraは本部ビルを有さなかったが，結成から5年後の1968年に
961 College St.（カレッジストリート）に本部ビルのための不動産を取得した。
Casa da Madeira代表への聞き取りによれば，マデイラパーク，および本部ビ
ルの購入資金はいずれも会員の寄付に依った。

　さらに1960年代～1970年代における移住者の増加に伴い，1980年代におい

133

第Ⅲ部 移民街の発展・変容とエスニックコミュニティの空間的分散

てはCasa do Alentejo（1983年），Casa dos Açores（1983年），Casa das Beiras（1989年）がそれぞれ設立された[16]。これら3団体は創設と同時にビルを賃借，或いは購入し，そこを活動の拠点とした。Casa do Alentejoは，1983年から1992年までの間，140 Claremont St.（クラレモントストリート）のビルを賃借りした後，1992年に646 Dufferin St.（ダファリンストリート）にビルを購入した。一方，Casa dos Açoresの歴史は，同組織の母体となったAzorean Committee 83が1983年に1082 Queen St. W.（クィーンストリート・ウエスト）のビル2階に入居した時から始まった（Casa dos Açores do Onrario 2010: 8-18）。同組織は，1985年における発展的な再編成を通し，1994年までに3度の移転を経験した。入居した4軒のビル全てにおいて，同組織は賃貸の契約形態をとった。また，3回の引越し全てがリトルポルトガルBIA周辺でおこなわれ，その移動距離は平均780mであった。Casa dos Açoresは，貸し主が設けた賃貸期間に左右され，引越しを余儀なくされていたと推察される。最後に，Casa das Beirasは前身のViseu Club時代の1989年から2000年まで，ケンジントンマーケット北端に隣接する374 College St.（カレッジストリート）にビルを保有していた。

　ここまでを振り返ると，1956年におけるFPCCの創設以降，主要五大組織は全てリトルポルトガルに立地していたことがわかる。しかし，1995年，Casa da Madeiraが市内北部に移転すると，2000年にCasa das Beiras，2001年にCasa do Alentejo，そして2007年にFPCCが相次いで移民回廊地域に移転した。

　北部に立地する全ての組織において，敷地内，または周辺に広大な駐車スペースが確保されている。組織会員への聞き取りによれば，徒歩で来訪可能な地域に居住している会員もいるものの，会員の大半は自家用車を利用して組織ビルを訪れるという。**写真7-4**［口絵］のCasa das Beiras所有の敷地には，乗用車約50台分の駐車スペースがあり，金曜日の夜には会員の来訪によって敷地外にまで自動車が停められる。ポルトガル系組織の市内北部への移転は，居住地の拡散化，および自家用車の獲得という同胞会員の生活様式の変化に対応して発生した。

　他方，Casa dos Açoresは主要五大組織の中では唯一，現在においてもリトルポルトガルに所在している。同組織は，創設された1983年以降，2006年までビルを所有した経験がなかった。しかし，アゾレス自治政府，およびオンタ

134

第７章　リトルポルトガルの脱ポルトガル化とポルトガル系コミュニティの空間的分散化

表７-５　ポルトガル系五大組織の所在ビルと資産価値（2013年12月現在）

名称	住所	賃貸／所有	面積（㎡）	総階	資産評価額（CAD）
Casa do Alentejo	1130 Dupont St.	所有	1,489	3	1,439,000
Casa dos Açores	1136 College St.	所有	637	2	2,001,000
Casa das Beiras	34 Caledonia Rd.	所有	980	2	951,250
Casa da Madeira	1621 Dupont St.	所有	644	3	860,000
First Portuguese Candadian Club	60 Caledonia Rd.	賃貸	2,717	1	1,209,000

注：CADはカナダドルを意味する。
出典：聞き取り調査，および*Toronto's Property Assessment Roll*をもとに筆者作成

リオ州政府からそれぞれ500,000カナダドル（CAD）の資金援助を受けたことにより，2007年において初めてビルを取得することが可能となった。2013年において，Casa dos Açores所有ビルの資産評価額は2,001,000 CADであった（**表７-５**）。一方，現在ビルを保有していないFPCCを除く，移民回廊地域に所在する三つの組織の資産評価額は[17]，それぞれ1,439,000 CAD（Casa do Alentejo），951,250 CAD（Casa das Beiras），860,000 CAD（Casa da Madeira）であった。Casa dos Açoresの所有ビルは，面積637㎡と最も狭小でありながら，都心部への近接性の高さから最も高い評価額を示す[18]。近年，トロントのダウンタウン周辺ではジェントリフィケーションの進展によって地価が急騰している[19]。リトルポルトガルにおける地価の高騰は，行政による経済的支援を受けるCasa dos Açoresを除く四つの組織に対し，北部への移転を促す外発的な要因として作用している[20]。

第４節　ポルトガル系経営者・事業所にみる職住分離の進展

1　ポルトガル系経営者と事業所

ポルトガル系経営者53名に対して，聞き取り形式での質問票調査を実施した。**表７-６**に，調査によって得られた経営者とその事業所に関する情報を示した。

全53名中46名の経営者は，移民一世によって構成される。また，移住年が明らかになった50名の開業者のうち，92％の46名は1960年代から1980年代にかけてトロントに移住した[21]。なかでも，1970年代に移住した経営者は最も

135

第Ⅲ部　移民街の発展・変容とエスニックコミュニティの空間的分散

表7−6　ポルトガル系事業所と経営者の属性

経営者番号	商店・事業所		従業員数				経営者						ポルトガルでの職業	家庭内言語	職住関係
	業種	開業年	P	H	F	計	年齢(歳代)	性別	移住年	移民世代	出身地				
1	薬局	1966	3	3	2	3	60	M	1964	1	Aç	São Miguel	SD	●	■
2	自動車パーツ販売店	1974	1	0	0	1	40	M	1960s末*	2	Aç	São Miguel*	FM*	○	■
3	食料品店	1974	12	11	8	15	30	M	1973*	2	Aç	Terceira*	BC*	◎	■
4	保険業オフィス	1974	10	3	2	10	30	M	1967*	2	Ma	Madeira*	MT*	●	■
5	電話帳会社オフィス	1975	3	0	1	3	50	M	1960	1	Co	Aveiro	FM*	●	■
6	旅行代理店	1975	2	−	2	2	60	M	1971	1	Aç	São Miguel	GE	○	□
7	壁紙専門店	1975	5	−	5	5	30	M	1972*	2	Aç	São Miguel*	FM*	●	■
8	食料品店	1976	5	2	4	6	50	M	1975	1	Aç	São Jorge	WD	●	■
9	宝石店	1976	4	0	3	5	50	M	1971	1	Co	Coimbra	WR	●	■
10	食料品店	1978	0	0	0	0	50	F	1995	1	Co	Coimbra	FM	○	□
11	作業用品店	1978	3	1	1	3	60	M	1962	1	Co	Faro	FM*	●	■
12	レストラン	1980s	5	3	4	6	60	M	1960s	1	Aç	São Miguel	SD	●	□
13	会計事務所	1981	1	0	2	2	70	M	1966	1	Aç	−	EP	○	■
14	カフェ	1981	7	−	6	7	70	M	1973	1	Aç	Alcobaço	PT	○	■
15	食料品店	1982	3	3	3	3	40	M	1972	1	Aç	Terceira	None	○	□
16	理髪店	1985	0	0	0	0	50	M	1974	1	Co	Vila Real	BB	●	□
17	保険業オフィス	1985	6	0	3	9	50	M	1976	1	Aç	São Miguel	SD	◎	■
18	洋服店（仕立店）	1972	1	0	1	1	60	M	1968	1	Co	Arcos de Valdevez	TL	○	■
19	食料品店	1988	33	8	4	35	50	M	1988	1	Co	São Miguel	BC	●	■
20	自動車修理店	1988	10	0	0	12	50	M	1973	1	Co	Castelo Branco	FM*	●	■
21	食料品店	1989	4	2	0	4	40	M	1975	1	Aç	São Miguel	FS*	●	■
22	カフェ	1989	4	0	2	4	60	M	1976	1	Co	Leiria	FW	●	□
23	バー	1990	2	−	2	2	−	−	1968	1	Co	São Miguel	BT	●	■
24	旅行代理店	1990	2	0	2	2	60	M	1973	1	Co	Santiago	SD	●	■
25	バー	1990	2	0	2	2	60	M	1978	1	Co	Lisboa	SP	○	■
26	レストラン	1992	2	0	0	2	50	F	1985	1	Co	Bragança	WA	●	■
27	自動車修理店	1996	3	0	1	3	60	M	1975	1	Co	Ourem	GR	●	■
28	食料品店	1996	1	1	0	1	50	M	1977	1	Aç	São Miguel	FW	●	■
29	バー	1996	2	1	1	3	20	M	1989	1	Co	Coimbra	FW*・FM*	●	■
30	薬局	1997	3	−	3	4	60	M	1987	1	Aç	São Miguel	DR	◎	□
31	レストラン	1998	6	1	0	9	50	M	1971	1	Co	Lourinha	FM*	○	■
32	銀行	1998	2	0	3	3	40	F	1989	1	Aç	Faial	AT*・GE*	●	■
33	美容室	1998	3	0	0	3	40	F	1969*	2	Co	Caldas de Rainha*	HD*	●	■
34	バー&カフェ	2000	0	0	0	0	50	M	1977	1	Aç	São Miguel	FW	●	■
35	食料品店	2000	10	0	3	10	50	F	1987	1	Co	Lisboa	BC	●	■
36	会計事務所	2001	8	3	4	8	60	M	1982	1	Co	Lisboa	−	●	■
37	旅行代理店	2001	3	0	0	3	40	F	1989	1	Co	Lisboa	SR	●	■
38	銀行	2001	2	0	2	2	60	F	1974	1	Aç	São Miguel	GE*・TC*	●	■
39	バー	2002	1	1	1	1	30	M	1984	1	Co	Caldas	CW*	◎	■
40	宝石店	2002	2	1	2	2	40	F	1989	1	Co	Coimbra	GC・FM	◎	■
41	レストラン	2003	2	0	1	2	60	M	1987	1	Co	Lisboa	SR	◎	■
42	カフェ	2003	3	3	3	3	−	−	1989	1	Co	Braga	−	●	−
43	カフェ	2003	2	0	2	2	60	F	−	1	Co	Braga	FW・(BK)	○	□
44	レストラン	2003	2	0	2	2	50	M	1991	1	Co	Viseu	CK	●	■
45	雑貨店	2004	0	0	0	0	50	F	1972	1	Aç	Terceira	FF*・HD*	●	■
46	レストラン	2007	3	0	2	3	30	−	1977	1	Aç	São Miguel	None	●	■
47	靴屋	2009	2	0	2	2	40	F	1992	1	Co	Leiria	FW	○	■
48	レストラン	2010	4	0	0	4	40	M	−	2	Aç	Pico*	GC*	●	■
49	カフェ	2010	0	0	0	0	30	M	1986	1	Co	Covilha	CO*	●	■
50	バー	2010	1	−	1	3	30	M	−	2	Aç	São Miguel*	FM*	●	■
51	バー	2011	2	0	2	2	30	M	1989	1	Co	São Miguel	BO*	●	■
52	レストラン	2012	9	2~3	0	0	30	M	2006	1	Co	Porto	CK	●	■
53	レストラン	2012	3	0	3	3	60	M	1972	1	Co	Torres Vedras	HM	●	■

従業員数：P＝ポルトガル系人，H＝（経営者にとっての）ポルトガル内の同郷者，F＝家族構成員
出身地：Aç＝Açores，Co＝Continente，Ma＝Madeira
家庭内言語：○＝主に英語，●＝主にポルトガル語，◎＝英語・ポルトガル語がほぼ同頻度で混在　＊＝（経営者が二世の場合の）彼・彼女らの親に関する情報
職住関係：□＝職住一致，■＝職住分離　性別：男性・女性（社会的性差）
ポルトガルでの職業：AT＝建築家，BB＝理容師，BC＝肉屋，BK＝パン屋，BO＝バー経営者，BT＝バーテンダー，CK＝コック，CO＝カフェ経営者，CW
＝建設労働者，DR＝医師，EP＝その他経営者，FF＝消防士，FM＝農家，FS＝漁業，FW＝工場労働者，GC＝食料品店，GE＝公務員，GR＝自動車修理工，
HD＝美容師，HM＝主婦，MT＝軍人，PT＝陶芸家，SD＝学生，SP＝販売員，SR＝秘書，TC＝教師，TL＝衣服仕立て屋，WA＝ウェイトレス，WD＝溶
接工，WR＝時計修理工
出典：聞き取り調査，および質問票調査をもとに筆者作成

第7章　リトルポルトガルの脱ポルトガル化とポルトガル系コミュニティの空間的分散化

多く，全体の44％（22名）を占めた。一方，1990年代以降に移住した経営者は4名（8％）に過ぎず，この時期，ポルトガルからの移住の流れが停止したことに符合する。年齢構成の主体は，30名を数える50〜60歳代の中高年層である。このほか，二世経営者7名のうち5名は親が開業した事業所を継承，或いは親と共同で経営している。これらのことから，ポルトガル系事業所では，移民一世が重要な役割を担っていることがわかる。

　ポルトガル系事業所は，家族内で労働力を賄うファミリービジネスや1〜10人程度の従業員を雇用する小規模な事業所が主体である。全事業所における従業員数の平均は約4.3人であり，労働力の主体は同胞の従業員が占める。経営者以外に就業者がいる48件の事業所のうち，30件の事業所は労働力として家族構成員を利用している。本調査によって確認された総従業員230名中，87％の199名はポルトガル系が占めた。このうち経営者と出郷地が一致する従業員は，約4分の1の50名にとどまる。経営者が従業員を採用する際，ポルトガル系出自者であることは重要な条件である一方，出郷地を共有していることは必ずしも重要ではない。近年では，ブラジル出身者を雇用する事業所もみられる[22]。ポルトガル系経営者は文化的共通性を幅広く捉え，第一にポルトガル語を解すことを重要視する。

　経営者の出郷地においては，アゾレス諸島が23で最多を占める。全体の人口構成と同様に，経営者においてもアゾレス系移民の卓越が確認される。ポルトガル本土においては，リスボン5，コインブラ4をはじめ，大都市が集積する大西洋岸近くに出郷地が集中する。さらに出郷地と移住年を合わせてみると，1960年代および1970年代に移住した32名の経営者うち，17名がアゾレス諸島出身者である一方，1980年代以降に移住した18名中14名は本土出身者である。このことは，1970年代において家族の呼び寄せによるチェーンマイグレーションが概ね終了したことによって，1980年代以降，発地と着地の関係が希薄化したことを示唆する。トロントにおけるポルトガル系移民の増加の原動力であったアゾレス諸島からの移住が停滞し，1980年代以降には新規移民の出郷地は相対的に分散したと推察される。

　一方，1980年代以降においてもポルトガル系事業所の出店は継続した。本調査で確認された53件の事業所のうち，58％に当たる31件は1990年以降に開

137

業された。新規の移住者は減少したものの，既にトロントに到着していた同胞
による需要が事業所の出店を促したと考えられる。また，1990年代末以降の
特徴として，ポルトガル系事業所の北部への拡散傾向が挙げられる。北部の移
民回廊地域に立地する10件の事業所は全て1980年代以降に開設され，さらに，
そのうち8件は1996年以降に開業された。1996年以降，ポルトガル系事業所
はリトルポルトガル内部においても継続して出店しているが，2000年代前半
以降，ジェントリファイアーとして同定される非ポルトガル系経営者が増加し
ている一方，ポルトガル系経営者による事業所の出店は減少傾向にある（本節
4を参照）。近年，ホスト社会住民の都心部への関心の高まりに基づき，リトル
ポルトガルではジェントリフィケーションが進行している。ポルトガル系経営
者の高齢化に加え，ジェントリフィケーションによる地価・賃料の上昇もリト
ルポルトガルにおけるポルトガル系事業所の減少に寄与していると考えられる。

2 トロントに移植されるポルトガルでの経験

　移住前，ポルトガル系経営者は本国において多様な職業に就いていた。職業
別には，農家が10人で最多を数える。ポルトガルからの出移民が最も増加し
た1960年代〜1970年代当時，ポルトガル国内の就業構造は農業に偏在してい
た。ポルトガル人は，零細な農地を耕作するとともに，家畜を飼育する自給的
な混合農業を生業とした。当時のポルトガル国内の就業構造から，ポルトガル
系経営者に農家であった者が多いことは妥当な結果と言えよう[23]。

　農家のほか，漁師や工場労働者など第一・二次産業従事者であったポルトガ
ル系は，トロントにおいて食料品店や飲食店の経営をおこなう傾向にある。事
業所番号21の経営者の父親は，アゾレス諸島サンミゲル島の漁師であった。
同氏が経営する食料品店では，北大西洋で漁獲された多様な鮮魚が取り揃えら
れている。

　他方，ポルトガル系経営者の中には本国において高次な職種に従事していた
者も確認される。移住前にホワイトカラーであったポルトガル系は，トロント
において旅行代理店や会計事務所など，移住前と同様に高次な業種の事業所を
経営している[24]。また，移住時において学生であったものの，両親が教師や
設計士などであった者も同様の業種に就いている。

第7章　リトルポルトガルの脱ポルトガル化とポルトガル系コミュニティの空間的分散化

　一方，理容師や美容師，薬剤師などの特殊な技能や資格を要する職種の経営者は，本国においても当該業種の事業所を経営しており，移住前に既に技能や資格を習得していた[25]。ポルトガル系経営者の移住前後における職種をみると，送出国において獲得された職業技能が受入国においても概ね適用されていることがわかる。

　また，トロントに到着後すぐに事業所を開設した者がいる一方，多くのポルトガル系経営者は移住から開業までに一定の期間を必要とした。本調査によると，移住から開業までに要した年数は平均約14年である。移住後早期に事業所を開設した経営者は，移住前から資金を有していたものと考えられる。他方，開業までに一定の時間を要した経営者は，トロントにおいて被雇用者として就労した後に自身の事業所を開業した。例えば，**表7－6**の事業所番号23の経営者は，20年以上に渡って建設現場で勤務し，1990年に飲食店を開業した。移住前，同氏は本国の飲食店でバーテンダーとして勤務していた。聞き取りによると，トロントにおける飲食店の開業は，同氏にとって移住以来の夢であるとともに，移民としての成功を意味したという。同氏は建設現場での労働を通して資金を貯蓄した末，自身の夢を実現した。

3　結節点としてのエスニックビジネス

　ポルトガル系事業所において最も卓越する業種は，21件（40%）を数える飲食店である。ポルトガル系の飲食店には，カフェやレストランのほか，スポーツバーなどがある。カフェでは，コーヒーのほかにポルトガル国内で販売されるミネラルウォーター "LUSO" や炭酸飲料 "SUMOL" なども供され，ショーケースには決まってバカリャウのコロッケ，カスタードタルトなどが並べられる[26]。こうしたポルトガル系のカフェでは，長時間雑談をする同胞の中高年者のほか，子連れのポルトガル系夫婦なども確認される。

　スポーツバーでは，ポルトガルのサッカーリーグが放映され，男性を中心としたポルトガル系の顧客が頻繁に訪れる。移民回廊地域に立地するスポーツバー（事業所番号29）での聞き取りによると，同店の顧客は主にポルトガル系の建設労働者である。顧客の建設労働者らは，現場での作業を終えると，午後5～6時頃に複数人で同店を訪れる。サッカーの試合を観戦しつつ酒を飲み交わ

139

第Ⅲ部 移民街の発展・変容とエスニックコミュニティの空間的分散

すと，翌朝の勤務に備えて午後10時頃までには徒歩で帰宅するという。このほか，シュハシュケイリア（Churrascaria）の専門店も立地する[27]。シュハシュケイリアなどを供するポルトガル料理店は，カフェ同様に幅広い世代に利用される。ポルトガル系飲食店は，高齢者から建設労働者まで多様な属性のポルトガル系の人々に対し，交流の場を提供している。同胞の顧客は経済的な取引のためのみならず，通い慣れた商店主や常連客との交流を求めてポルトガル系事業所に来訪する。

4　ポルトガル系経営者の通勤行動

　エスニックビジネスの経営者をみる時，事業所経営者のほか，居住者としての属性が見出せる。ポルトガル系経営者への質問票調査において，事業所の所在地に加え，居住地の郵便番号（postal code）を問うことにより，経営者の通勤行動を求めた。

　質問票調査の結果，51名のポルトガル系経営者の通勤行動が明らかになった（図7－6）。全51名のうち，就業地と居住地が同一（職住一致）である者は9名（18%）にとどまり，42名（82%）の経営者が就業地と居住地が異なる（職住分離）形態を示した。職住一致型の経営者は，建物の1階部分を事業所として利用し，その上層階に居住している[28]。また，現在，居住地と就業地が異なるポルトガル系経営者の中にも，以前は職住一致であった者も多数いる。

　事業所番号3は，1974年に現経営者の父親によって開業された精肉店である[29]。現経営者の父親は，まずポルトガルからブラジルへと渡り，そこで精肉店を経営していた。その後，さらなる経済的成功を希求し，トロントを第二の移住先に選定したという。リトルポルトガルBIA内に精肉店を開業すると，しばらくの間，同氏一家は店舗の2階を住居として利用した。しかし，開業から数年が経過すると現経営者である息子が誕生した。子どもの誕生に伴い，店舗2階の住居が手狭となると，同氏一家は同地で経営を続ける一方，郊外のミシサガ市に居住地を移した[30]。事業所番号3の経営者の事例にみられるように，時間の経過に伴い，経済的な安定や家族構成の変化を経験したポルトガル系経営者の中には居住形態を変化させるものが現れた。

　トロントのポルトガル系事業所は，現在においてもリトルポルトガル内部に

140

第7章　リトルポルトガルの脱ポルトガル化とポルトガル系コミュニティの空間的分散化

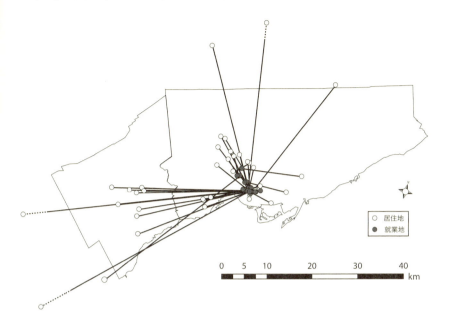

注：破線は，スケールに対応しない．
出典：聞き取り調査，および質問票調査をもとに筆者作成
図7-6　ポルトガル系経営者の通勤行動

最も集積する．しかし，全体の80％以上の経営者は移民回廊地域，または西部郊外に居住している．こうしたポルトガル系経営者にとって，リトルポルトガルは就業の場に過ぎない．西部郊外に居住するポルトガル系経営者は，トロント市中心部からオンタリオ湖岸に沿って西部郊外を結ぶ，ガーディナー高速道路（Gardiner Expressway）を利用して自家用車で通勤する．移動距離は30～50km程であり，所要時間は30分～1時間程度である．モータリゼーションの進展，およびそれに伴う1966年におけるガーディナー高速道路の完成は，トロント郊外からリトルポルトガルへのポルトガル系経営者の遠距離通勤を可能にした．

図7-7は，2013年10月時点，リトルポルトガルBIA内に立地していた事業所の開業年を示す．1960年代後半において最初のポルトガル系事業所が開業されると，その後，ポルトガル系経営者による事業所の出店が相次いだ．し

141

第Ⅲ部　移民街の発展・変容とエスニックコミュニティの空間的分散

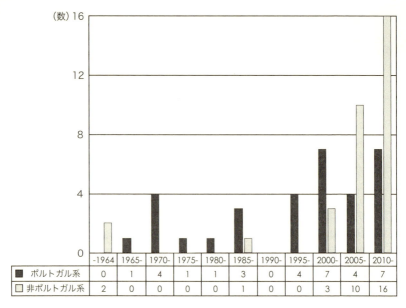

注：2013年10月時点，営業していた事業所のうち，調査協力を得られたものを対象とする。
出典：聞き取り調査，および質問票調査をもとに筆者作成

図7-7　リトルポルトガルBIAにおける事業所の出店年（2013年10月現在）

かし，2000年代前半以降，ポルトガル系経営者の高齢化とジェントリフィケーションの進行の結果，非ポルトガル系経営者による事業所の出店が増加している（第9章で詳述）。ポルトガル系事業所の閉業とともに，そこにジェントリファイアーが進出している。2000年代以降，ポルトガル系事業所は減少傾向にあるものの，リトルポルトガルには依然として飲食店や食料品店，会計事務所，銀行など多様な業種の事業所が立地し，同胞に対して様々な財・サービスをポルトガル語により提供している。英語の言語能力に乏しい一世にとって，こうしたポルトガル系事業所は不可欠であり，ポルトガル系顧客は居住地を遠方に移した後もリトルポルトガルに来訪を続けている。ポルトガル系人口の居住地の拡散に呼応して，ポルトガル系事業所の集客圏も市内北部，および西部郊外へと拡大している。

第7章　リトルポルトガルの脱ポルトガル化とポルトガル系コミュニティの空間的分散化

第5節　まとめ

　ここまでの研究結果をもとに，**図7-8**にはリトルポルトガルにおける諸機能の遷移を4段階に時期区分し，模式図として表した。三角形の頂点は，居住人口，エスニックビジネス，エスニック組織をそれぞれ示しており，1970年代以降の各機能の変容過程を示した。

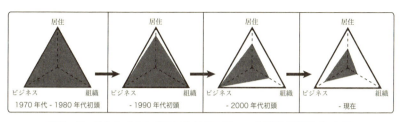

図7-8　リトルポルトガルにおけるエスニック機能の離脱プロセス

　1970年代から1980年代初頭にかけて，リトルポルトガルではポルトガル系居住人口が域内の約半数を占めるとともに，ポルトガル系経営者による事業所，およびエスニックな社会文化組織が集積した。すなわち，この時期，リトルポルトガルの内部において，トロントのポルトガル系コミュニティはほぼ完結していた。1980年代以降，ポルトガル系の居住地は，移民回廊地域と西部郊外への分散を加速化させていった。この間，ポルトガル系組織の中には移転を繰り返すものもあったが，それらの移動は全てリトルポルトガル内でおこなわれた。また，この時期，新たな社会文化組織の設立，および事業所の開業は継続していた。
　しかし，1995年，Casa da Madeiraが移民回廊地域に移転すると，2007年まで同地域への組織の移転が相次いだ。1990年代末以降には，事業所の出店が移民回廊地域においても複数確認され，商業機能の拡散の端緒を示すが，リトルポルトガル内においても新規の出店は続いた。リトルポルトガル内おけるポルトガル系事業所の減少は，2000年代初頭以降に確認される。すなわち，こ

第Ⅲ部　移民街の発展・変容とエスニックコミュニティの空間的分散

れまでトロントのリトルポルトガルは段階的な変化を経験してきた。1980年代に居住機能，1990年代半ばに社会文化組織の機能，そして，2000年代初頭にエスニックビジネス（商業）の機能がリトルポルトガルから離脱を開始した。

図7－9は，1980年頃を境とするポルトガル系コミュニティの空間構造の変化を示す模式図である。現在，ポルトガル系にとって活動の拠点となる居住地は，リトルポルトガル，移民回廊地域，および西部郊外の三つの空間に分散している。ポルトガル系住民は，同胞の友人や親戚の自宅を訪れる際，それぞれの居住地域を訪れる。また，ポルトガル系の社会文化組織は移民回廊地域に最も集積する。このため，エスニック組織の会員は，主に週末において，同胞との余暇活動を目的としてこの地域に来訪する。他方，リトルポルトガルにおいてはポルトガル系事業所が集積を維持している。他の二つのポルトガル系居住地域に転居したポルトガル系住民も，買い物のためにリトルポルトガルを訪れる。リトルポルトガルは，商業従事者にとっては主に就業の場として，また顧客にとっては消費の場として機能しているほか，成員間における社会的な結節点としての役割も果たしている。

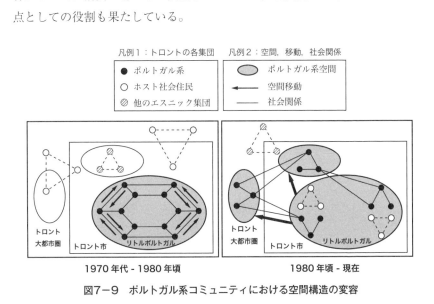

図7－9　ポルトガル系コミュニティにおける空間構造の変容

今日，トロントのポルトガル系社会では居住機能が3地域に確認される一方，組織の中心は市内北部に，またエスニックビジネス（商業）の中心はリトルポ

第7章　リトルポルトガルの脱ポルトガル化とポルトガル系コミュニティの空間的分散化

ルトガルに所在する。ポルトガル系社会の諸機能は分散しているものの，成員は目的に応じて空間を横断することにより，エスニシティに根差した社会的紐帯を維持している。三つのエスニック空間の形成においては，ポルトガル系コミュニティの内的要因に加え，先着の移民集団であるイタリア系住民の郊外への先発的な居住地移動，および現地生のジェントリファイアーによるリトルポルトガルへの流入といった外的な要因もこれに寄与している。今日におけるトロントのポルトガル系コミュニティは，三つのエスニック空間から構成され，それらはエスニック機能の集中と分散，およびエスニックコミュニティ内部における緊密な紐帯によって特徴付けられる。

注

(1)　**図7−1**において，リトルポルトガルの範域はLittle Portugal BIAを採用した。また，2001年において，同資料の発刊は終了した。そのため，トロントにおいてポルトガル系移民が増加を始めた1966年から最終版の2001年までを分析の対象とした。また，同期間の変容をより詳細に理解するため，両年度のほぼ中間である1981年の資料も分析に使用した。上記の資料から，ポルトガル系の個人名，ポルトガル語，またはポルトガルとの関連を示す名称を含む事業所，および組織を抽出した。事業所の名称においては，ポルトガルのエスニシティを表出しないものが存在することも想定されるが，同手法によって概ねの分布が把握できると考えられる。

(2)　"Terra Nova"は，ポルトガル語で「新しい土地」を意味する。

(3)　資料の制約上，1981年において"mother tongue"，1996年および2006年において"ethnic origin"の質問項目を採用した。

(4)　St. Clair Ave. W.沿いのWestmount Ave.からLansdowne Ave.までの範域は，今日，"Corso Italia BIA"として，BIAに指定されている。

(5)　Murdie and Teixeira（2011）によれば，ポルトガル系はイタリア系が以前に居住した住宅を好んで求める傾向にあるという。

(6)　郊外化した現役世代が高齢の親を自身の住居近くに住まわせることが，テッハ・ノーヴァ高齢者住宅におけるポルトガル系比率の低下の一因として挙げられる。

(7)　Teixeira and Murdie（2009）は，ポルトガルヴィレッジ（Portugal Village）と呼称している。ポルトガルヴィレッジの範域は，本研究におけるリトルポルトガルの範域に概ね一致する。

(8)　サッカーを活動の主体とする組織も創設された。サッカーに力を注ぐ組織は，ポルトガル本国においてスカウティング活動をおこない，有能な選手をトロントに呼び寄せるなどした。また，現在においても，ポルトガルのサッカーチームと親善試合をするなど，本国との交流を維持する組織もみられる。

145

第Ⅲ部　移民街の発展・変容とエスニックコミュニティの空間的分散

(9) これら五つの組織はポルトガル語学校，フォークダンス，食事会やピクニックの開催など多様な活動をおこなう，トロント最大規模のポルトガル系組織である。ポルトガル系組織には，これら五つの組織のように多様な機能を有するもののほか，サッカーやフォークダンスなど特定の活動に特化した組織も存在する。特定の機能に特化した組織に比べ，主要五大組織は総じて会員数が多い。機能の多様性，および規模から，上記の五つの組織を対象とすることにより，トロントにおけるポルトガル系コミュニティの活動が広範に理解できると考えられる。

(10) このうち，Casa dos Açoresはアゾレス政府から年間12,000 CADの経済的援助を受けている。しかし，資金の大半は組織の運営に充てられるため，幹部メンバーは組織ビルには常駐せず，他に本業の仕事を有している。

(11) 組織内部での投票により，代表，会計，秘書などの役職が決められる。それぞれの役割に応じて，仕事を分担して組織を運営する。

(12) 本書においては，ポルトガル国内において出郷地域を一にする者同士を同郷者とする。すなわち，同郷は集団内のサブグループに一致する。

(13) Casa dos Açoresにおいては，2012年9月現在の全所属会員579人を対象とした。また，Casa da Madeiraでは資料が得られた1991年2月1日〜1997年10月27日，および1999年12月18日〜2002年11月23日に入会した228人の会員の個票を利用した。

(14) セミプロレヴェルのチームを保有したFPCCなどは，有能な選手の獲得費用や給与の支払いなど，金銭面においても負担は過重であったという。

(15) 集められた寄付金は教会のチャペルの再建などに充てられ，再建終了時には同組織ビルにおいて祝賀パーティが開催された。

(16) Casa dos Açoresの母体であるAzorean Comitee 83は，1983年に設立された。その後1985年に組織が再編成され，現在のCasa dos Açoresとなった。

(17) FPCCは，2007年財政上の問題によって，それまで保有していたCollege St.のビルを銀行に差し押さえられた。そのため，行政の支援を受けているものの，現在ビルを保有していない。

(18) 建物の築年数や構造なども査定項目に含まれ，評価額は立地のみに依らないと考えられるが，主たる指標の一つとして都心部への近接立地を挙げることができよう。

(19) Statistics Canada（2006）によると，2001〜2006年において，リトルポルトガルおよびその周辺の地価は約1.5倍増加した。

(20) Casa dos Açoresを除く四つの組織は結成初期において既にビルを保有していた。ビルの購入資金は，トロント市から助成を受けるFPCCを除く三つの組織においては全て会員の寄付に依った。また，ビルを保有していた同郷組織がトロントにおける最多数派のアゾレス系ではなく，数的に少数であるアレンテージョ，ベイラス，およびマデイラのサブグループであった点も注目すべきであろう。これら三つの組織は，トロントのポルトガル系社会においてマイノリティであったために，その団結はより強固であったと考えられる。土地所有という物理的に確認可能な行為は，マイノリティの不安心理を反映する。すなわち，マイノリティ・サブグループにみられる組織ビルの保有は，エスニック集団内の少数派集団による，ホスト社会および主流派ポルトガル系移民社会に対する適応戦略と推察される。

146

第7章　リトルポルトガルの脱ポルトガル化とポルトガル系コミュニティの空間的分散化

(21) ポルトガル系経営者においては，開業者と現在の経営者が同一である場合が大半を占めるが，一部の経営者は両親が開業した事業所を継承する二世であることから，二世経営者に対しては両親の移住年を質問した。

(22) 近年，リトルポルトガルではブラジルからの移住者が増加している。ブラジル系には母国への帰国を念頭に置く短期滞在者が多く，彼らは英語の習得を志向しない。このため，多くのブラジル人が母語を共有するポルトガル系事業所を就業地としている。ブラジル人従業員が，ホスト社会の顧客に対して英語で接客することは困難であるものの，同胞の顧客や就業者間でのコミュニケーションには支障がない。ポルトガルからの新規移住者が限定的である現在，ポルトガル系経営者にとってブラジル人は受け入れ得る対象である。また，近年，リトルポルトガルではブラジル料理店や送金所など，ブラジル系経営者による事業所も出店している。なお，ここではブラジル系出自者はポルトガル系従業員に数えていない。

(23) 一方で，農業従事者であったポルトガル人がカナダ最大の都市であるトロントを移住先に選定したことは注目に値する。この点は，受入国における社会経済的コンテクストの変化から説明される。20世紀初頭において，カナダ政府は未開拓地帯であったプレーリー三州の開拓のため，ウクライナなどの東欧諸国から農業移民を積極的に受け入れた。しかし，その後にプレーリーの開拓が概ね完了するとともに，都市化が進展した結果，農村部での雇用は減少した。代わって，トロント，モントリオール，ヴァンクーヴァーなどの三大都市圏において就業機会が増加しているため，20世紀後半以降，移民は都市部に集中している（Hiebert 2000）。こうした背景に基づき，1960年代〜1970年代を中心に移住したポルトガル系移民の多くが，トロントを移住先に選定したと考えられる。

(24) ここでは事務職，販売職，工場労働者など，大別して業種を捉えている。

(25) 事業所番号52の経営者はトロントで出生した二世であるものの，16歳の時から両親の美容室を手伝い，現在では同氏が経営を引き継いでいる。従来の研究では親の事業所を継承せず，より社会・経済的地位の高い職種で働く移民二世の存在が指摘され，ホスト社会への同化理論が主張されてきた。トロントのポルトガル系社会においても，ホスト社会への同化が著しい二世は多数確認されるものの，同氏のように両親が開設した事業所を継承する者も少なからず，存在している。

(26) ポルトガル系のカフェはホスト社会にも受け入れられる特徴を有しており，近年ではポルトガル系のみならず，幅広い世代のホスト社会住民にも利用されつつある。

(27) シュハシュケイリア（Churrascaria）は，ポルトガルの焼肉を意味する。オーブン内部で回転する軸に鶏肉を串刺しにし，焼き上げる調理法がその特色である。なお，地域により調理法や食材となる肉の種類が異なる場合がある。

(28) 大半のビルは2階建て，或いは3階建てである。

(29) この事業所は，8名の家族構成員によるファミリービジネスであり，聞き取りをおこなった現経営者の父親が同店を開業した。

(30) それまで住居として利用していた商店の2階は，現在，倉庫として利用されているという。また，同店から2区画北方に位置するブロアストリート（Bloor St.）沿いにはこの店の2号店が立地する。

147

第Ⅳ部

私的政府 BIA と
ジェントリフィケーション
進展下のローカル政治

第8章

都市の街区政策 BIA と
その私的政府性

第1節 本章のねらい

　本章では，トロント市の都市政策であるBusiness Improvemet Area（BIA）制度の仕組み，およびこの政策の市内外での普及過程について，同市を中心としつつ，北米の他都市の導入実態にも言及しながら概観する。その上で，現代のトロント市の都市空間を論じるにあたり，街区スケールという，従来に比べ，よりミクロスケールのこの政治的組織体が，移民街のガヴァナンスに果たす役割・意義，および問題点を検討する。都市地理学とその関連分野において，一般的にガヴァナンス（governance）とは，行政と民間の両セクターによる協働での地域統治を意味し，行政を主体とした既存の統治形態（government）に対置する語として用いられる。ガヴァナンス概念が出現した背景には，新自由主義下における国家の退場とそれに伴う行政から民間への権限委譲が横たわる（Harvey 2005）。BIA制度の導入により，トロント市をはじめ，この制度を導入する北米の地方自治体では，インナーシティで起こる種々の問題は解決されたのだろうか。或いは，新たに別種の問題が惹起されているのだろうか。本章では，BIAが有する私的政府としての側面に焦点を当て，これらの問いにアプローチする。

　2012～2015年において，毎年，合計6回の現地調査を実施した。現地では，

151

トロント市Business Improvement Area室の担当者，市議会議員秘書，BIA
役員を含むBIAメンバー，およびBIA役員会によって雇用されるBIAコーデ
ィネーターへの聞き取りを実施したほか，複数のBIAにおいて景観観察をお
こなった。また，北米の全30都市を対象に，BIAの導入状況を把握するため，
インターネットとEメールを併用した調査も実施した。

　本章の分析手順は，以下の通りである。まず第2節において，BIAの設立ま
でに必要な手続き，およびBIA役員会を中心としたBIAの役割と機能を詳述
する。第3節では，北米の主要都市におけるBIA制度の導入状況を概観し，同
制度の普及過程とその中でのトロント市の位置付けを確認する。第4節におい
ては，トロント市におけるBIAの展開と空間分布を明らかにした上で，BIA
の活動の具体例として，リトルポルトガルを含む，三つの移民街における街区
ブランディングの動向を検討する。以上の分析を通し，第5節において，トロン
ト市の移民街において，BIAが果たす役割とその問題点を明らかにする。

第2節　┃　BIAの制度概要

　BIAの制度は土地所有者と地元経営者（BIAメンバー）の自治性，および自
主的な課税による資金の確保によって特徴付けられる（Morcol et al. 2008: 4）。
詳細は州法や市の条例・規約により異なるが，本研究ではトロント市規約第
19章（Toronto Municipal Code, Chapter 19）に基づき，BIAの概要を説明する。

　BIAの設立を希望する際，地元経営者と土地所有者は5人以上から成る運営
委員会（Steering Committee）を組織する。この運営委員会は商工業利用の土
地所有者，および事業所を経営するテナントによって構成され，土地所有の有
無を問わず居住者を含まない。運営委員会の主な役割は，BIAの地理的境界を
定めるとともに，BIAの設立についてステークホルダーの関心を評価すること
である。また，市担当者の支援とともに，地域の将来的な改善目標やBIAの
導入によって想定される地域への利益など，BIAを形成する合理的根拠に焦点
を当て，実施戦略を発展させなければならない。さらに，運営委員会はBIA
に関する情報を域内の土地所有者・経営者に周知させることも求められる。イ

152

ンフォーマルな話し合いなどを通じ，他のステークホルダーのBIAへの関心を高めるとともに，地域における課題の明確化，BIAの設定範囲の承認が進められていく。この時点において，運営委員会は次の段階へ進むための十全な支援を受けるため，市のBIA室にステークホルダーの関心の度合いを報告することが望まれる。

BIAの設立について十分な関心が示されていない場合，トロント市は運営委員会に代わって意見交換会を開催する。ここで出席者の過半数が投票の実施を支持すれば，運営委員会は正式に次の段階へ移行する手続きに入る。申請後，市は計画されるBIA範囲内の全ての商工業利用の土地所有者による投票を実施する。この時，土地所有者は自身のテナントに投票に関する書類の写しを転送しなければならない。また，運営委員会も商工業利用のテナントに対して，投票を伝える通知書の写しを配布する責任を負っている。以上の手続きの後，土地所有者・経営者は市の担当オフィスに投票用紙を返送するよう求められる。配布された全投票用紙数の30％以上，または100枚以上のいずれか少数が市に返送され，なおかつその過半数がBIAの設立に賛成した時，市議会はBIAの設立を承認する。

BIAの設立後，BIAメンバーのうち10人程度の有志により，BIA役員会（Board of Management）が組織される。BIA役員会が中心となり，当該街区のBIAの名称が決められる。その後の運営においてもBIA役員会が中枢的な役割を果たし，予算や事業内容などを決定する。BIAの主な事業はストリートサインや花壇の設置，落書きの除去や壁画の形成などの修景活動のほか，警備員の配置や監視カメラの設置をはじめとした警備・防犯対策，フェスティバルの企画・開催などである。役員でないBIAメンバーに対しては，ニューズレターや年次総会（Annual General Meeting）を通じ，年間の収支報告や翌年度の事業計画などが説明される。

前述したように，BIAの事業資金は域内の土地所有者に課される税金（Levy）として市によって徴収される。このLevyの算出は，基礎自治体資産評価公社（Municipal Property Assessment Corporation：MPAC）による資産評価額に基づく。各土地所有者が支払う税額は，BIAの年間予算に基づいて変動する。土地所有者への課税にはBIA設立の賛否にかかわらず，強制力が働く。BIA

153

の財源は追加の税金によって賄われるため，地方政府は歳出を節減できる。大規模な事業を計画する際には多くの予算を必要とし，土地所有者には多額の税金が課されることになる。他方，少額の予算はBIAの効果的な活動を困難にする。また，土地所有者に対する課税は賃料の上昇を誘発するため，賃借により入居する経営者にも経済的な負担は及ぶ。BIA役員会には，BIAメンバーの負担と事業効果を勘案し，予算を設定することが求められる。

第3節　BIAの起源と政策移転

1　BIAの起源

　BIA制度は，1970年にトロント市のブロアウエストヴィレッジ（Bloor West Village）地区で誕生した。1963年，同地区で宝石店を営む経営者らが中心となり，トロント市計画委員会（City of Toronto Planning Board）に自発的な課税（self-imposed）による商業街区の実現に向けて，議論をもちかけたことがその起こりである（Hoyt 2006, 2008; Toronto Star 2010）。ブロアウエストヴィレッジBIAは旧トロント市の西端に位置し，今日のトロント市を東西に結ぶ地下鉄ブロア・ダンフォース線（Bloor-Danforth Line）のジェイン（Jane）駅とラニーミード（Runnymede）駅に挟まれた範域に概ね相当する。1920年代以降，同地区には路面電車が走り，買い物客が多数来訪した。しかし，モータリゼーションの進展とそれに伴う郊外の拡大により，買い物客は減少を始めた。地元経営者らは，1964年におけるトロントで初めての郊外型大規模ショッピングモール「ヨークデールモール（Yorkdale Mall）」の完成，および1967年における地下鉄ブロア・ダンフォース線の開通による地域経済の一層の衰退を危惧した。トロント運輸局（Toronto Transit Commission）やメトロ道路交通課（Metro Roads and Traffic Department）など多数の部局を巻き込んだ末，オンタリオ州が自治体条例（Municipal Act）を通過させると，1970年5月14日，トロント市はブロアウエストヴィレッジの範域をBIAとして定める，市条例第170-70（By-law No. 170-70）を可決させた（Hoyt 2006, 2008）。

　トロント市でのBIA誕生後，1975年にニューオーリンズ市がアメリカの自

第8章　都市の街区政策BIAとその私的政府性

治体として初めてこの制度を導入すると，他の都市においても次第に導入が進んだ。Mitchell（1999）によれば，1999年時点，アメリカでは42の州とワシントンDCにおいてBIAが導入されており，合計404のBIAが存在した。Mitchellはその後の研究において，ワイオミング州とサウスダコタ州を除く，全米48州でBIAが導入されていることを報告した（Mitchell 2003）。今日，アメリカとカナダではそれぞれ約700，約300のBIAが存在すると推計されている（Mitchell 1999; Hernandez and Jones 2005; Morcol et al. 2008: 2）。

2　北米都市におけるBIAの普及

カナダとアメリカの人口上位都市，それぞれ10位と20位までを対象に，各市ウェブサイトの閲覧および市担当者へのEメールでの情報収集をもとにBIAの導入状況が明らかになった[1]（**表8－1**）。

アメリカではニューヨーク市の人口が突出して多く，その数は約850万人に達した。ロサンゼルス市，シカゴ市がそれに続き，それぞれ約390万人，約270万人を数えた。カリフォルニア州においてはロサンゼルス市のほか，サンディエゴ市，サンノゼ市，サンフランシスコ市が8位，10位，13位に位置する。また，テキサス州においても第4位のヒューストン市を筆頭に，サンアントニオ，ダラス，オースティン，フォートワース，エルパソの6都市が上位20位以内に入る。カナダでは，アメリカと国境を接するケベック，オンタリオ，マニトバ，アルバータ，ブリティッシュコロンビアの各州内の都市が人口上位10位までの全てを占めた。1970年代，カナダではケベック州の自治権拡大運動などを契機として，モントリオールからトロントへと人口の首位が交代した。現在，市域レヴェルではモントリオールの約160万人に対して，トロントには約260万人が居住する。トロント市を中心とするグレーターゴールデンホースシュー（Greater Golden Horseshoe）と呼ばれる地域内では，ミシサガ，ブランプトン，ハミルトンの各市が，それぞれ6位，9位，10位に位置した。トロント市を含むこれら4都市は，全てオンタリオ州に属する。また，油砂の採掘によって近年でも人口の増加が著しいアルバータ州では，カルガリー（3位）とエドモントン（5位）の2都市が上位に位置した。

2015年時点，調査対象の全30都市のうち，インディアナポリス市を除く，

155

第Ⅳ部　私的政府BIAとジェントリフィケーション進展下のローカル政治

表8-1　北米の主要都市における人口とBIA制度の導入状況（2015年8月現在）

順位	都市	州	人口	呼称	数	導入年
1	Toronto	Ontario	2,615,060	Business Improvement Area（BIA）	81	1970
2	Montréal	Quebec	1,649,519	Société de Développement Commercial（SDC）	18	1980
3	Calgary	Alberta	1,096,833	Business Revitalization Zone（BRZ）	10	1988
4	Ottawa	Ontario	883,391	Business Improvement Area（BIA）	18	1983
5	Edmonton	Alberta	812,201	Business Revitalization Zone（BRZ）	13	1985
6	Mississauga	Ontario	713,443	Business Improvement Area（BIA）	4	1977
7	Winnipeg	Manitoba	663,617	Business Improvement Zone（BIZ）	17	1987
8	Vancouver	British Columbia	603,502	Business Improvement Area（BIA）	22	1989
9	Brampton	Ontario	523,911	Business Improvement Area（BIA）	1	1977
10	Hamilton	Ontario	519,949	Business Improvement Area（BIA）	13	1982
1	New York	New York	8,491,079	Business Improvement District（BID）	72	1984
2	Los Angeles	California	3,928,864	Business Improvement District（BID）	39	1990
3	Chicago	Illinois	2,722,389	Special Service Area（SSA）	53	1977
4	Houston	Texas	2,239,558	Management District	45	1996
5	Philadelphia	Pennsylvania	1,560,297	Business Improvement District（BID）	14	1990
6	Phoenix	Arizona	1,537,058	Enhanced Municipal Services District（EMSD）	1	1990
7	San Antonio	Texas	1,436,697	Public Improvement District（PID）	1	2000
8	San Diego	California	1,381,069	Business Improvement District（BID）	20	?
9	Dallas	Texas	1,281,047	Public Improvement District（PID）	12	1992
10	San Jose	California	1,015,785	Business Improvement District（BID）	2	1989
11	Austin	Texas	912,791	Public Improvement District（PID）	2	1993
12	Jacksonville	Florida	853,382	Downtown Improvement District（DID）	1	2000
13	San Francisco	California	852,469	Business Improvement District（BID）	14	1999
14	Indianapolis	Indiana	848,788	－	－	－
15	Columbus	Ohio	835,957	Special Improvement District（SID）	4	1999
16	Fort Worth	Texas	812,238	Public Improvement District（PID）	8	1986
17	Charlotte	North Carolina	809,958	Municipal Service District（MSD）	5	1999
18	Detroit	Michigan	680,250	Business Improvement Zone（BIZ）	1	2014
19	El Paso	Texas	679,036	Downtown Management District（DMD）	1	1997
20	Seattle	Washington	668,342	Business Improvement Area（BIA）	8	1983

注1：導入年は，各都市において最初にBIAが設立された年を示す。また，ウェブサイトにおいて導入年が明記されていなかった自治体，および市担当者へのEメール調査によって回答が得られなかった自治体については現存するBIAのうち，最も古いものの設立年をBIAの導入年とした。
出典：各市ウェブサイト，および市担当者へのEメール調査をもとに筆者作成

　29都市においてBIAが確認された。ブランプトン市ではダウンタウンの事業所経営者らの要請に基づいて，市条例第86-77（By-law No. 86-77）によって1977年にBIAが設立されたが，2006年，ブランプトンダウンタウン開発公団（Brampton Downtown Development Corporation: BDDC）の結成に伴い，BIAは休止した。しかし，2015年に地元経営者がBDDCの解散を決定すると，同年4月21日，市議会において市条例第88-15（By-law No. 88-15）が通過し，BIAの

第8章　都市の街区政策BIAとその私的政府性

再設立が決まった。2015年，約9年間の休止を経て，ブランプトン市ではBIA
が復活した。

　同制度を総称する場合，BID（Business Improvement District）が最も一般的
に用いられているが，本調査においてはBIDの呼称を採用している都市はアメ
リカ国内の6都市にとどまった。しかし，ニューヨーク市やロサンゼルス市など，
アメリカの主要都市においてはBIDの呼称が採用されており，このことが同制
度の総称としてBIDが一般化した主な要因であると推測される。他方のカナダ
では，トロントをはじめとする6都市が採用するBIA（Business Improvement
Area）が最多である。また，アメリカにおいてもシアトル市がこの呼称を採
用しており，BIAは本調査対象都市の中で最も多い7都市で確認された。この
ほか，北米ではカルガリー市とエドモントン市のBRZ（Business Revitalization
Zone），デトロイト市とウィニペグ市のBIZ（Business Improvement Zone），シ
カゴ市のSSA（Special Service Area），フランス語を公用語とするケベック州モ
ントリオール市のSDC（Société de Développement Commercial）など多様な呼称
が確認される。

　カナダでBIAの呼称を採用する6都市のうち，5都市はオンタリオ州内の都
市である。また，カリフォルニア州ではBID，テキサス州ではPIDが用いられ
ている。すなわち，同制度の呼称は基本的には州法に依拠する。したがって，
BIAの呼称にみられる地域差は都市間というより，むしろ州間の差異として捉
えられる。

　トロント市は人口規模において北米第4位に位置するが，BIAの総数をみる
と北米最多の81を数える。また，北米第1位の人口を有するニューヨーク市で
はトロント市に次ぐ72のBIAが確認される。シカゴ市（人口第3位），ヒュー
ストン市（同5位），ロサンゼルス市（同2位）におけるBIA数は，それぞれ53，
45，39でこれに続く。北米において，BIA数の上位5都市は人口の上位5都市
に一致する。この結果から，都市規模はBIAの総数を主に規定すると考えら
れる。しかし，トロント市を約130万人上回る約390万人の人口を誇るロサン
ゼルス市において，BIAの総数はトロント市の半数以下にとどまる。このこと
はロサンゼルス市に比べ，トロント市においてBIAの制度がより発展・普及
していることを示唆するとともに，都市構造の差異がBIAの総数に影響する

157

第Ⅳ部　私的政府BIAとジェントリフィケーション進展下のローカル政治

ことも暗に示している。ロサンゼルス市はアメリカ西海岸の都市に特有の拡散的な都市構造を有する。トロント，ニューヨーク，シカゴなどの都市に比べ，ロサンゼルスの中心市街地の機能は弱く，多数のBIAが設立しにくい都市構造であると考えられる。

　また，各都市においてBIAが導入された年をみると，1970年のトロント市に次いで，シカゴ，ミシサガ，ブランプトンの3市が最も早く，1977年に同制度を導入した。ミシサガ，ブランプトンの2市では，同じオンタリオ州内のトロント市においてブロアウエストヴィレッジBIAの設立時に州法が整備されたため，早期の導入が可能になったと考えられる。カナダでは，1980年代までに10都市全てでBIAが導入された。他方，アメリカでは1980年代までには6都市が導入するにとどまり，1990年代以降に導入を開始した都市が13に達する。このように，都市政策BIAはトロント市での誕生以後，アメリカに先んじてカナダにおいて普及した。

第4節　BIAによるガヴァナンスと移民街のブランディング

1　トロント市におけるBIAの展開と空間分布

　トロント市には北米で最多の81のBIAが立地する。このことはトロント市がBIA制度の起源地であるのみならず，先進地であることを示唆する。以下にトロント市における設立数の推移（**図8-1**），BIAの一覧（**表8-2**），およびBIAの分布（**図8-2**[口絵]）を示した。

　トロント市におけるBIAの展開は，①誕生期（1970～1972年），②第一次増加期（1973～1987年），③停滞期（1988～1999年），④第二次増加期（2000年～）の4期に区分される。1970年におけるブロアウエストヴィレッジBIAの誕生後，1973年までトロントではBIAが設立されなかった。ブロアウエストヴィレッジBIAは世界で初めて設立されたBIAであり，他に先例がなかった。そのため，結成初期において他地区の経営者や土地所有者らはこの制度の存在を認知していなかった，または同地区の動向を窺っていたとも考えられる。

　1973年，ブロアウエストヴィレッジBIAの結成4年目において初めて，他の

第8章 都市の街区政策BIAとその私的政府性

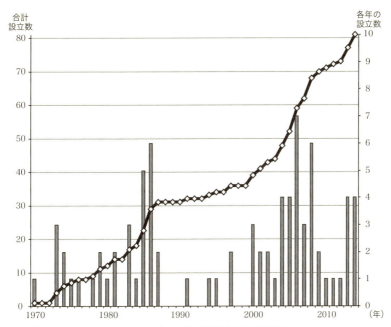

図8-1 トロント市におけるBIA設立数の推移

出典：City of Toronto, Business Improvement Area office 提供資料をもとに筆者作成

地区でBIAが設立された。ジャンクションガーデンズ（Junction Gardens）BIA、レイクショアヴィレッジ（Lakeshore Village）BIA、ザ・キングスウェイ（The Kingsway）BIAの3地区でBIAが設立されると、1987年までBIAの新設が継続した。1973～1987年（第一次増加期）において、合計30のBIAが設立された。この時期、ニューオーリンズ市など、アメリカの自治体においても政策移転がおこなわれたが、起源地であるトロント市では、この制度を実際に利用する土地所有者・経営者が数多く現れ、BIAの総数が大幅に増加した。第一次増加期において、トロント市内ではBIAの制度が広く普及し、その有用性が市民レヴェルで認められていった。また、誕生期から第一次増加期にかけては、全31のBIAのうち、12がVillageで終わる名称であった。この命名のパターンは1970年代に特に多く、全11件中7件に及んだ。このことから、当時のトロント市ではブロアウエストヴィレッジBIAが先駆例として、他地区の経営者や土地所有者に対し、一定の影響力を有していたと考えられる。

159

第Ⅳ部　私的政府 BIA とジェントリフィケーション進展下のローカル政治

表8-2　トロント市のBIA一覧（2015年8月現在）

通し番号	BIA名称	設立年		通し番号	BIA名称	設立年
1	Bloor West Village BIA	1970		41	Liberty Village BIA	2001
2	Junction Gardens BIA	1973		42	Church-Wellesley BIA	2002
3	Lakeshore Village BIA	1973		43	Wychwood Heights BIA	2002
4	The Kingsway BIA	1973		44	Emery Village BIA	2003
5	Cabbagetown BIA	1974		45	Korea Town BIA	2004
6	Mount Dennis BIA	1974		46	The Beach BIA	2004
7	Weston Village BIA	1975		47	Waterfront BIA	2004
8	Bloordale Village BIA	1976		48	Wexford Heights BIA	2004
9	Parkdale Village BIA	1978		49	College Promenade BIA	2005
10	Bloorcourt Village BIA	1979		50	Mirvish Village BIA	2005
11	Forest Hill Village BIA	1979		51	Uptown Yonge BIA	2005
12	Riverside District BIA	1980		52	West Queen West BIA	2005
13	Gerrard India Bazaar BIA	1981		53	Albion Islington Square BIA	2006
14	York Eglinton BIA	1981		54	Bloor Street BIA	2006
15	Corso Italia BIA	1983		55	Chinatown BIA	2006
16	Hillcrest Village BIA	1983		56	Danforth Village BIA	2006
17	Upper Village BIA	1983		57	Dundas West BIA	2006
18	Dovercourt Village BIA	1984		58	Historic Queen BIA	2006
19	Bloor-Yorkville BIA	1985		59	Sheppard East Village BIA	2006
20	Harbord Street BIA	1985		60	Fairbank Village BIA	2007
21	Little Italy BIA	1985		61	Little Portugal BIA	2007
22	Mimico by the Lake BIA	1985		62	Trinity Bellwoods BIA	2007
23	St. Clair Gardens BIA	1985		63	Crossroads of the Danforth BIA	2008
24	Greektown on the Danforth BIA	1986		64	Danforth Mosaic BIA	2008
25	Pape Village BIA	1986		65	Mount Pleasant BIA	2008
26	Roncesvalles Village BIA	1986		66	Oakwood Village BIA	2008
27	The Danforth BIA	1986		67	Queen Street West BIA	2008
28	The Eglinton Way BIA	1986		68	Toronto Entertainment District BIA	2008
29	Village of Islington BIA	1986		69	Kensington Market BIA	2009
30	Bloor by the Park BIA	1987		70	The Dupont Strip BIA	2009
31	Long Branch BIA	1987		71	Baby Point Gates BIA	2010
32	Kennedy Road BIA	1991		72	Financial District BIA	2011
33	St. Lawrence Market Neighbourhood BIA	1994		73	shoptheQueensway.com BIA	2012
34	Bloor Annex BIA	1995		74	Leslieville BIA	2013
35	Eglinton Hill BIA	1997		75	Dufferin-Finch BIA	2013
36	Mimico Village BIA	1997		76	Wilson-Keele BIA	2013
37	Regal Heights Village BIA	2000		77	College-Dufferin BIA	2013
38	Rosedale Main Street BIA	2000		78	Ossington Avenue BIA	2014
39	Yonge Lawrence Village BIA	2000		79	Midtown Yonge BIA	2014
40	Downtown Yonge BIA	2001		80	Dufferin-Wingold BIA	2014
				81	Bayview Avenue BIA	2014

出典：City of Toronto, Business Improvement Area office 提供資料をもとに筆者作成

第8章　都市の街区政策BIAとその私的政府性

1988〜1999年（停滞期）において，新たに設立されたBIAは5件にとどまった。**図8-2**［口絵］が示すように，ブロアウエストヴィレッジBIAをはじめとして，初期のBIAは旧トロント市の境界周辺に位置する，CBDからやや離れた市街化地域を中心に展開した。トロント市では，ブロアウエストヴィレッジBIAと類似した条件の地区において先にBIAが普及したと言えよう。しかし，第一次増加期までにこれらの地区の大半においてBIAの導入が完了したため，1988〜1999年にはBIAの設立数が停滞した。アメリカでは全体の60％以上のBIAが1990年代に設立されたとされる一方（Mitchell, 1999），他都市に先んじて制度が展開したトロント市では，この時期においてBIAの設立数は停滞した。

2000年から現在にかけて（第二次増加期），BIAの設立数は再び増加している。第二次増加期は，CBDを含むトロント市中心部における顕著な増加によって特徴付けられる。CBD内部のBIAには，ダウンタウン・ヤング（Downtown Yonge）BIAやファイナンシャルディストリクト（Financial District）BIAなどが含まれる。ダンダススクエア（Dundas Square）を中心とする前者がトロントのダウンタウン中心部を形成する一方，キングストリート・ウエスト（King St. W.）周辺の後者は金融地区である。第一次増加期までのBIAに比べ，第二次増加期に設立されたこれらのBIAは相対的に経済規模が大きい。また，トロント市内の南北をU字状に結ぶ地下鉄の路線ヤング・ユニヴァーシティ線（Yonge-University Line）のうち，U字の右側にあたるヤング線の中央部においても路線に沿って，新たにBIAが4件設立された。エグリントン（Eglinton）駅周辺をはじめとしたこれらの地区は，元来，居住者の所得が市内平均を上回る。さらに2000年代以降，トロント市北縁の鉄道路線に沿った地域において，エメリーヴィレッジ（Emery Village）BIAやダファリン・フィンチ（Dufferin-Finch）BIAなどの広域なBIAが設立された。第二次増加期には，BIAの解釈および利用形態が多様化し，様々な特性の地区においてBIAが設立されている。

2　BIAの事業と意思決定

写真8-1に，ブロアウエストヴィレッジBIAの景観を示した。同地区では，買い物客が長時間域内で買い物できるようベンチが配置されている。また，

161

第Ⅳ部　私的政府BIAとジェントリフィケーション進展下のローカル政治

(左) ストリートサイン：(右) ソーラー発電式の街灯，ベンチ，鉄製の駐輪用設備
出典：撮影筆者 (2013年8月28日)

写真8-1　ブロアウエストヴィレッジBIAにおける修景

BIAによって街灯の整備のほか，ストリートサインや駐輪用設備の設置もおこなわれている。これらBIAによる景観構成物には，各BIAの名称が刻印されている。修景活動はBIAの基本的な事業であり，他のBIAにおいても広く認められる。

BIAの施策内容は，主にBIA役員会の月例会議で決定される。**写真8-2**は，リトルポルトガル (Little Portugal) BIAの西側に隣接する，

出典：撮影筆者 (2012年11月12日)

**写真8-2　ダンダスウエストBIAにおける
BIA役員会議**

ダンダスウエスト (Dundas West) BIAにおける月例のBIA役員会議の様子である。多くの場合，BIAの会議はBIA役員の事業所でおこなわれる。ダンダスウエストBIAでは，音楽ライブハウス (music venue) を経営するBIA役員が，自身の事業所を会合場として提供している。この日の会議では，BIA役員13名のうち7名，有給のBIAコーディネーター，同BIAが位置する選挙区から選出される議員事務所担当者の合計9名が出席した。市当局からは議員事務所の担当者のほか，BIAリエゾンとしての役割を担うトロント市Business Improvement

第8章 都市の街区政策BIAとその私的政府性

Area室の担当者が出席する場合もある。市当局の担当者は一人当り複数の
BIAを担当するため，全てのBIAの会議に毎回出席することは困難であると
いう。

　この日のダンダスウエストBIAの会議では，歩道における花壇設置の是非
と設置時期が話し合われた。話し合いの結果，冬季には降雪が見込まれること
から景観上の効果が低減するため，冬季を除いてプランターを設置することが
決定された。また，翌年夏に予定された，隣接するリトルポルトガルBIAと
共同で開催されるストリートフェスティバル（第9・10章で詳述）の名称につい
ても議論された。ダンダスウエストBIAは，1960年代末以降，ポルトガル系
移民によるケンジントンマーケットから西方への移動が生じると，現在のリト
ルポルトガルBIAにあたる地区とともに，ポルトガル系商業地区の核心部を
担ってきた。そのため，こうしたBIA間での連携がおこなわれている。BIA
役員会議では，基本的にはBIA役員と彼らが雇用するBIAコーディネーター
で話し合いが進められる。行政担当者はフェスティバル開催時における交通規
制の費用など [2]，地元経営者や土地所有者が精通しない内容に関して助言を
与える。BIA役員会議にみる事業内容の立案・実施過程は，自主的な課税によ
り集められた資金の使途を納税者であるBIAメンバーが自ら決定するという，
同制度の負担者自治的な性格の一端を示す。その一方，BIA役員会議における
意思決定が，BIAメンバー全体の意思をどの程度反映しているのかについては
議論の余地が残る。

　まちづくりの中枢を担うBIA役員会は，域内における有志のBIAメンバー
によって構成される。BIA役員は自身の事業所を経営するかたわら，無給で
BIAの活動に奉仕している。BIAメンバーの役員会への参加意欲については地
区ごとに差異がみられる。例えば，トロント・エンターテインメント・ディス
トリクト（Toronto Entertainment District）BIAでは市内で最多の22人が役員
会に参加している一方，ブロアストリート（Bloor Street）BIAの役員は最少
の5人である [3]。トロントではBIAごとにBIA役員の定足数が定められてい
る一方，その数に上限はない。すなわち，参加意思があれば，基本的には誰で
もBIA役員になることができる [4]。しかし，BIA役員会の活動はボランティ
アベースであるため，本業である事業所の経営で多忙なBIAメンバーの中には，

163

第Ⅳ部　私的政府BIAとジェントリフィケーション進展下のローカル政治

役員会への参加に対して消極的な姿勢を示す者も多い。特に，小規模零細な個人商店の経営者からの聞き取りによれば，自身の店の日頃の経営活動に追われ，BIAの活動に参加する余力がないという。BIA役員が多いBIAにおいても，より効果的な運営を目的として，有給のBIAコーディネーターを雇う事例が確認される。ダンダスウエストBIAにおいてもBIAコーディネーター（ポルトガル系二世の人物）が雇用されている。また，2012年における新たな代表の着任とともに，リトルポルトガルBIAは，ダンダスウエストBIAと同じ人物をコーディネーターに採用した。聞き取りによれば，BIAコーディネーターは，事業費の算出・管理，ニューズレターや各種資料の作成，およびFacebook，Twitter，Instagramなどのuse SNSを利用した広報活動などを主な職務とする。リトルポルトガルBIAでは，2013年度の総支出予定額68,359 CADのうち，5,000CADをパートタイムのBIAコーディネーターの給与として計上した。

　BIAの制度下においては，土地所有者と地元経営者を地域の資源と捉えることができる。地域資源として土地所有者と地元経営者をみた時，土地所有者は一定程度，地域に固定的であるが，それに比して経営者は流動的である。経営者のうち賃借契約で入居する経営者は，事業所の経営状況，また近年発生するジェントリフィケーションによる賃料の上昇によって，同地から移転・撤退・閉店する者も少なくない。また近年における，ジェントリフィケーションの発生は固定資産税（property tax）をはじめ諸税の上昇を引き起こすため，テナントのみならず，土地所有者の移動をも促進している[5]。すなわち，BIA役員会において中心的な役割を担っていたBIAメンバーが，数年後には域外に転出することが起こり得る。地域におけるアクターの流動性は，BIAの運営を不安定化させる。この点において，BIAコーディネーターを雇用することは，一貫した運営の維持，およびBIA役員の円滑な交代・引継を可能にすると考えられる。

3　エスニックBIAの出現と街区ブランディング

　1981年，ジェラード・インディア・バザール（Gerrard India Bazaar）BIAが結成されると，コルソイタリア（Corso Italia）BIA（1983年），リトルイタリー（Little Italy）BIA（1985年），グリークタウン・オン・ザ・ダンフォース（Greektown

第8章　都市の街区政策BIAとその私的政府性

on the Danforth）BIA（1986年）といったエスニシティに根差した名称のBIA（以下，エスニックBIA）が連続して設立された。また2000年代においても，コリアタウン（Korea Town）BIA（2004年），チャイナタウン（Chinatown）BIA（2006年），リトルポルトガルBIA（2007年）が結成された。1960年代から1970年代にかけ，北米では多文化・多民族を容認する政策的な転換がおこなわれた。これを一つの契機に，それまで差別的な待遇を受けてきた移民エスニック集団のエスニシティとその街区が，国家または都市の文化的多様性を表象・象徴する地区とみなされ，翻って肯定的なまなざしを受け始めた。カナダにおいても1971年のピエール・トゥルードー首相による二言語多文化主義政策の宣言以降，エスニックマイノリティを是認する動きが一層拡大してきた。1980年代のトロント市では，こうした多様な文化を容認する動きが，BIAという公的な制度を通じ，街区名として表出した。

　一方，1980年代においては，他の北米の大都市と同様にトロントでも移民エスニック集団の郊外への居住地移動が進展した。例えば，イタリア系は当初の集住地区であったダウンタウン西方約2km のリトルイタリーから，北西方向に約3km 離れたコルソイタリアを経て，1980年代以降さらに北西へ離心した。現在，イタリア系住民はトロント市内の北西端一帯，およびトロント大都市圏の他の自治体に広く居住（第6章）。リトルイタリーBIAの設立時，同地においてイタリア系住民は既に減少していたものの，地元経営者らはイタリアのエスニシティが経済的資源になると考え，イタリア人街としての街区イメージを強化または再構築するため，同地区に"Little Italy"の呼称を与えた（Hackworth and Rekers 2005）。また，インド系コミュニティもトロント市中心部近くに集住地区を有さない。

　ジェラード・インディア・バザールBIA代表への聞き取りによれば，BIA設立以前においてもインド系はこの地区に集住していなかった。1970年代初頭，インド映画を専門とする映画館"Naaz Theatre"の開館をきっかけにインド系の顧客が集まると，次第にインド系レストランやサリー店などが出店し，インド系商業地区が形成されていったという。1981年，こうした地域が有するエスニックな特性を地域経済の活性化に寄与する資源と捉え，地元経営者らは"Gerrard India Bazaar BIA"と命名した。1980年代半ば，インド系にとっての

165

第Ⅳ部　私的政府BIAとジェントリフィケーション進展下のローカル政治

ランドマークであったNaaz Theatreは閉館し，その後，アパートメントへと改築された。さらに，現在ではインド系ではないカフェやアートギャラリーも増加しているが，その名称は維持されている。イタリア系，インド系ともにエスニシティを強調することが地域経済にとって有益であると判断した結果，街区とエスニック集団の関係を明示する名称を付けた。

イタリア系，ギリシャ系，中国系などを典型例としてエスニックBIAには飲食店が集積している。こうしたエスニックBIAでは，エスニックな食資源を基盤としたエスニックフェスティバルが開催される。リトルイタリー BIAの"Taste of Little Italy"，グリークタウン・オン・ザ・ダンフォースBIAの"Krinos Taste of Danforth"は，いずれもBIAによって開催されるイベントである。このほか，トロント市ではジェラード・インディア・バザールBIAの"TD Festival of South Asia"，コルソイタリアBIAの"Corso Italia Street Festival"，チャイナタウンBIAの"Chinatown Festival"，コリアタウンBIAの"Korean Dano Spring Festival"など，移民の送出地の名称を冠したエスニックフェスティバルが多数開催される。エスニック集団が集住形態を有さない，または弱体化した都市内部の移民街では，BIAとしての公的な街区名の付与，およびエスニックフェスティバルの開催などを通じ，当該の都市空間とエスニック集団との関係を集団内外の双方に向けて明示的に発信している。

こうしたBIAの活動は，BIA役員会によるエスニックな街区ブランディング（以下，エスニックブランディング）の実践と捉えられる。前述の通り，リトルイタリー BIAにおいては，カナダ国家勲章の受賞者であり，街区内に多文化・多言語ラジオ局を創業したジョニー・ロンバルディの息子であるレニー・ロンバルディ（Lenny Lombardi）氏が代表を務め，BIAの活動を牽引している。また，ジェラード・インディア・バザールBIAでは1979年創業のサリー店経営者であり，インド・デリー出身の移民一世ソヌー（Sonu）氏がBIAの設立以降，30年以上に渡りBIAの代表を務めてきた。同BIAの役員会では全11名のうち，インドなど南アジア系が9名を占めている。リトルイタリーとジェラード・インディア・バザールの二つのエスニックBIAでは，エスニック集団内部の中心的人物が長期的にBIAを牽引することにより，街区のエスニックブランディングがおこなわれている。

166

第8章　都市の街区政策BIAとその私的政府性

　他方，次章で詳述する通り，リトルポルトガルBIAでは2007年の創設以降，
BIAの代表が既に3回交代した。2007年，ポルトガル系コミュニティの中心人
物である移民一世のS氏（第9章のP5）を含む複数のポルトガル系が中心とな
り，この街区にBIAが設立された。S氏を中心とした初期メンバーを主体に，
同街区は"Little Portugal BIA"と命名された。しかし，ポルトガル系が代表を
務めた時期があった一方，ジェントリフィケーションの進展により出店した非
ポルトガル系のアートギャラリー経営者もBIAの代表を経験した。さらに，
BIA役員の構成をみると，2013年10月現在，ポルトガル系が2名に対し，非
ポルトガル系は5名であった。リトルポルトガルBIAでは，経営者の約半数が
依然としてポルトガル系であるが，2000年代以降，ポルトガル系以外の経営者
が急速に増加している（第6・7章）。2013年以降，毎年6月，リトルポルトガル
BIAにおいてもストリートフェスティバルが実施されている[6]。しかし，同
BIAで実施されるストリートフェスティバルは"Dundas West Fest"と称され，
その名称・内容ともにポルトガルのエスニシティに特化していない。ここに，
他の移民街では認められないリトルポルトガルBIAの特徴，または地域変容
の最中にある同街区の社会的に不安定な現況を読み取れる。

　2013年のフェスティバル開催初年度において，代表であった非ポルトガル
系のBIA代表K氏（第9章のE23）へのインタヴューから得られた，同ストリ
ートフェスティバルに関する発話内容を以下に示した。

　　「現在，この地区にはポルトガル系の商店だけでなく，非ポルトガル系経営者に
　　よるアートギャラリー，カフェ，音楽のライブハウスなどもある……ポルトガ
　　ル系も確かにこの地区の要素ではあるけれど，それは複数ある要素の一つに過
　　ぎない。ストリートフェスティバルは地域全ての要素を反映すべきであり，ポ
　　ルトガル系だけに特化すべきではない。」

　　　　　　　　　　　　（2013年7月25日，K氏経営のアートギャラリーにて聞き取り）

　K氏の発話が示すように，リトルイタリーやジェラード・インディア・バザ
ールなどのエスニックBIAとは異なり，BIA役員会においてポルトガル系が
リーダーシップを有さないリトルポルトガルBIAでは，エスニックブランデ

167

ィングが進展していない。BIA役員会における役員の構成とリーダーシップの所在は、街区の発展の方向を左右する重要な要素である。エスニック集団内部のBIAメンバーがBIA役員会に数多く参加するとともに、同胞以外の構成員も含めた地域全体において牽引力のある人物が当該のエスニック集団内部に存在する時、エスニックブランディングが円滑に進行すると考えられる。BIA役員会への参加は形式上、街区内の土地所有者・経営者の全員に与えられた平等な権利であるが、実際は参加に際して、英語の言語能力が障壁になっている場合もある。ニューズレターなどにおいては、BIAメンバーの出自を考慮して、英語に加えて、エスニック集団の構成員の母語がつかわれる場合もみられるが（図8-3）、現状、BIA役員会の運営においては基本的には英語でやりとりがおこなわれる。リトルポルトガルBIAでの聞き取りでは、英語を流暢に話せないことを懸念して役員会への参加を躊躇うポルトガル系移民一世の経営者が確認された。

注：電話番号と氏名が記された部分は、個人情報保護の観点から筆者が画像処理した。実物は英語・葡語が両面印刷されている。

図8-3　リトルポルトガルBIA・ダンダスウエストBIAの英語と葡語のニューズレター

第8章　都市の街区政策BIAとその私的政府性

| 第5節 | まとめ |

　本章の目的は，都市政策BIAの仕組みと北米における普及の実態を捕捉した上で，トロント市の移民街において，この都市政策が果たす役割・意義，およびその問題点を明らかにすることであった。

　1970年，都市政策BIAは郊外の成長に伴う都市内部の衰退を背景として，トロント市のブロアウエストヴィレッジ地区の経営者らの要請により誕生した。都市内部の衰退は，トロントのみならず北米都市が直面する共通の問題であったため，その後，この都市政策は北米に広く普及した。カナダの主要都市では，1980年代までに導入が完了したが，アメリカでは大半の都市が1990年代以降にBIAを導入した。また，BIA制度の起源地であるトロント市では，第一次増加期の1987年までに合計31のBIAが設立されるなど，制度が先進的に展開した。今日，トロント市は北米で最多の81のBIAを有する。

　トロント市では，1970～1987年（誕生期～第一次増加期）には，旧トロント市の外縁部付近を中心に比較的規模の小さいBIAが結成されたが，その後の停滞期（1988～1999年）を挟み，第二次増加期（2000年～現在）にはCBD内部の金融地区のほか，富裕層の居住地域付近に位置する商業地区や市内北縁の鉄道路線沿いの工業地区などにおいてもBIAが設立され，BIAの多様化が進行している。

　1980年代においては，1981年のジェラード・インディア・バザールBIAの設立を嚆矢に，エスニックBIAの設立が連続した。エスニックBIAの出現は，戦後の人道主義・多元主義の高まりに加え，1971年の連邦政府による二言語多文化主義政策への転換に呼応する，エスニックマイノリティに対する市民のまなざしの変化が表出した結果と理解できる。

　BIAの活動は，有志のBIAメンバーから成るBIA役員会が中心となって進められる。ベンチやストリートサインの設置をはじめとした，景観の修景事業などはBIAの一般的な活動であり，多くの街区で実施されている。エスニックBIAにおいては，BIAの命名そのものが当該街区におけるエスニックブラ

169

ンディングの開始を意味し，この時点においてBIA役員会によるエスニシティをテーマとした，まちづくりが始まっている。リトルイタリーBIAやジェラード・インディア・バザールBIAなど，地域全体において牽引力のある人物をエスニック集団内部に有するエスニックBIAでは，エスニックフェスティバルの開催など，エスニシティに根差した事業が実施されている。他方，そうした人物を有さないリトルポルトガルBIAでは，街区名にポルトガルの名称を冠しているものの，ポルトガルのエスニシティに特化したイベントは開催されておらず，エスニックブランディングは進展していない。

今日，トロントの移民街は，エスニック集団の居住・生活空間としての特性を減少させ，代わって，BIAという制度的枠組みを通じ，エスニシティを経済的に資源化・商品化する空間となっている。しかし，全てのエスニックBIAにおいて，こうした取り組みが円滑に進行しているわけではない。トロントのエスニックBIAでは，BIA役員会におけるリーダーシップの所在，および役員の構成に依拠し，エスニックブランディングの発展が規定される。

既存の研究では，BIAの制度特性として，行政から民間へと多大な権限が委譲される点が指摘され，公共空間の私有化の問題が議論されてきた（Hochleutner 2008: 101）。移民街を対象に検証をおこなった本章の分析においても，BIAの制度下では，BIAメンバーのうち，BIA役員を務める一部のメンバー（＝「私人」）が都市空間の形成に果たす役割の重要性が確認された。こうした点からも，「準政府（quasi-government）」（Ross and Levine 2011），「パラレル国家（parallel state）」（Mallet 1993），そして「私的政府（private government）」（Lavery 1995）と称されるBIAの特性が垣間見られる。

さらにBIAの問題点を整理しておきたい。BIA役員会には，域内の土地所有者または経営者であれば，制度上誰でも参加することができる。しかし，英語の言語能力に乏しい移民一世を少なからず有するエスニックBIAでは，言語能力の欠如を懸念して役員会への参加を躊躇する経営者が確認された。また，小規模零細な事業所が多い移民経営者には，BIAの活動に参加する時間的余裕が十分に確保できない者も少なからずいる。こうしたBIAへの参画にハンディキャップを抱える構成員に対しても，資産評価額に応じて一律に税（Levy）が課されている。BIAの設立を問う投票についても，全体の30％以上が市に

第8章 都市の街区政策BIAとその私的政府性

票を返送し，そのうちの過半数が賛成票を投じれば可決される。すなわち，全体の15％の土地所有者が賛成すれば，BIAは設立される可能性を有している。これらの諸点を踏まえると，BIAによる施策が「ローカル」の意思をどの程度表明し得るのか，議論の余地が残されている。

　BIAの制度下では，基本的に市政府は施策内容には介入せず，税負担者自らが中心となり，ローカルガヴァナンスが展開される。市政府の役割は，手続きの上で必要な情報提供などに限定される。行政側は施策の決定権を民間に委議する代わりに，事業に関する労力と財政支出の節減を達成できる。行政が果たす役割の縮小が志向されていることは明らかであり，これらの点からも，都市政策BIAは新自由主義的価値観を反映する制度と言えよう。既存の商店会組織に比べ，税として強制的に財源を徴収することでフリーライダーの問題を解消できることに加え，新自由主義的な論理に照らせば，受益者自らがまちづくりを主導する合理性も評価されよう。地元のアクターによるローカルな資源を活かした，まちづくりは都市内部の商業街区に多様な個性をもたらすとも考えられる。

　しかし，その一方で，大きな財源（予算）を確保できる富裕な街区がある一方，小規模な財源しか確保できない街区もあると考えられる。このことから，都市政策BIAの導入により，同一の都市内における街区間での格差の増大が予見される。また，移民街を含むトロント市のインナーシティで進行しているジェントリフィケーションは，現時点において異なる文化的・社会経済的な特性を有するアクターの混在化を引き起こしている。リトルポルトガルBIAは，ジェントリフィケーションのフロンティアにあり，こうした状況が顕著に発露している。従前のエスニック集団と新規に流入するジェントリファイアーが混在化する中，BIA役員会の動向をより仔細に検討することが，街区スケールでの政治的攻防とその反映としてのまちづくりの展開を理解する上で有意義と考えられる。

　以上のように，私的政府たるBIAでは，代表をはじめ，BIAの役員にどのような人物が就任するかが重要である。行政が税金として徴収した，まちづくりの財源の使途を役員会の構成員である私人が決定し得るという一連の構造を踏まえると，個々の役員の属性やグループダイナミクス，および彼・彼女らに

171

第Ⅳ部　私的政府BIAとジェントリフィケーション進展下のローカル政治

よる街区スケールで展開される種々の実践は十分に精査されるべき対象と言え
よう。また，役員の選出に関しては，ローカル政治の争点になり得ると考えら
れる。これらを踏まえ，次章では，リトルポルトガルBIA内の経営者とその
社会関係に焦点を当て，過渡期にあるこの都市空間で生じるローカル政治の様
相を仔細に捉えていく。

注

(1)　アメリカについてはU.S. Census Bureauによる2014年時点の試算データを，他方，カナ
　　ダに関してはStatistics Canadaによる2011年の調査データを利用した。また，BIAの導入
　　状況に関しては，インターネット上で各自治体のウェブサイトや関連する新聞記事を閲覧し
　　た上で，情報が十分に得られなかった自治体については市担当者にEメールによる調査を実
　　施した。
(2)　トロント市においては，市当局のトロント運輸局（Toronto Transit Commission）が地
　　下鉄，バス，路面電車から成る公共交通機関を運営している。
(3)　BIAごとに，それぞれ空間規模に差異があり，それに伴って事業所や土地所有者の数も
　　異なるが，BIAの活動性を示す一つの指標として有志の役員数をみることができる。
(4)　形式的には年次総会における承認を必要とするが，実質的には参加意思を有する者は誰
　　でもBIA役員になることができる。
(5)　オンタリオ州では，基礎自治体資産評価公社（MPAC）が，それぞれの土地・建物の不
　　動産価格を算定し，それに基づいて固定資産税などの税額を算出する。
(6)　前述の通り，このフェスティバルは，隣接するダンダスウエストBIAと共同で実施され
　　ている。両街区はそれぞれ独立したBIAであるが，1960年代末以降，ともにポルトガル系
　　集住地区の中心部として機能してきた。同様の地域的特性を有しているため，両街区では
　　相互に頻繁な交流がおこなわれている。

172

第9章

リトルポルトガル BIA における
主導権争いと社会関係

第1節 本章のねらい

　本章は，リトルポルトガル BIA において，従前のポルトガル系経営者と近年流入している非ポルトガル系経営者（ジェントリファイアー）の個人属性に加え，彼・彼女らの間の社会関係に注目することにより，リトルポルトガルBIA におけるローカル政治の展開と構造を明らかにする。

　本章で利用するデータは，主に2012 ～ 2014年に実施した現地調査に基づく。現地では，文献資料の収集，土地利用調査に加え，全41名の経営者へのインタヴューと質問票調査をおこなった。インタヴュー形式での質問票調査の実施に際しては，調査対象者に対して，年齢，性別，出身地などの個人属性とともに，彼・彼女らが街区内で最も親しいと思う経営者を最大3人問うた。得られた調査結果をもとに，解析ソフトのUCINET と Net Draw を利用し，リトルポルトガル BIA における経営者の社会関係を示すソシオグラムを作成した。

　ソシオグラムは，複数の人間の間のつながりや関係性を表す図示法であり，1930年代，社会心理学者ヤコブ・モレノ（Jacob Moreno）によって考案された（cf. Moreno 1934）。元来，ソシオグラムは精神診療を目的として考案されたが，その後，ソーシャルネットワーク分析の基礎となった（Scott 2013: 13）。当初，モレノと彼の同僚は人間同士の関係性が，人間行動の制約と機会の両面に影響

173

を与えることを明らかにしようとした。ソシオグラムは特定の集団の構成員間における，役割，権力，および相互作用を可視化するとともに，集団内におけるリーダーや孤立した人物を同定することを可能にする。

ソシオグラムの構造は，個人を示す"ポイント（またはノード）"と個人間の関係を意味する"パス（またはライン）"から構成される。それらの集合体であるソシオグラムは，当該の集団内における社会関係の総体を示す。モレノは，こうした集合体を特定の集団内における人間の「社会形状（social configuration）」と呼んだ。本書において，ポイントはポルトガル系／非ポルトガル系の両集団の経営者を示し，それらを結ぶパスは彼・彼女らの間の人間関係を示す。また，全てのポイントとパスの集合体がリトルポルトガルBIAにおける，全体としての社会形状または社会関係となる。

ソシオグラムにおいて，モレノが最も重要と考えた概念の一つが「スター（star）」である。複数の構成員が関わることで星状に形作られた社会関係のうち，その中央部に位置する人物は周囲から最も多くの指名・支持を受けていることを意味する。すなわち，この人物は集団内部で最も高い人気やリーダーシップを有している（Scott 2013: 14）。ソシオグラムにおけるスターの概念は，ある集団の構成員間における関係性を端的かつ象徴的に説明する。

このような特性を持つソシオグラムは，複数の社会集団が混在化している今日の北米の都市空間を読み解くためにも有用と考えられる。本章では，ソシオグラムを用いて，ジェントリフィケーションに直面するリトルポルトガルBIAにおける，社会空間的な複雑性の解明に取り組む。また本章は，人文地理学の分析ツールとしてソシオグラムの有用性を示す試みでもある。

本章の構成は，以下の通りである。第2節では，土地利用，事業所の出店年，経営者の居住地，土地所有の有無など，リトルポルトガルBIAとその経営者に関する情報を詳述する。第3節においては，リトルポルトガルBIAにおける主導権争い，同BIAの役員会とオンタリオ州ポルトガル系組織連合ACAPOとの間で生じるコンフリクトを検討する。第4節では，ソシオグラムをもとに，リトルポルトガルBIAにおける経営者間の社会関係を分析する。以上を踏まえ，第5節において，ジェントリフィケーションの進行とともに，近隣変容を迎えているリトルポルトガルBIAにおけるローカル政治の展開と構造を明らかにする。

第9章　リトルポルトガルBIAにおける主導権争いと社会関係

| 第2節 | リトルポルトガルにおけるジェントリフィケーションの進展 |

　トロントにおいて，ジェントリフィケーションは1960年代に萌芽すると，その後，インナーシティの急速な変容に寄与してきた（cf. Walks and Maaranen 2008b）。ポルトガル系コミュニティにおける空間的拡散過程においても，外的要因としてのジェントリフィケーションは看過できない現象である。近年，リトルポルトガルにおいてはジェントリファイアーとして同定される非ポルトガル系住民が急速に増加している（Murdie and Teixeira 2011）。前章までにみてきたように，BIA域内における経営者に関しても，2000年代以降におけるジェントリファイアーの増加が確認される。

　トロントのポルトガル系コミュニティは，伝統的都市理論に一致する社会階梯の上昇による自発的な居住分散を一部で経験する一方，ホスト社会住民の都心回帰現象であるジェントリフィケーションも同時に経験している。前者は，ポルトガル系移民が主に1960年代～1970年代に流入したため，移住から一定の年月が経過したことに依る。本書においても，特にジェントリフィケーションに焦点を当てつつも，実証データに基づき，近隣変容に与える両要因の影響を合わせて評価していく。

1　リトルポルトガルBIAにおける土地利用

　リトルポルトガルBIAの建造環境は，主に2階または3階建ての連結型の建物から成り，物理的には単調な景観を形成している。一般的に，1階または1・2階は商業目的で利用される一方，上層階は住居として利用されている。域内ではダンダスストリート（Dundas St. W.）に沿って，頻繁に路面電車が走っている。この軌道は，地下鉄駅のダンダスウエスト（Dundas West）駅からダウンタウンの中心部であるダンダススクエア（Dundas Square）の前を通り，東方のブロードヴュー（Broadview）駅までを結ぶ。

　図9−1は，2013年9月時点におけるリトルポルトガルBIAの土地利用とポルトガル系／非ポルトガル系の事業所を示す[1]。土地利用調査と経営者への

175

第Ⅳ部　私的政府BIAとジェントリフィケーション進展下のローカル政治

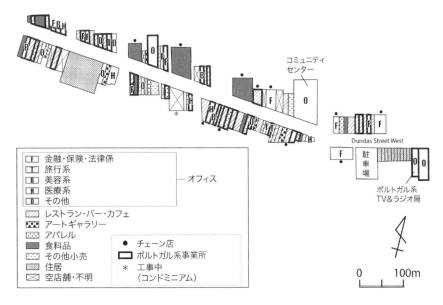

出典：土地利用調査，聞き取り調査，質問票調査をもとに筆者作成

図9−1　リトルポルトガルBIAにおける土地利用（2013年9月現在）

聞き取りを総合し，業種などの事業所の属性に加え，ポルトガル系事業所／非ポルトガル系事業所の空間分布を同定した[2]。調査の結果，域内には41のポルトガル系事業所（47％）と47の非ポルトガル系事業所（53％）が，混在して立地することがわかった。リトルポルトガルの土地利用図は，同地区が伝統的な移民街から，社会的に混合化した商業街区に変容しつつあることを示す。

リトルポルトガルBIAでは，オンタリオ州酒類管理委員会（Liquor Control Board of Ontario: LCBO）の酒類販売店のほか，KFCやSubwayといったグローバル企業のファストフード店を含む少数のチェーン店が立地するものの，基本的には小規模な個人事業所によって構成される。ポルトガル系経営者による事業所には，旅行代理店，歯科医院，薬局，会計事務所，テレビ・ラジオ局など，サービス部門の事業所が特に卓越する。また，域内にはポルトガル最大の銀行Banco Santander Tottaの事務所，アゾレス諸島を拠点とする航空会社Azores Airlines（2015年，SATA Internacionalから改称）の支店をはじめ，ポルトガル資本，またはポルトガルに拠点を置く企業も認められる。リトルポルトガル

176

BIA内の旅行代理店は，ポルトガルに帰省するための航空券，カトリックの聖地ファティマへの巡礼パッケージツアーなどを販売する。トロントのリトルポルトガルは，ポルトガルのグローバルネットワークにおいて，一つの拠点地として機能していると言えよう。他方，非ポルトガル系経営者による事業所においては，アートギャラリー，アパレルストア，および夜間営業が主体のバーなどが中心である。すなわち，ポルトガル系と非ポルトガル系の経営者は，それぞれ異なる業種の事業所を経営している。しかし，リトルポルトガルBIAではジェントリフィケーションが進行しているものの，コンドミニアムの建設などといった物理的な変化は限定的である。**図9−1**内のアスタリスク（＊）で示された区画では，ポルトガル系経営者により自動車修理店が経営されていたが，本章調査時点の2013年，8階建てのコンドミニアムが建設されていた（**写真9−1**［口絵］）。その後，コンドミニアムは完成し，1階は商業用に貸し出されて美容室などが入居し，上層階は居住用ユニットとして利用されている。2013年時点，リトルポルトガルBIAにおいては，この区画が建造環境の改変が見込まれる唯一の事例であった。

2　パイオニア・ジェントリファイアーの出現と非ポルトガル系事業所の増加

　リトルポルトガルBIAの地元経営者に対して，インタヴュー形式での質問票調査を実施した結果，合計64の事業所の出店年が経営者の出自別に明らかになった（**図9−2**）[3]。回答が得られたポルトガル系事業所のうち，経営者E9の薬局Aは回答が得られた店の中では最も古く，1967年に開業した（**表9−1**）。本調査で回答が得られた事業所のうち，13のポルトガル系事業所が1960年代から1990年代の間にこの地区で開業した一方，1990年代までに出店した非ポルトガル系事業所は3にとどまる。すなわち，ポルトガル系の人々は，1960年代末から2000年頃まで，この都市空間において，ほぼ専有的に商業活動をおこなっていたと推察される。

　しかし，2003年，2人の非ポルトガル系経営者によってミュージックバーとアートギャラリーがそれぞれ開業されると，その後，非ポルトガル系事業所の出店が次第に増加し，2010年以降，その勢いはさらに加速している。2003〜2013年において，12のポルトガル系事業所が開業された一方，非ポルトガル

177

第Ⅳ部 私的政府BIAとジェントリフィケーション進展下のローカル政治

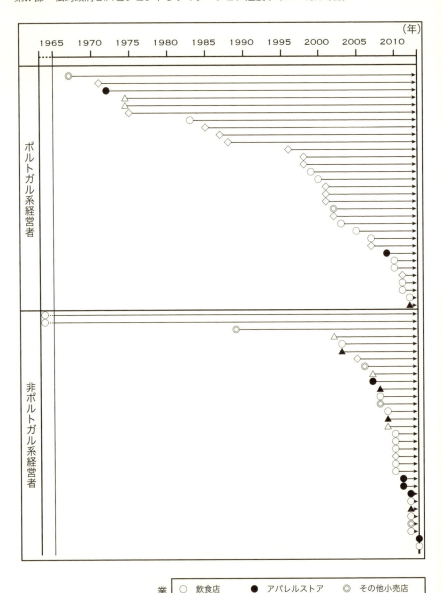

注：2013年10月時点、営業していた事業所を対象とした。
出典：聞き取り調査、質問票調査をもとに筆者作成

図9−2 リトルポルトガルBIAにおける事業所の出店動向

系事業所の新規出店数は28に及んだ。2003年以前に出店されたポルトガル系事業所は，旅行代理店，会計事務所，薬局，テレビ・ラジオ局などのサービス分野が多数を占めるが，このほかにも食料品店，自動車修理店，飲食店などもある（第6章で詳述）。こうした多様な業種構成は，この地区でポルトガル系住民が生活を送るにあたり，様々な日常的な需要が存在してきたことを示す。他方，2003年以降に出店された非ポルトガル系事業所は，主に，カナダで出生して教育を受けたホスト社会住民の顧客を引きつける。前述したように，夜営業主体のバーをはじめとする飲食店，アパレルストア，アートギャラリーが域内に複数認められる。このように，今日リトルポルトガルBIAには非ポルトガル系経営者による事業所が増加しており，それらは既存のポルトガル系事業所とは異なる客層を主体とした，異種のビジネスである。

ポルトガル系／非ポルトガル系の間にみられる事業所の特性の相違は，経営者の年齢においても認められる。一部の二世を除き，ポルトガル系経営者は，1960年代から1980年代に移住した移民一世であるため，彼らは50歳代〜60歳代を迎えている。他方，非ポルトガル系経営者は20歳代〜40歳代の若年層が主体である。こうした経営者の年齢層は，両者の事業所の顧客層に概ね対応する。ポルトガル系事業所には高齢の一世が定期的に訪れ，その存続を支える一方，非ポルトガル系事業所はカナダで生まれ育った若年層の顧客によって主に利用される。

2003年に出店した二人の経営者は，パイオニア・ジェントリファイアーとして同定され，象徴的な存在である[4]。2003年，経営者E41がバーGを開業すると，その数か月後，E23がアートギャラリーAを出店した（表9－1）。これら二つの事業所は，ポルトガル系コミュニティの核心地として機能してきた同街区において，地域再編の最初の刺激を与え，ジェントリフィケーションの号令を発した。両経営者は，それぞれオンタリオ州の郊外と農村部で生まれ育った白人のカナディアンである。バーGとアートギャラリーAは，経営者自らの属性のみならず，業種および顧客層においても従前のポルトガル系事業所とは異なる特性を有する。これら2つの事業所がリトルポルトガルBIAに開業されたことにより，トロント市中心西部に位置するこの都市空間は，ポルトガル系住民がほぼ独占的に集積した"インナーシティの移民街"から，集団外部

179

第Ⅳ部　私的政府BIAとジェントリフィケーション進展下のローカル政治

表9-1　リトルポルトガルBIA（ソシオグラム）内における地元経営者の属性

経営者番号		事業所	開業年	開業者	土地所有	年齢（歳代）	ジェンダー	エスニックオリジン	出生地	移住年
E 1		保険業オフィス A	1985	□	✓	50	M	P	São Miguel	1976
E 2		銀行 A	1998	◎	×	40	F	P	Faial	1989
E 3		銀行 B	2001	◎	×	60	F	P	São Miguel	1974
E 4		銀行 C	2009	◎	×	50	F	P	Lisbon	1975
E 5		保険業オフィス B	2011 (1974)	■	×	30	M	P	Toronto	−
E 6		レストラン A	2000 (1992)	□	✓	50	F	P	Bragança	1985
E 7		食料品店 A	1974	■	✓	30	M	P	Toronto	−
E 8		アパレルストア A	1990	×	✓	60	F	P	São Miguel	1960s
E 9		薬局 A	1967	□	✓	60	M	P	São Miguel	1964
E 10		宝石店 A	2002	□/■	×	40	F	P	Coimbra	1989
E 11		バー C	2011	□	×	30	M	P	São Miguel	1989
E 12		自動車修理店 A	1988	□	×	50	M	P	Castelo Branco	1973
E 13		靴店 A	2009	□	×	40	F	P	Leiria	1992
E 14		自動車修理店 B	1996	□	×	60	M	P	Ourem	1974
E 15		税理士事務所 A	2001	□	×	60	M	P	Lisbon	1981
E 16		旅行代理店 A	1987	□	✓	60	M	P	São Miguel	1970
E 17		ヘアサロン A	1998	■	×	40	F	P	Toronto	−
E 18		アパレルストア・仕立屋 B (H)	1972	▲	✓	60	M	P	Braga	1968
E 19		アパレルストア・仕立屋 B (W)	1972	■	✓	50	F	P	Terceira	1961
E 20	回	外貨送金店 A	2002	□	✓	40	F	P	Brazil	1987
E 21		アートギャラリー B	2012	□/○	×	30	F	P	Ontario	−
E 22	答	バー F	2010	□	×	30	F	P	Toronto	−
E 23		アートギャラリー A	2003	□	×	30	M	N	Ontario	−
E 24	者	アパレルストア C	2011	□	×	30	F	N	Ontario	−
E 25		アパレルストア D	2011	□/○	×	30	M	N	Toronto	−
E 26		アートギャラリー C	2008	□	×	20	M	N	Toronto	−
E 27		バー A	2008	□	×	30	M	N	Ontario	−
E 28		アートギャラリー D	2009	×	×	20	M	N	Toronto	−
E 29		バー B	2010 (2012)	□/●	×	30	F	N	Halifax	−
E 30		レストラン B	2010	×	×	30	M	N	Toronto	−
E 31		レストラン C	2013	□	×	30	M	N	England	1982
E 32		ギター修理店 A	2008	□/○	×	40	M	N	Toronto	−
E 33		レストラン D	2010	□/○	×	30	F	N	Barbados	1980
E 34		アパレルストア E	2007	□	×	30	F	N	Toronto	−
E 35		アパレルストア F	2012	□	×	20	F	N	Toronto	−
E 36		バー D	2012	□	×	30	M	N	Toronto	−
E 37		食料品店 B	2002	□	×	30	M	N	China	2000
E 38		レストラン E	2012	□	×	30	M	N	Toronto	−
E 39		バー E	2012	□	×	30	M	N	Halifax	−
E 40		本屋 A	2006	□	×	40	M	N	Missouri, USA	2003
E 41		バー G	2003	□/●	×	40	F	N	Ontario	−
E42		食料品店 C	1976	▲	✓	50	M	P	São Jorge	1975
E43		銀行 D	?	◎	×	?	?	P	?	?
E44		銀行 D	?	◎	×	?	F	P	?	?
E45		レストラン F	2003	□	✓	50	M	P	Viseu	1991
E46		自動車学校 A	1971	×	✓	60	M	P	São Miguel	1971
E47	非	食料品店 A	1974	□	✓	−	M	P	?	?
E48		バー H	2010	□	×	30	M	P	Toronto	−
E49	回	パン屋 A	?	◎	×	?	F	P	?	?
E50		パン屋 B	?	◎	×	?	M	P	?	?
E51	答	旅行代理店 B	?	□	×	?	M	P	?	?
E52	者	宝石店 A	2002	□/●	×	?	M	P	?	?
E53		旅行代理店 C	1991	□	×	40	F	P	Brazil	1972
E54		バー・音楽会場 A	2009	□	×	?	M	P	?	?
E55		印刷会社 A	2010	□	×	30	M	P	?	?
E56		食料品店 D	1990s	■	×	?	F	P	Hong Kong	1990s
E57		アパレルストア G	?	?	×	?	M	P	China	?
E58		レコードショップ A	2012	□	×	?	M	P	Toronto	−

開業者：本人＝□、友人・ビジネスパートナー＝○、配偶者・パートナー＝●、親＝■、その他親族＝▲、本人に無関係な企業＝◎、その他＝×
ジェンダー：M＝男性、F＝女性　エスニックオリジン：P＝ポルトガル系、N＝ポルトガル系以外
出生地：Ontario（オンタリオ）は、トロント市以外のオンタリオ州内の都市・地域を指す

注1：E5とE6の事業所は、それぞれ2011年と2000年に現在の所在地へ移転してきた。
注2：E18・E19は、夫婦（H・W）である。
注3：ここでは便宜的に、E20（ブラジル出身者）をポルトガル系として分類した。
注4：E29は、2012年に当地のバー（2010年開業）を前オーナーから購入した。

出典：聞き取り調査，質問票調査をもとに筆者作成

第9章　リトルポルトガルBIAにおける主導権争いと社会関係

の人々にもアクセス可能な都市の部分空間へと変容または解放されていった。上記のパイオニア・ジェントリファイアーによる2つの事業所が開業すると，その後，他の非ポルトガル系経営者も続いて同地区への進出を始めていった。

　E41は，かつてポルトガル系経営者によって経営されたスポーツバー"Nazare Snack Bar（Nazareはポルトガルの地名）"が立地した店舗に自身の事業所を開業した。聞き取りによれば，一般の顧客のほか，リトルポルトガルBIA内に位置する他の非ポルトガル系事業所の経営者や従業員もE41の事業所を頻繁に利用している。他方，E23は自身がオンタリオ美術デザイン大学（Ontario College of Art and Design University）（以下，OCAD）の大学生であった2003年，アートギャラリーAを開業した。OCADは，リトルポルトガルBIAの東方約2kmに位置する。在学中，E23はこの事業所を住居としつつ，アーティストに展示空間を提供した。E23がアートギャラリーを開業したことにより，彼のアート仲間であるOCADの学生や卒業生が，この地区に頻繁に来訪するようになった。すなわち，アートギャラリーAの開業は，それまでリトルポルトガルを訪れなかった属性の人々を同地区に呼び寄せるとともに，リトルポルトガルにおけるジェントリフィケーションの開始の合図を明瞭に鳴らした。

3　地元経営者の居住分布

　インタヴュー形式での質問票調査により，リトルポルトガルBIA内における22人のポルトガル系経営者と19人の非ポルトガル系経営者の属性が明らかになった（**表9-1**のE1～E41）。また，質問票に含まれた現住地の項目から，地元経営者の居住分布を**図9-3**に示した。

　現在，一世のポルトガル系経営者は，市内北方の移民回廊地域とミシサガ市をはじめとした西部郊外の二つのポルトガル系地域に居住する。第7章で言及した通り，これらの地域に居住するポルトガル系経営者は，自家用車でリトルポルトガル内の事業所へと通勤する。西部郊外に居住する経営者は，ガーディナー高速道路などを使い，トロント市内へと通う。こうした一世のポルトガル系経営者のうち一定数の人々が，かつては自身の事業所の上層階に居住していたが，その後，彼らは居住地のみを域外に移した。

　他方，非ポルトガル系経営者をみると，ポルトガル系経営者とは対照的に，

181

第Ⅳ部　私的政府BIAとジェントリフィケーション進展下のローカル政治

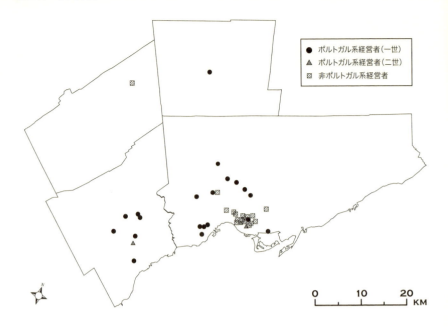

出典：聞き取り調査，質問票調査をもとに筆者作成

図9-3　地元経営者の居住分布

リトルポルトガル内部や周辺部にその居住地が集中する。彼らは，自身の事業所へ徒歩または自転車で通勤可能な範囲に居住する。ジェントリファイアーとして同定される非ポルトガル系の経営者は，自身の事業所への近接性はもちろん，インナーシティの歴史性および移民街という多様性・多文化性を積極的に評価し，リトルポルトガルに流入している。ジェントリファイアーの居住パターンが一定の傾向を示すことは，彼らが類似した価値観を共有していることを反映する。今日，リトルポルトガルBIAでは，ポルトガル系／非ポルトガル系の経営者が同一の空間に混在化し，それぞれの事業所を経営しているものの，両者の居住空間は異なる。すなわち，ポルトガル系／非ポルトガル系の経営者の数が示すように，商業のジェントリフィケーションは現在進行中である一方，居住パターンは既にジェントリフィケーション完了後のそれを示している。少なくともポルトガル系経営者に関する限り，居住のジェントリフィケーション，或いは空間的同化による郊外化は既に終わっている。

第9章　リトルポルトガルBIAにおける主導権争いと社会関係

　ポルトガル系経営者E19と非ポルトガル系経営者E40を事例に，両集団の差異を具体的にみていきたい。ミシサガ市に居住するポルトガル系経営者E19は，ポルトガルのアゾレス諸島テルセイラ島出身者であり，幼少期の1961年に両親とともにトロントへ移住した。移住後，彼女の両親はリトルポルトガルBIA内の土地・建物を購入し，そこでスーツの仕立屋を開業した。その後，リトルポルトガルBIAの域内で一度移転を経験した。その際，最初の土地・建物を売却し，新たな土地・建物を購入した。E19と夫のE18は，彼女の両親の引退とともに，この事業所を引き継いだ。現在においても，同氏は事業所が入居する土地・建物を所有している。しかし，1990年代，同氏は経済的に一定の余裕を有するとともに，子どもが生まれるなど，家族構成の変化を経験した。敷地の広さなど，郊外住宅地に特有の家族世帯での生活に適した居住環境を求め，同氏一家はトロント大都市圏の西部郊外に居住地を移した。このように，移住後の三世代に及ぶ経験を通じ，現在のE19の居住空間と就業空間の分離形態が形成された。経済的に余裕のあった同氏の場合，締め出しというよりも，郊外への自発的移動という側面がより強く認められる。

　他方，非ポルトガル系経営者E40はミズーリ州で生まれ，トロントへ移住するまではサンフランシスコで妻とともに暮らした。移住前，サンフランシスコでは既にジェントリフィケーションが高度に進展し，都市景観が変化していた。また，E40によれば，アメリカではカナダ以上に，スターバックスコーヒーやマクドナルドをはじめとした，グローバル企業が乱立し，都市景観を支配していたという。トロントは，北米の中では公共交通機関が整備されており，自動車に依存しない生活も実現可能である。なかでも，リトルポルトガルには路面電車が走り，小規模な個人商店も卓越している。こうした地域条件は，E40にとって魅力的であったという。アメリカでの生活を通し，資本主義の先鋭化やモータリゼーションの進展に対する嫌悪などといった同氏の価値観が形成された。聞き取りによれば，E40は，自身と家族にとって，より理想的な生活が叶うと考え，トロントへの移住を決意した。同氏の自宅から事業所までの通勤時間は，徒歩で約5分である。同氏は，妻と2人の子どもとの4人家族である。同氏は事業所の開業以前において，既に自宅を購入していた。徒歩圏内の地区で事業所を経営することにより，通勤時間を縮減し，家族と過ごす余暇の時間

183

第Ⅳ部　私的政府BIAとジェントリフィケーション進展下のローカル政治

を十分に確保したかったともいう。聞き取りから抽出されたE40の発話は，典型的なジェントリファイアーの価値観に一致する。

4　ポルトガル系による土地所有

　前述したように，2013年の調査時点，リトルポルトガルBIAにおいて，建造環境の変化は限定的である。同地区では，ポルトガル系経営者が事業所を閉鎖する一方，新たに発生した空き店舗にジェントリファイアー（非ポルトガル系経営者）が出店することにより，経営者の交代が進行している（**写真９－２**[口絵]）。ポルトガル系一世の経営者には高齢者が多く，こうした経営者の中には高齢であることを理由に事業所を閉鎖している者が認められた。しかし他方で，近年における急速な地価の上昇はポルトガル系経営者による同地での事業所の存続を困難にしている。地価の急騰は土地所有の有無にかかわらず，域内のアクターに経済的な負担を生じさせる。聞き取りによれば，1306sq ft.（121㎡）の建物1階部に入居する経営者の賃料は，2003～2013年の10年間において，1,500 CADから2,200 CADに約1.5倍増加した。本項では，土地所有の状況に関連し，ポルトガル系経営者と非ポルトガル系経営者，および両者の関係性を検討する。

　聞き取りと質問票調査に加え，トロント資産評価額台帳（Toronto Property Assessment Roll）を用いた分析の結果，リトルポルトガルBIAにおいて，合計74名の経営者について，自身が入居する店舗の所有状況（**表９－２**），および合計69名の土地・建物所有者のエスニックオリジンが抽出された（**表９－３**）。

　経営者の土地所有の状況をみると，ポルトガル系経営者全36名中，44.4％の16名は事業所が入居する土地・建物を所有していることがわかった（**表９－２**）。他方，非ポルトガル系経営者全38名のうち，84.2％にあたる32名は賃借契約で入居している。これらのうち，2002年以前に開業したポルトガル系経営者全19名中，11名（57.9％）が土地・建物所有者である一方，2003年以降に出店した非ポルトガル系経営者全28名中，26名（92.9％）は賃借契約で入居している。さらに，この26名のうち，土地・建物所有者（経営者にとっての大家）のエスニックオリジンが明らかになった全17名の非ポルトガル系経営者のうち，8名（47.1％）はポルトガル系の所有者から店舗を賃借している。

184

第9章　リトルポルトガルBIAにおける主導権争いと社会関係

表9-2　エスニックオリジン別にみる経営者の店舗所有状況

エスニックオリジン	所有（人）	賃借（人）	合計（人）
ポルトガル系	16	20	36
非ポルトガル系	6	32	38
合　計	22	52	74

出典：*Toronto Property Assessment Roll*，および聞き取り調査をもとに筆者作成

表9-3　エスニックオリジン別にみる土地・建物所有者の割合

エスニックオリジン	数（人）	割合（%）
ポルトガル系	47	68.1
非ポルトガル系	22	31.9
合　計	69	100

出典：*Toronto Property Assessment Roll*，および聞き取り調査をもとに筆者作成

　本調査で明らかになったリトルポルトガルBIAにおける土地・建物所有者全69名のうち，ポルトガル系は68.1％の47名を数える（**表9-3**）。リトルポルトガルでは，経営者の構成においてポルトガル系が減少しつつある一方，不動産は依然としてポルトガル系の人々が数多く保持している。リトルポルトガルBIAにおける商業のジェントリフィケーションは，経営者の構成からみれば，急速な進行を示す一方，土地所有の構成からみたとき，ポルトガル系はリトルポルトガルという都市空間に依然として強固に結び付いている。

　前述の通り，1960年代末以降，ポルトガル系は同地区を占有化してきた。ポルトガル系は，他のエスニック集団に比べ，土地所有への志向性が強いと考えられ，不動産所有者が多数いる。不動産を所有するポルトガル系経営者の中には，不動産価格の上昇を好機と捉え，事業所の閉鎖とともに不動産を売却し，トロント市内北部やミシサガ市などの郊外に位置する，新たなポルトガル系の居住クラスター内に新規の住宅を購入する者がいる。他方で，事業所の閉鎖後もビルを保有し，家主として他者に居住用および商用のテナントを賃貸している者もいる。後者には，さらに二つの類型が存在し，①自身が建物の上層階に居住し，下層階のみを他者に貸し出す者，②自身は他所に居住しつつ，建物全体を貸し出す者がいる。後者①・②いずれの場合も，店舗の賃貸を通じて，ポルトガル系家主と非ポルトガル系経営者との間には接点が生じる。

第Ⅳ部　私的政府BIAとジェントリフィケーション進展下のローカル政治

　賃借して入居する非ポルトガル系経営者の中には，ポルトガル系家主との間にトラブルを抱える者も少なくない。ポルトガル系家主から商用物件を賃借する非ポルトガル系経営者への聞き取りによると，（ポルトガル系家主は）同胞間での貸し借りを好む傾向にあるという。また，以下のような発話も得られた。

【発話内容】

「賃料の上げ幅が急激過ぎるし，……彼（ポルトガル系家主）は，普段ポルトガル
に長く住んでいるから，水道管のトラブルがあった時には対応してくれなかっ
た。自分が金をもらえさえすればいい，ってそんな感じで嫌な奴なんだよ。」

　上記の発話が示すように，ポルトガル系家主からテナントを賃借する非ポルトガル系経営者の中には家主に対して反感を抱く者もいる。しかし，この地区における不動産需要は近年一層増加しており，非ポルトガル系経営者が近隣において新たな物件を見つけることは容易ではない。加えて，ポルトガル系の土地所有者にみられるとされる，同胞間での貸借を好む傾向は，ジェントリフィケーションの進行を一定の割合で遅滞させていることを示唆する。ポルトガル系による高い土地所有割合は，コンドミニアムなどの域内における大規模な物理的改変を最小限に抑えているとも推察される。加えて，同地区内の区画単位は概して間口が狭い構造で，比較的に単位あたりの規模が小さい。こうした細分化された区画を，複数の土地所有者が空間的に不連続に保持していることも大規模な開発を遅らせている一因と考えられる。さらに，同地区での出店を切望する非ポルトガル系経営者に物件を貸し出すことにより，ポルトガル系土地所有者はその利益を最大化することも可能である。主に1970年代以降に進展した，同地区におけるポルトガル系による不動産の取得は，今日，ジェントリフィケーションに抗する，彼・彼女らにとっての対抗ツール，および自衛手段の一つとなっている。

186

第9章　リトルポルトガルBIAにおける主導権争いと社会関係

第3節 ┃ リトルポルトガルBIAにおける主導権争い

1 リトルポルトガルBIAの設立

　1978年，現在のリトルポルトガルBIAの範域において，地元経営者らによって「ダンダス＆オジントン商業者組合（Dundas and Ossington Merchants Association）」（以下，DOMA）が設立された。DOMA元代表への聞き取りによれば，DOMAの設立前，地元経営者らの間では，BIA制度の活用が議論されたものの，中心メンバーらはローカルな問題に市政府が干渉することを懸念し，市政府から完全に独立した自治組織であるDOMAを設立したという。当時，ポルトガル系の数は，住民・経営者のいずれにおいても卓越し，居住・商業の両面で同地区を占有化していた。したがって，DOMAの中心メンバーも必然的にポルトガル系経営者により構成されていた。本来，DOMAという組織は，エスニシティではなく，空間的な単位に依拠する自治組織であった。しかし，1978年の結成時までに，ポルトガル系の住民と経営者は同地区に集積し，この都市空間に移民街を形成していた。そのため，DOMAは必然的に特定のエスニシティに基づいた地域自治組織となった。

　DOMAの参加・活動は構成員の自由意思に依り，中心メンバーはバナーの設置やサイドウォークセールの開催など，地域の発展のための計画を考案し，実施した。すなわち，この自治組織は，基本的にはBIAと同様の取り組みをおこなっていた。数名の中心メンバーは，域内の経営者から会費を直接徴収していたが，行政から独立した組織であったDOMAは会費の徴収に関し，法的拘束力を有さなかった。そのため，DOMAでは会費の支払いを延長する者や拒否する者までもが現れるようになった。このように，活動資金の徴収などに苦慮したことから，2007年，当時の中心メンバーらはBIAとしての再組織化を試みたのである。この時までに，BIAは街区の経済的活性化の雛形として，トロント市のみならず既に北米の多くの都市で普及していた（第8章で詳述）。トロント市においては，2000年代以降，特にBIAの設立数が急増し，リトルポルトガルBIA設立直前の2006年にはBIAの総数は59に達した。2000〜

187

第Ⅳ部　私的政府BIAとジェントリフィケーション進展下のローカル政治

2006年には，23のBIAが新設され，2006年にはリトルポルトガルBIAの西側に隣接する街区において，ダンダスウエスト（Dundas West）BIAが設立された[5]。こうしたトロント市におけるまちづくりの潮流とともに，2007年，活動資金の安定化を求めたDOMAは"Little Portugal BIA（リトルポルトガルBIA)"として再編成された。

2　非ポルトガル系経営者への主導権の移行

2007年，リトルポルトガルBIAの設立において，DOMAの中心メンバーは中核的な役割を果たした。中心メンバーらは，主に1978年のDOMA設立当初，またはその直後から組織の運営に携わってきたポルトガル系経営者であった。このため，BIAの設立当初，全BIA役員15名のうち，3分の2（10名）がポルトガル系によって占められ，非ポルトガル系は3分の1（5名）を構成するにとどまった（**図9－4**）。BIAの初代代表には1997～2007年まで10年間に渡ってDOMAの代表を務めてきた，ポルトガル系一世のP5が就任した。P5は保険代理店を経営する経営者であり，事業所が立地する土地・建物を保有する。また，同氏は「ポルトガル系カナダ人ビジネス・プロフェッショナル連合（Federation of Portuguese Canadian Business and Professionals)」の創設者の一人であり，1982年の創設からの3年間，この組織の代表を務めた。すなわち，P5はトロントのポルトガル系コミュニティにおいて中心的な人物の一人であった。2007年，リトルポルトガルBIAは，P5を中心としたポルトガル系役員が多数を占める人員構成のもと，さらなる地域の発展を目指して再出発した。

しかし他方で，2007年時点，既に同地区では非ポルトガル系経営者が増加していた。P5は様々な組織で要職を歴任してきたものの，それらはポルトガル系コミュニティ内部を中心とするものであった。すなわち，同氏は，エスニックコミュニティ内部でその発展を牽引してきた一方，ポルトガル系コミュニティの外部の経営者や市当局との協働の経験には乏しかった。BIAは，地元経営者・土地所有者を中心に運営される組織であるものの，トロント市の政策であり，官民連携下にあるため，BIAの代表には市政府との間での情報交換なども求められる。

市担当者と現BIA役員への聞き取りによると，P5は市政府と協働する意識

第9章　リトルポルトガルBIAにおける主導権争いと社会関係

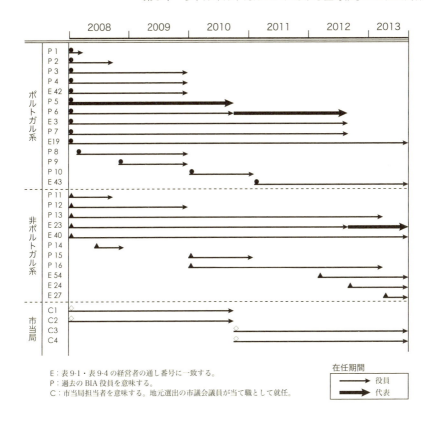

図9-4　リトルポルトガルBIAにおけるBIA役員の変遷（2013年9月現在）

に乏しく，情報共有を拒否することもあったという。また，非ポルトガル系経営者の増加に伴い，エスニックな紐帯を超えたまちづくりが求められるようになっていくと，両集団間での均衡がとれる代表が求められるようになった。BIA役員会において，少数派でありながらも5名を数える非ポルトガル系役員の中には，P5によるポルトガル系コミュニティを偏重する方針に不満を抱く者も現れ始めた。こうした背景において，任期途中の2010年3月，P5が代表を辞任すると，代わってP6が代表に就任した。P6はポルトガル系二世であり，同地区内の土地所有者であった。同氏の父親は，トロントのポルトガル系五大組織の一つで代表を務めた人物である。父親がポルトガル系コミュニティの重

189

第Ⅳ部　私的政府BIAとジェントリフィケーション進展下のローカル政治

要人物であったことから，P6もまたトロントのポルトガル系コミュニティで
は著名な人物である。移民二世である同氏は，ポルトガル系の移民一世と現地
生のカナディアンの価値観をともに理解し得ることなどから，BIAの代表とし
て理想的な人物と考えられた。P6は，ストリートフェスティバルの企画（次
項で詳述）をはじめ，従前のポルトガル系経営者と新規の非ポルトガル系経営
者との融和に取り組んだ。P5からP6への交代までに，ポルトガル系役員は10
名から5名に減少した一方，非ポルトガル系役員は創設時と同数の5名を維持
した[6]。

　その後，2012年，P6がBIA代表を退任すると，非ポルトガル系経営者（ジ
ェントリファイアー）のE23が代表に就任した。前述したように，E23は2003
年にアートギャラリーを出店し，同地区における非ポルトガル系事業所の増加
を促進した人物である。2007年のBIA創設時から，同氏はBIA役員会に参加
しており，P6の退任に際しては自ら志願して代表に就任した。この時，ポル
トガル系役員の中にはE23の代表就任に反対する者もいたが，過半数の役員の
賛同を得てE23は新代表に選出された[7]。しかしこの結果，反対派であった
ポルトガル系役員は，E23の代表就任とともにBIA役員を退いた。こうして，
E23の代表就任を契機に，ポルトガル系から非ポルトガル系へのBIA役員の交
代は一層進展した。2013年9月現在，リトルポルトガルのBIA役員はポルトガ
ル系が2名に対し，非ポルトガル系が5名であった。

　以上のように，2007年，ポルトガル系コミュニティにおける重要人物のP5
を中心として，ポルトガル系役員を主体に出発したリトルポルトガルのBIA
役員会は，パイオニア・ジェントリファイアー（E23）によって牽引される非
ポルトガル系中心の役員会へと変容した。

3　フェスティバルの開催をめぐるBIAとACAPOのコンフリクト

　2012年，E23をはじめとして，数名のBIA役員によりストリートフェスティ
バルの開催が企画された。当初，このストリートフェスティバルは，オンタ
リオ州ポルトガル系組織連合"Alliance of Portuguese Clubs and Associations
of Ontario"（ACAPO）によって開かれる"ポルトガルデイパレード（Portugal
Day Parade）"との共同開催を予定していた[8]。ポルトガルデイパレードは，ポ

第9章　リトルポルトガルBIAにおける主導権争いと社会関係

ルトガルウィーク（Portugal Week）と称される毎年6月に催されるポルトガル系コミュニティによるイベント期間のうち，最重要のイベントとして位置付けられる（**写真9－3**［カバー表・表袖］）。リトルポルトガルBIAとダンダスウエストBIAの域内を歩行者天国にし，それぞれの社会文化組織ごとに郷土の伝統的な踊りを披露するほか，山車とともに域内を行進する者もいる。また，リトルポルトガルBIAに隣接するトリニティ・ベルウッズ公園（Trinity Bellwoods Park）は，ポルトガルウィークにおける，その他のイベントの会場として利用されてきた。フェスティバルの共同開催には，BIAとACAPOの両団体にとって，経費削減などの利点が見込まれた。ストリートフェスティバルの企画内容が概ね整理されると，当時BIAの代表を務めていたP6がACAPOとの交渉に臨んだ。カナディアンの価値観を備えた移民二世であることに加え，ポルトガル系コミュニティにおいても名を知られたP6は，非ポルトガル系カナディアンに傾斜しつつあるリトルポルトガルBIAと，移民一世が中心となって組織されるACAPOとの間を取り結ぶには格好の人物と考えられた。

　P6がフェスティバルの共同開催を提案すると，当初，ACAPOはこれに合意した。しかし，最初の話し合いから数か月後，ACAPOはBIA側に対して当初の回答を撤回し，共催の拒否に転じた。オンタリオ州のポルトガル系組織連合であるACAPOは，ポルトガル系の社会文化組織によって構成されるとともに，ポルトガル系の企業・事業所などがACAPOのスポンサーを務めている。リトルポルトガルBIA内においても，ACAPOと緊密な関係にある事業所が複数存在する。それらのうち，特に，ポルトガル系テレビ・ラジオ局はACAPOの主要スポンサーである。2012年当時，同局社員のP7はBIAの役員を務めていたが，彼は企画段階からストリートフェスティバルの開催に反対していたという（複数のBIAの役員への聞き取りに基づく）。BIA役員会としての決定に基づき，フェスティバルの準備が進む一方，BIA役員会とACAPOの両組織に内通するポルトガル系のエスニックメディア，或いはその社員であるP7は，BIA役員会による（彼にとっての）不本意な決定後，ACAPOの側からこの問題に干渉することにより，ストリートフェスティバルの開催阻止を実現させたと考えられている。

　聞き取りによれば，ACAPOとBIAの間での主要な争点は，フェスティバル

191

第IV部　私的政府BIAとジェントリフィケーション進展下のローカル政治

における運営の主導権にあった。リトルポルトガルのBIA役員会は，隣接するダンダスウエストBIAとの協議の末にプログラムを作成し，その後，それをACAPOに提示した。これを受け，ACAPOはフェスティバルの運営に関する主導権をBIA側に掌握されることを懸念したと考えられ，このことも共同開催の拒否に転じた一因として挙げられる。ACAPOは，20年以上に渡ってポルトガル系移民により維持されてきたポルトガルデイパレードの改変を危惧したと考えられる。ポルトガルデイパレードは，送出地であるポルトガルの文化を維持・再現するとともに，ポルトガルからトロントへの移住の経験を回顧する，エスニックコミュニティ内部でのアイデンティティ・紐帯を再確認する重要なイベントである。ACAPOがBIAとの共催を拒否したことは，リトルポルトガルBIAにおいて，その活動の中心となるBIA役員会の人員構成が脱ポルトガル化していることを反映する。

　2012年，ACAPOとの共同開催によるストリートフェスティバルの計画が失敗に終わると，間もなくP6はBIAの代表を退いた。新代表に就任したE23は，翌年の2013年において，ストリートフェスティバル“ダンダスウエストフェスト（Dundas West Fest)”の開催を実現させた。しかしながら，このフェスティバルはBIAによる単独開催となった。ACAPOによるポルトガルデイパレードは，ダンダスウエストフェストとは別に，その翌日に開催された[9]。ダンダスウエストフェストのフライヤーからわかるように（**図9-5**［口絵］），BIAによって開催されるこのフェスティバルでは，名称と内容のいずれにおいても，ポルトガルのエスニシティには焦点が当てられなかった（**写真9-4**［カバー裏］）。他方，ポルトガルウィークの行事は，ポルトガルデイパレードこそ例年通りにリトルポルトガルBIA内で催されたものの，その他の全ての行事は25年目にして初めてトロント市内北部のノースヨーク（North York）地域に所在するダウンズヴュー公園（Downsview Park）で開催された。ダウンズヴュー公園の周辺（移民回廊地域）では，近年，ポルトガル系住民が増加している（第7章）。BIAによるダンダスウエストフェストとACAPOによるポルトガルデイパレードが，同一の都市空間において1日違いで開催されていることは，リトルポルトガルBIAにおけるポルトガル系経営者と非ポルトガル系経営者（ジェントリファイアー）の間でのコンフリクトの存在を如実に反映する。

第9章　リトルポルトガルBIAにおける主導権争いと社会関係

第4節　　地元経営者の社会関係

　リトルポルトガルBIAの経営者を対象に質問票調査を実施した結果，事業所の業種，開業年，開業者，土地所有の有無，および経営者の年齢，性別，出生地，移民世代，移住年などの属性が得られた（**表9−1**）。また，聞き取りをおこなったE1〜41の経営者に対し，自身が域内で最も親しいと思う経営者を最大3人問うた。全ての回答結果を集計した後，Net DrawおよびUCINETにより社会ネットワーク分析をおこない，リトルポルトガルBIAにおけるソシオグラムを作成した（**図9−6**）。同図において，それぞれのポイントは経営者個人を示し，それらをつなぐパスは経営者間の社会関係を示す。**図9−6**および**表9−1**の経営者番号は，互いに対応する。いずれも，聞き取りをおこなった41名の経営者に加え，社会関係に関する回答は得られなかったものの，他の回答者から親しい人物として指名された経営者もE42〜58として記した。

　ソシオグラムを構成するポイントのうち，黒色はポルトガル系経営者，白色は非ポルトガル系経営者をそれぞれ示す。ソシオグラムから，ポルトガル系と非ポルトガル系の経営者は，概して，それぞれが独立した社会ネットワークを有していることがわかる。すなわち，リトルポルトガルBIAという都市空間において，ポルトガル系／非ポルトガル系の二つの社会集団は空間的には混在化するものの，社会的には分断化されている。また，両者のネットワーク構造を比較すると，非ポルトガル系経営者に比べ，ポルトガル系経営者には他者と相互選択するポイントの数が少ない。ポルトガル系経営者の社会関係には，一方向的なものが卓越する一方，非ポルトガル系のそれは，より多数の相互選択を有するとともに，より複雑な構造を形成し，集団内の経営者間における密な社会関係の存在を示唆する。

　前述したように，今日，トロントのポルトガル系人口は，主に，①リトルポルトガル，②移民回廊地域，③西部郊外の3地域に確認される。本章第2節3項でも明らかにしたように，現在，リトルポルトガルBIA内のポルトガル系経営者の大半が，移民回廊地域と西部郊外に居住する。職住分離が進展した結

193

第Ⅳ部　私的政府BIAとジェントリフィケーション進展下のローカル政治

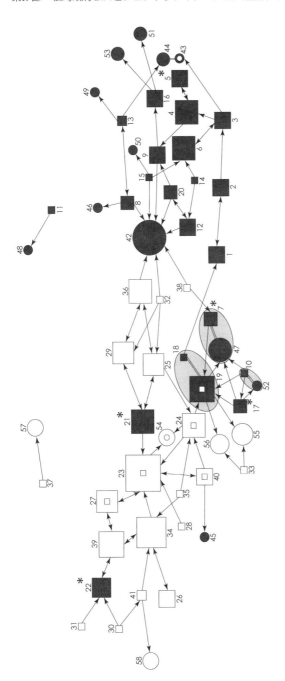

図9-6　リトルポルトガルBIAのソシオグラム

第9章　リトルポルトガルBIAにおける主導権争いと社会関係

果，リトルポルトガル内部におけるポルトガル系経営者間の社会関係は希薄になりつつあると考えられる。約半世紀の歴史を有する移民街であるリトルポルトガル域内において，他の同胞経営者と一定程度の社会関係を維持しつつ，郊外の居住空間において，より緊密な社会関係を構築していると推察される。

　ポルトガル系経営者はエスニシティという文化的共通項に基づき，空間を超えた社会的結合を維持する。一方，ジェントリファイアーとして同定される非ポルトガル系経営者は，彼・彼女らの内部で共通の価値体系を互いに共有している。2000年代〜2010年代という同様の時期，同一の地区で比較的に類似した業種・形態・客層の事業所を開業したことは，非ポルトガル系経営者らの間に一定程度の文化的・社会的同質性が存在することを示唆する。また，ジェントリファイアーに共通して認められた職住近接の居住形態も，彼らが近似した価値観を有することを示す。聞き取りによると，非ポルトガル系経営者の中には，就業後や休日に互いの店を訪れる者もいる。就業後にE39のバーを利用するアパレルストアEの経営者E34は，その一例である。職住の両空間が近接する非ポルトガル系経営者の間では，ビジネスを直接の目的としない相互接触も発生しやすい。就業空間のみならず，居住・生活空間をともに共有していることは，非ポルトガル系経営者の間でのインフォーマルな社会関係の形成に貢献していると考えられる。

　一方，非ポルトガル系経営者（E23）と一次的に接続するE21をみてみたい。同氏はポルトガル系出自者であるが，カナダで生まれ育った二世であるとともに，E23と同じOCADの卒業生である。彼女は，2012年，友人とともにこの地区にアートギャラリーを開業した。E21の事例は，ポルトガル系二世の中に，移民一世とは異なる価値観を有し，非ポルトガル系の社会ネットワークに埋め込まれている者がいることを例証する。他方，同じく移民二世のE5をみてみたい。彼は，両親が開業した保険会社を継承した。E21とは対照的に，同氏はポルトガル系のネットワーク内に位置している。E5は，幼少期から家族ぐるみの付き合いがあるE4（ポルトガル系一世）を最も親しい人物として回答した。E5の事例は，エスニシティに基づいた人間関係が世代を超えて継承されていることを示す。このように，リトルポルトガルBIA内部におけるポルトガル系二世の社会関係は，両親の教育方針をはじめとする家庭環境，およびその他

195

第Ⅳ部　私的政府BIAとジェントリフィケーション進展下のローカル政治

の個人的状況に依拠して異なると推察される。

　さらに，個人レヴェルでソシオグラムをみる時，出自にかかわらず，多くの経営者から支持されたポルトガル系経営者E42が注目される。同氏は食料品店を経営していることから，域内の多くの経営者が昼休みなどを利用して，彼の食料品店を訪れる。また，E42は域内に複数の土地・建物を所有し，出自を問わず域内の複数の経営者に対し，商用および居住用の物件を賃貸ししている。ポルトガル系コミュニティ内外の両方に食料品を販売する彼の事業所の特性に加え，土地所有者として域内の複数の経営者と接触する機会を有するとともに，その社交的な性格から，E42は両集団合わせて8名の経営者に親しい人物として指示された。

　他方，非ポルトガル系経営者においては，6名の経営者から親しい人物として同定されたE23が重要である。E23は，非ポルトガル系の中では最も早く，2003年に事業所（アートギャラリーA）を開業した。同氏は，パイオニア・ジェントリファイアーの一人であり，2012年以降，BIAの代表を務めてきた。E23を指名した経営者の数は，E42より2名少ない6名であったが，同氏が獲得した親密度の得点は，E42の13を上回る14であった。6名の経営者全員が，E23を3「プライベートな相談をする人物」，または2「仕事上の相談をする人物」と回答した。このことは，E23がより緊密で高次のエゴセントリックネットワークを形成していることを示す。その一方，E23を取り巻く他の経営者の間において，相互の選択は乏しい。E23と彼を取り巻くアクターの関係は，モレノが注目したスター型の社会関係に相当し，域内の非ポルトガル系社会においてE23が高い影響力，または高い中心性を有していることを示す。

　しかし，E23はポルトガル系のネットワークには直接に接続していない。この点は，E23がBIAの運営において課題を有していることを示唆する。P6から代表を引き継ぐと，E23はポルトガル系二世のR氏を有給のBIAコーディネーターとして雇用した [10]。R氏は，地区内の経営者および土地所有者でもない。彼は，トロントで生まれ育ったポルトガル系二世であり，英語とポルトガル語がともに堪能である。また，ホスト社会の価値観を有するとともに，ポルトガル系コミュニティの人間関係にも精通し，そこに埋め込まれていることから，ポルトガル系と非ポルトガル系の間を接続するために理想的な人材とみなされ

196

た。すなわち，E23がポルトガル系二世のR氏を雇用したことは，移民街における BIAの運営を円滑におこなうためのジェントリファイアーによる適応的な実践であった。

このほか，E23に一次的に接続する7名の経営者のうち，4名がBIA役員であることも注目されよう。BIA役員会は，E23のネットワーク形成において重要な役割を果たしていると考えられる。他方，ソシオグラムの分析，および聞き取りにより得られた情報から，これとは逆の流れも確認された。聞き取りによれば，E23がBIAの代表に就任したとき，一部のポルトガル系役員がこの決定に反対の意思を示して役員会を脱会したことにより，新代表となったE23は，BIA役員数の不足という問題に直面した。この問題を解決するため，E23は自身と親しい間柄にある経営者にBIA役員会への参加を呼び掛けた。すなわち，彼は，自らがそれまでに形成してきた人脈（ネットワーク）の中から，BIA役員の補充を試みたのである。

非ポルトガル系経営者のE27は，2013年に新たにBIA役員に就任した。E23とE27の事業所は隣り合って立地し，E27が同地にバーを開業した2008年以降，両氏は良好な近隣関係を築いてきた。E23とE27は，「プライベートな相談事をする（親密度3）」親しい人物と互いに認識し，高い親密度を示した。このことは，BIA役員会への参加が個人の意思決定のみならず，日常的に形成された経営者のインフォーマルなネットワークにも依拠することを実証する。このように，BIA内の中心人物が有するインフォーマルな社会ネットワークは，BIA役員の選出・構成に影響力を有している。リトルポルトガルBIAでは，ジェントリファイアーとして同定される，非ポルトガル系経営者によるネットワークがBIA役員の再生産に寄与し，役員数の増加と組織運営の安定化に貢献してきた。他方のポルトガル系経営者に関しては，BIA新代表の選出をめぐる対立を契機に，代表の座のみならず，役員数をさらに減少させた。結果として，ポルトガル系の人々は，BIA役員会における主導権を喪失し，リトルポルトガルBIAのまちづくりの中枢から一層離心することとなった。以上のように，ポルトガル系と非ポルトガル系の経営者は，リトルポルトガルという都市空間の内部において，ほぼ同数認められるものの，ポルトガル系経営者は政治的・社会的には，既に周縁化されている。

第Ⅳ部　私的政府BIAとジェントリフィケーション進展下のローカル政治

第5節 ┃ まとめ

　本章の目的は，ジェントリフィケーションに直面するトロントのリトルポル
トガルBIAにおいて，従前のポルトガル系経営者と新規の非ポルトガル系経
営者（＝ジェントリファイアー）の個人属性に加え，彼・彼女らの社会関係に注
目することにより，過渡期にある移民街におけるローカル政治の展開と構造を
明らかにすることであった。地元経営者の社会関係に焦点を当て，地域変容期
にあるこの都市空間の現況を描出するため，ソシオグラムを導入した。前節ま
での分析により，以下の結果が得られた。

　トロントのリトルポルトガルBIAでは，1960年代末以降，ポルトガル系経
営者による事業所が集積していた。しかし，2003年，パイオニア・ジェント
リファイアーとして同定される非ポルトガル系経営者2名による，ミュージッ
クバーとアートギャラリーの出店以降，非ポルトガル系事業所の出店が連続し
ている。その結果，現在では，ポルトガル系経営者と非ポルトガル系経営者は
域内にほぼ同数認められる。ポルトガル系／非ポルトガル系経営者の間では，
経営者の年齢や業種などのほか，居住地に関してもその差異が顕著に確認され
た。ポルトガル系経営者は，市内北方の移民回廊地域と西部郊外の二つの新た
なポルトガル系地域に居住し，そこから自家用車で通勤する。他方，非ポルト
ガル系経営者（＝ジェントリファイアー）は，リトルポルトガルBIAの内部や
その周辺に居住し，徒歩や自転車で自身の事業所まで通勤する。現在，ポルト
ガル系の人々とジェントリファイアーの人々は，経営者としてリトルポルトガ
ルという同一の都市空間に併存する。一方，その経営者の居住分布は，空間的
同化論などの伝統的な都市理論が想定した分布（移民＝都市内部，ホスト社会住
民＝郊外）からは既に逆転しており，ジェントリフィケーション完了後の分布
に一致する。

　経営者による郊外への居住地移動のみならず，ポルトガル系住民が同地区の
総人口に占める割合も減少しているものの，リトルポルトガルBIAでは，依
然として約7割の不動産をポルトガル系が保有している。不動産所有者のうち，

198

ポルトガル系出自者が多数を占めていることは，ジェントリフィケーションの進行に対し，ポルトガル系コミュニティが一定の抵抗力を有しているとも考えられよう。ポルトガル系の土地所有者には，域内の物件を売却して他の二つの新たなポルトガル系地域に新規の物件を購入する者のほか，域内の物件を保有し続け，その賃料から利益を得ている者も認められる。賃借入居するポルトガル系の経営者・住民にとって，ジェントリフィケーションによる賃料の上昇とそれに伴う締め出しの影響が多大であることは論を俟たない。他方で，こうした不動産を保有するポルトガル系にとって，ジェントリフィケーションは経済的には正の影響をもたらしている。しかし，こうした一部のポルトガル系に経済的恩恵が生じていることはさておき，ジェントリフィケーションの進行が，リトルポルトガルにおいて，多くのポルトガル系住民・経営者の減少を促進し，移民街を急変させていることに変わりはない。

2007年，トロント市におけるまちづくりの潮流，および活動資金の安定的な確保を理由として，同街区はリトルポルトガルBIAとして組織された。BIAの設立時，ポルトガル系コミュニティの中心人物である移民一世のP5がBIA役員会の代表を務め，ポルトガル系が役員の3分の2を占めた。しかし，域内における経営者の構成の変化とともに，ポルトガル系二世のP6を経て，パイオニア・ジェントリファイアー（非ポルトガル系経営者）のE23が代表に就任するに至った。すなわち，リトルポルトガルBIAにおける代表は，ポルトガル系一世からポルトガル系二世を経て，最終的には非ポルトガル系のジェントリファイアーへと交代した。こうしたリトルポルトガルBIAにおける政治的な主導権の移行過程は，同地区が伝統的なポルトガル系移民街からジェントリフィケーションの進行により，社会空間的な特性を変化させていった状況を顕著に映し出す。さらに，現在，ポルトガル系と非ポルトガル系の経営者は域内にほぼ同数確認されるが，BIA役員会の人員構成においては，非ポルトガル系が7名中5名を占める。オンタリオ州ポルトガル系組織連合ACAPOとのコンフリクトの末，BIAでは非ポルトガル系役員を中心に，ポルトガルのエスニシティに特化しないストリートフェスティバルが開催されている。

ポルトガル系／非ポルトガル系の両経営者集団は，リトルポルトガルという同一の都市空間に併存している。しかし，ソシオグラムにより彼らの社会関係

第Ⅳ部　私的政府BIAとジェントリフィケーション進展下のローカル政治

を可視化してみると，両者は概して独立した社会ネットワークを有していることがわかった。すなわち，ポルトガル系と非ポルトガル系の経営者は空間的には混在化するものの，社会的には分断化されている。また，BIA役員会の存在は，非ポルトガル系経営者の間でのネットワークを強化するとともに，彼らが日常生活でインフォーマルに形成したネットワークは，非ポルトガル系経営者の間での新たな役員の選出に寄与し，BIAの活動に影響を与えている。

　以上の通り，今日のリトルポルトガルBIAでは，ジェントリファイアーとして同定される非ポルトガル系経営者がBIA役員会における主導権を掌握する一方，ポルトガル系経営者は周縁化されている。BIAは各街区の内部において「私的政府」としての権限を有している（第8章で詳述）。したがって，BIA役員会の主導権を失ったポルトガル系コミュニティにとって，「リトルポルトガル」という都市空間の統治に関し，残された選択肢は限定的と考えられる。

　それでは，BIAの制度下，不利な政治的・空間的構造の中に布置されることとなったポルトガル系コミュニティは，自らが形成した移民街の変化を傍観し，一義的に哀れみの対象となる脆弱な集団なのだろうか。次章では，地方議員選挙における選挙政治の視点から，この都市空間で展開されるローカル政治の諸相，およびエスニック集団の内外に跨り展開される，彼・彼女らの政治空間的実践を精査する。

注

(1)　リトルポルトガルBIA内において，1階部分の土地利用を示した。

(2)　経営者のエスニックオリジンに関するデータは，基本的には各経営者への対面形式での聞き取りと質問票調査により得られたが，一部の経営者に関しては，店舗外観の観察，および近隣経営者への聞き取りによりその出自を同定した。

(3)　2013年9月時点において，リトルポルトガルBIA内に立地した事業所を対象とした。また，ポルトガル系（Portuguese）の分類にはブラジル出身者も含まれる。この中には，**表9－1**の一覧に含まれない経営者・事業所もある。

(4)　2003年より前に開業した非ポルトガル系事業所4件のうち，3件は中国系経営者によるものである。業種はそれぞれ青果店，コンビニエンスストア，雑貨店である。これらの事業所は，経営者のエスニックオリジン，および業種において，近年進出しているジェントリファイアーの事業所とは異なる性質を有する。しかし，その数が少数であることから，ここでは非ポルトガル系事業所として統一して分類した。

第9章　リトルポルトガルBIAにおける主導権争いと社会関係

(5)　ダンダスウエストBIAの範域は，1960年代末以降に形成されたポルトガル系商業地区の西半分に概ね相当する。

(6)　BIA役員会への参加はあくまでも無給のボランティア活動であるため，本業である事業所の経営が多忙となったことを理由に，BIA役員を退任する経営者もいる。しかし，この時のBIA役員の交代は，元代表であるP5を中心とする運営体制に対する反発に伴う役員会内部に固有な事情に依るものであった。

(7)　BIA代表を決める投票においては，全てのBIAメンバーに投票権が与えられているものの，リトルポルトガルBIAでは実際に投票に訪れるのはBIA役員のほか，数名のメンバーに限られるという。E23がBIA代表に就任する直前において，BIA役員の構成はポルトガル系，非ポルトガル系がそれぞれ5名であった。非ポルトガル系経営者に加え，数名のポルトガル系経営者の賛成票を得た結果，E23はBIA代表に選出された。

(8)　同団体のポルトガル語での名称は，"Aliança dos Clubes e Associações Portuguesas de Ontário"である。これらの頭文字を取り，同団体は"ACAPO"として略称される。

(9)　第8章でも述べた通り，BIAによるこのストリートフェスティバルは隣接するダンダスウエストBIAと共催でおこなわれた。主催者発表によれば，この年，約30,000人がこのフェスティバルを訪れたという。

(10)　リトルポルトガルBIAにおいてコーディネーターの職務は，BIAメンバーへのニューズレターの作成・配布のほか，SNSによる一般への広報活動などである。街区内のポルトガル系経営者・土地所有者の中には，英語の言語能力に乏しい者も少なからずいるため，BIAに関する重要書類には英語とポルトガル語の二言語による表記が必要とされる。非ポルトガル系がBIA役員会において多数派を占める現況下では，英語とポルトガル語を流暢に運用できる二世のコーディネーターが必要とされた。

201

第10章

ジェントリフィケーション進展下の
ポルトガル系議員の選挙戦

第1節　本章のねらい

「白熱する第18区の選挙戦」

メイザー氏とバイラン氏の政策大綱は類似しており，両者はともに，渋滞を減
少させることによるバスと路面電車のサービス向上，アフォーダブルな住宅の
選択肢の増加，アフォーダブルな保育サービスの提供を約束している。……ポ
ルトガルからカナダへ移住してきたバイラン氏は，人口の20％をポルトガル語
母語者によって占められるこの選挙区に尽力し，ポルトガル系コミュニティと
良好な関係を築いてきた。しかし，この地区におけるポルトガル系住民の数は
減少し，選挙区の人口構成は次第に変化している。カナダ統計局によれば，
2011年には，2006年に比べて，ポルトガル語母語者の人口が約2,500人
減った。

(*Globe and Mail* 2014, 2014年10月22日)

　2014年10月27日，「2014年トロント市議会議員選挙」の投票日を迎えた。
この年の選挙は，1998年，旧トロント市が周辺の五つの自治体を吸収合併し，
現在のトロント市になって以降，6回目の選挙であった。市長（mayor）と教
育委員会理事（school board trustees）とともに，小選挙区制度に基づき，44の

203

第Ⅳ部　私的政府BIAとジェントリフィケーション進展下のローカル政治

各選挙区から合計44人の市議会議員が選出された。2000年，トロント市はこの44区44議席の枠組みを導入した。候補者は，それぞれの選挙区において，互いに1議席を争う。トロント市議会議員選挙は，非政党政治システムの下で開催されるため，全ての候補者が無所属で出馬することになる。投票日の5日前にあたる10月22日，カナダの主要紙Globe and Mailは，第18区の選挙戦が接戦となる見通しを伝えるコラム記事を出し，この都市空間におけるポルトガル系人口の減少が今回の戦いの鍵になることを示唆した。主に1960年代〜1970年代に形成された，ポルトガル系の商業街区および居住地域のほぼ全ての範囲が，第18選挙区（以下，第18区）に内包されている。トロント市中心西部のこの都市空間は，現在，ジェントリフィケーションの進行過程にあり，人口，社会，文化，経済のみならず，政治の側面においても，急速な変容に直面している。

　本章は，選挙政治のレンズを通し，ジェントリフィケーションが進行する移民街で生じる政治的ダイナミクスの様相について，その理解を深化させることを試みる。研究対象の選挙区は，トロントのインナーシティの一部を構成し，CBDから約5km西方に位置する第18区（2014年選挙時）である（**図10-1**）。第18区は，リトルポルトガルを含む，20世紀後半に形成された伝統的なポルトガル系居住地域に合致する。選挙区割が異なる1999年以前の状況・出来事などについて言及する際には，この2014年選挙の第18区に空間的に概ね符合する過去の選挙区を取り上げる。

　主な分析資料は，国勢調査のほか，トロント市文書館（City of Toronto Archives）で収集された新聞記事や選挙資料などの歴史文書，および2014年選挙のキャンペーン期間とその前後（2012〜2019年）において，第18区で毎年実施したフィールドワークで得られたデータである。フィールドデータは，具体的には，ローカル・フリーペーパーや新聞の記事，選挙キャンペーン時に配られた各種グッズ，ストリートフェスティバルやポルトガル系社会文化組織への参与観察から得られた調査データ，およびポルトガル系市議会議員の選挙事務所スタッフに加え，リトルポルトガルBIA，ダンダスウエストBIA，オンタリオ州ポルトガル系組織連合ACAPOの中核メンバーへのインタヴューデータなどである。こうした調査協力者には，移民一世・二世のポルトガル系のほか，

204

第10章　ジェントリフィケーション進展下のポルトガル系議員の選挙戦

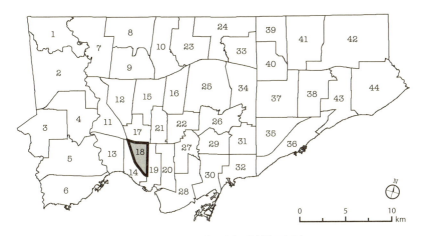

注：図に示された数字は選挙区の番号を，灰色で示された選挙区は本章の研究対象区を示す。

図10−1　2014年トロント市議会議員選挙の区割

アーティストや起業家など，ジェントリファイアーとしてカテゴライズされる非ポルトガル系の人々も含まれる。潤沢な定性的データに加え，国勢調査などの定量的データをもとに，選挙政治の観点から，トロント市中心西部に位置する第18区とその前身の選挙区を検討する。

　本章の構成は，次の通りである。第2節において，市議会議員を目指したポルトガル系候補者の歴史について，移民街「リトルポルトガル」との関係から振り返る。その上で，ジェントリフィケーションが進行する現況を踏まえ，本章の意義を提示する。第3節では，ホスト社会とエスニックコミュニティの双方のメディアにより生産されたテクストに焦点を当て，選挙政治に果たすメディアの役割を検討する。第4節では，選挙関連グッズを介した表象の側面に焦点を当て，単一の都市空間の内部に所在する「場所の複数性」の存在を捕捉し，分析する。また，エスニシティが選挙戦に利用されるとともに，選挙戦を通じて強化されていく一連のプロセス，ならびに選挙戦での勝利を確実なものにするため，集団外部の票が付加的に収集されていく様態を明らかにし，その戦略性を考察する。最後の第5節では，前節までに得られた知見をもとに，ポルトガル系移民街で展開される選挙戦を読み解くためには，ジェントリフィケーションという現代的な文脈に照らし，都市空間で発現する「場所の複数性」への

第Ⅳ部　私的政府BIAとジェントリフィケーション進展下のローカル政治

着眼と洞察が鍵を握るものと結論付ける。

第2節 | ポルトガル系移民によるトロント市議会への進出

1　ポルトガル系街区におけるBIAの変遷

　本章で対象とする2014年選挙に最も近い，2016年のカナダ国勢調査をみると，エスニックオリジンの項目において，自身の出自をポルトガル系と回答した数は482,605人に上った。現地生まれである二世以降の増加により，2011年に比べても，その数は増加している（参照：第5章第3節）。このうち，約67％にあたる324,930人がオンタリオ州に居住していた。また，オンタリオ州のポルトガル系人口のうち，約65％（210,420人）がトロント大都市圏（Census Metropolitan Area：CMA）の居住者であり，さらに大都市圏内の人口の約半数（100,415人）はトロント市内で認められた。

　前述の通り，1950年代〜1960年代初頭，ポルトガル系住民の居住地域の中心部は，この当時，トロントで移民受入地区として位置付けられていたケンジントンマーケットであった。1960年代に入り，ポルトガルからの移民数が急増すると，ポルトガル系住民はダンダスストリート（Dundas St. W.）に沿って，西方へと居住の核心地を移動させながら，居住域をその周辺部にも拡げていった。その結果，1970年代初頭までに，トロント市中心西部において，社会的・文化的つながりが強固なポルトガル系移民街が確立された。

　東側をオジントンストリート（Ossington Ave.）に，西側をランズドーンストリート（Lansdowne Ave.）に挟まれるダンダスストリート沿いの街区は，ポルトガル系地区の核心地であり，ポルトガル系居住地域の中でも，特に重要な都市空間と言える（**図5−3**）。1970年代以降，長期間に渡り，この街区はエスニックビジネスが卓越した商業地区となってきたが，2000年代に入ると，パイオニア・ジェントリファイアーが街区に商店を開業していく中，BIAの設立という新たな動きが生じた（第9章で詳述）。

　トロント市文書館での資料調査の結果，1985〜1994年の約10年間，リトルポルトガルBIAの東側に隣接する，グレースストリート（西側の境界）とバサ

第10章　ジェントリフィケーション進展下のポルトガル系議員の選挙戦

ーストストリート（東側の境界）に挟まれるダンダスストリート沿いの街区に
「ポルトガルヴィレッジBIA（Portugal Village BIA）」と呼ばれるBIAが存在し
たことがわかった。しかし，ポルトガル系コミュニティにおける居住機能と商
業機能のさらなる西方への移動に呼応し，1994年12月31日，このBIAは消滅
した。BIAは市政府による承認を経て設立された，言わば公式化された街区で
あるが，その一方，地元の地権者による自発的・自治的な性格が強いが故に，
街区内の経営者や周辺住民の属性をはじめとする諸状況の変化のほか，アクタ
ー間における合意形成の瓦解，まちづくり方針の変更などを反映し，このよう
に時には姿を消すこともある束の間的な特性を持つ。かつて存在したポルトガ
ルヴィレッジBIAに相当する街区には，老朽化したストリートサインが今な
お残され，地域史の一断片を伝えている。

　時間の経過に伴う街区特性の変容を反映し，BIAでは，合併による改称や空
間領域の再編がおこなわれる場合もある。オジントンストリートとランズドー
ンストリートに挟まれる，ダンダスストリート沿いの街区のうち，まずは
2006年，西側の範域で「ダンダスウエストBIA（Dundas West BIA）」が，翌
2007年には，東側の範域で「リトルポルトガルBIA（Little Portugal BIA）」が
設立された。両BIAは，空間的に隣接するのみならず，1970年代以降，ポル
トガル系コミュニティの商業の核心地としての特性を共有してきた。加えて，
2013年以降には，ストリートフェスティバルの共同開催などを通じて，互い
に濃密な交流を重ねてきた。なお，本章に限っては，便宜的にリトルポルトガ
ルBIAとダンダスウエストBIAを合わせた範域をリトルポルトガルと呼ぶ。

　今日，これら一連の都市空間は，エスニック住民／ジェントリファイアーの
両者により醸成される二つの場所アイデンティティをともに包含する。加えて，
商業活動の空間としてのみならず，選挙活動をはじめとする政治的アリーナと
しても重要な役割を果たしている。選挙キャンペーン期間にBIA内で催され
る種々の行事には，政治家・候補者が必ずと言っていいほどに姿を現し，自ら
の知名度と政治ヴィジョンの認知の向上を図る。

2　ポルトガル系移民による市議会議員への挑戦

　1960年代〜1970年代，トロント市中心西部において，ポルトガル系コミュ

第Ⅳ部　私的政府BIAとジェントリフィケーション進展下のローカル政治

ニティは，居住，エスニックビジネス，社会文化組織が立地する，多機能なエスニック空間を形成した（第7章）。ポルトガル系コミュニティが発展していった1970年代末，ポルトガル系一世のカナダ人が市議会議員選挙に初めて立候補した。トロント市文書館での調査の結果，地元紙 *Toronto Star* の記事をはじめとする複数の歴史文書が，1978年トロント市議会議員選挙において，ジョン・メデイロス（John Medeiros），ビル・モニス（Bill Moniz），マヌエル・アウベス（Manuel Alves），ジョー・ピメンタウ（Joe Pimental），マヌエル・ガルシア（Manuel Garcia）の全5人のポルトガル系カナダ人が立候補したことを示した。これらの候補者の全てが，ポルトガル系集住地域にあたる第4区（当時）から立候補した（**図10-2**）。

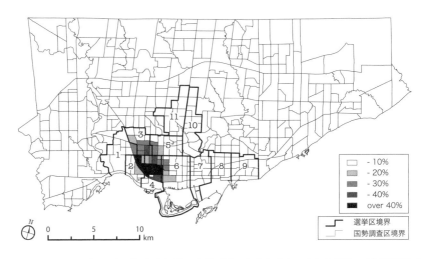

注：地図上の数字は，選挙区の番号（当時）を意味する。選挙区境界の外周線は，旧トロント市（1998年の広域合併以前）の市境を示す。
出典：Statistics Canada（1981）をもとに筆者作成

図10-2　ポルトガル系人口の分布（1981年）とトロント市議会議員選挙（1978～1985年）の選挙区割

1978年選挙の当時，全11区あった旧トロント市の選挙区のうち，第4区はポルトガル系住民が最も集積した選挙区であった。第4区の西側に隣接する第2区もまた，一定数のポルトガル系住民を有したが，この選挙区の住民の半数以上は，ポルトガル系以外の住民によって占められた。第4区では，全10人の

第10章 ジェントリフィケーション進展下のポルトガル系議員の選挙戦

候補者のうち，5人がポルトガル系候補者であり，彼らは選挙区内の2議席をめぐって互いに争った。しかし，ポルトガル系候補者から当選者は出ず，それぞれ4位，6位，7位，9位，10位に沈んだ。この選挙結果は，5人のポルトガル系候補者が選挙区内の同胞票（ethnic vote）を奪い合った結果，集住による恩恵を十分に発揮できなかったことを示唆する。

　続く1980年，1982年，1985年の選挙は，1978年選挙と同じ選挙区割と議席数の下で実施された。これら3回の選挙全てにおいて，ポルトガル系候補者の出馬が確認された。しかし，1978年選挙とは異なり，各年それぞれ1人のポルトガル系カナダ人のみが立候補を表明した。また，これら全3回の選挙において，全てのポルトガル系候補者が第4区から出馬したが，当選には至らなかった。ポルトガル系コミュニティ内から議員が選出されるのは，1980年代末まで時を待つこととなる。こうした歴史上の政治地理的事実は，二つの可能性を示唆する。一つ目は，ポルトガル系移民の多くが，当時，カナダの市民権を獲得しておらず，選挙での投票権を有していなかった点である。カナダに帰化するためには，最低居住年数などの一定の要件が定められており（第11章），当時のポルトガル系移民の中には要件を満たしていない者が少なからず存在したと考えられる。そして，二つ目は，特定のエスニック集団によって顕著な集住が認められる選挙区においても，エスニシティは無条件に投票を決するような，絶対的要素にはなり得ないという点である。投票行動をめぐっては，エスニックな出自の他，学歴・経歴，政治思想，政策ヴィジョンなど，複数の要素が存在する。候補者と有権者が同胞であることは，投票の動機となり得る一つの重要な要素ではあるが，他の要素との複合的関係や他の候補者との競合の結果，選挙区の声を議会に伝えるに足る候補者として評価されず，当該の同胞候補者への投票が見送られることも十分に想定されよう。

3　ポルトガル系市議会議員の誕生

　1988年，ポルトガル系コミュニティの中から，トロント市議会議員が初めて選出された。同年の選挙では，選挙区割が改定され，市域が全16の選挙区に細分化されるとともに，小選挙区制が導入された。したがって，市議会議員の数は合計22人から16人へと減少した。新制第4区において，ポルトガル系

第Ⅳ部　私的政府BIAとジェントリフィケーション進展下のローカル政治

移民一世のカナダ人（カナダ国籍保有者）のマーティン・シルヴァ（Martin Silva）が，総投票数の約50％の票を得て，選挙戦に勝利した。ジョー・ピメンタウとトニー・レトラ（Tony Letra）の2人のポルトガル系一世のカナダ人も同じ選挙区から出馬したが，マーティン・シルヴァの前に敗れた。この新制第4区もまた，ポルトガル系の集住地域に合致した。

　1991年と1994年の市議会議員選挙は，1988年と同じ選挙区割を維持し，16区16議席の枠組みの下で実施された。1991年と1994年においても，マーティン・シルヴァは，同じく第4区から立候補し，市議会議員に連続して選出された。一方，1994年の選挙では，隣接する第3区から新たにもう1人のポルトガル系一世のカナダ人マリオ・シルヴァ（Mario Silva）が市議会議員に選出された。この当時の第3区の一部地域もまた，ポルトガル系集住地域に合致した。2014年の選挙区割に照らすと，第18区（2014年）の中南部地域が1994年当時の第3区全域に相当する。1994年選挙は，トロント市議会において，同時に2人のポルトガル系議員が選出された初めての選挙となった。全16議席のうち，2議席をポルトガル系カナダ人が占めたことは，このエスニックコミュニティの成熟とホスト社会における彼・彼女らのプレゼンスの増大を示す。

　1997年11月，トロント市の広域合併が約2か月後に迫る中，新たな選挙区割が適用された。新制トロント市（現在のトロント市）の範囲において，28区56議席（各選挙区・定数2）の制度下で，市議会議員選挙がおこなわれた。この選挙区割の改定は，マーティン・シルヴァとマリオ・シルヴァという，2人のポルトガル系現職議員に大きな影響を与えることとなった。両者は，それぞれ既存の第4区と第3区から選出された議員であったが，1997年の選挙では，ともに新制第20区からの出馬を表明した。この第20区は，従前の区割に比べて広域であった。現在のトロント市中心西部に位置し，1988～1994年の選挙区割の第3区と第4区の大半の範囲を内包した。すなわち，それ以前の選挙区に比べ，より広域的にポルトガル系居住地域を覆う新たな選挙区が生成された。2人のポルトガル系現職議員が同一の選挙区に集束したことは，両者にとって，この第20区が最良の選択肢と考えられたために他ならない。前述の通り，エスニシティは投票行動を決する唯一の要因ではないかもしれないが，一方で，選挙戦において取るに足らない要素でもない。1997年における選挙区割の変

210

第10章　ジェントリフィケーション進展下のポルトガル系議員の選挙戦

更は，2人のポルトガル系現職議員に対して，同一の選挙区で2議席をめぐって，互いに選挙戦を戦うことを余儀なくさせた。結果として，第1位で勝利した他の候補者（全体の約33％の得票）に続き，マリオ・シルヴァは約30％の票を得て第2位で当選を果たした。他方のマーティン・シルヴァは，約25％の票を獲得したものの，落選した。この選挙結果は，2人の有力なポルトガル系候補者が，同一の選挙区で鎬を削った結果，同胞票を互いに分け合い，票が分散化した可能性を示唆する。両者は既に議員として活動した実績を持つとともに，ポルトガル系コミュニティ内はもとより，地区内における知名度も獲得していた。上記のようなドラスティックな選挙区割の改変がなければ，2人ともに選出された見込みも大きかったと推測される。

　2000年，トロント市は，選挙区割を再び引き直した。新たな選挙区割は，選挙区当たり定数1の44区44議席となり，この小選挙区の枠組みは2014年の市議会議員選挙まで維持された。マリオ・シルヴァは，新制第18区から立候補すると，他の候補者を破り，三選を達成した。マリオ・シルヴァが当選した，1994年，1997年，2000年の計3回の選挙は，全て異なる選挙区割で実施されたが，彼が出馬した選挙区の全てがポルトガル系集住地域に合致した。トロント市中心西部におけるポルトガル系住民の空間的集中は，マリオ・シルヴァが選挙戦に勝利するために不可欠な要素であり，また前提条件であったとも考えられる。彼は，次の2003年の市議会議員選挙への立候補を見送り，代わって，2004年の連邦議会議員選挙で出馬を表明した。この選挙でも，ポルトガル系集住地域の選挙区から出馬し，勝利すると，その後，連邦選挙でも三選を果たした。マリオ・シルヴァは，トロント市議会のみならず，カナダの国家レヴェルにおいても，約10年間に渡り，ポルトガル系コミュニティの集積地域にあたる，トロント市中心西部の政治代表として従事した。1994〜2011年の長期に渡る連続での選出は，エスニシティのみならず，彼の政治手腕が評価された結果であることは論を俟たないが，他方で，エスニシティ，或いは同地区における同胞票の存在もまた，彼にとって，選挙戦での勝利には不可欠な要素であった。

　2003年のトロント市議会議員選挙では，マリオ・シルヴァに代わって，第18区から，ポルトガル系一世の新人アナ・バイラン（Ana Bailão）が出馬を表明した。彼女は，全体の約40％の票を獲得したものの，よりプログレッシヴ

211

第Ⅳ部　私的政府BIAとジェントリフィケーション進展下のローカル政治

な政治ヴィジョンを示した，ライバル候補者のアダム・ジャンブローニ（Adam Giambrone）に惜敗した。その後，2010年の選挙において，バイランは同じ第18区から再び立候補した。この年，ジャンブローニが当選すれば三選目となったが，彼は出馬せず，ジャンブローニの秘書（executive assistant）を長く務めてきたケヴィン・ボーリュー（Kevin Beaulieu）が代わって立候補した。投票の結果，バイランはボーリューにも勝利し，トロントのポルトガル系コミュニティにおいて，マーティン・シルヴァとマリオ・シルヴァに続いて3人目の市議会議員，かつ初めての女性市議会議員となった。これら3名のポルトガル系議員経験者は，全て一世のポルトガル系カナダ人であり，また例外なく，トロント市中心西部のポルトガル系集住地域から選出された。2014年トロント市議会議員選挙を前に，アナ・バイランは，第18区での二選目を目指し，立候補を表明した。

4　人口構成の変化と選挙区割

　図10-3は，2016年におけるトロント市のポルトガル系人口の分布，および2000年，2003年，2006年，2010年，2014年に実施された全5回のトロント市議会議員選挙の区割を示す。同図からは，第18区とポルトガル系居住地域が合致していることが読み取れる。第18区に位置する全ての国勢調査区において，ポルトガル系人口が総人口の10％以上を占めた。なかでも，五つの国勢調査区では，総人口の20％以上をポルトガル系人口が占めた。しかし，第18区の北側に隣接する第17区（**図10-1**を参照）では，それよりも高く，総人口の30％以上をポルトガル系人口が占める国勢調査区が認められる。

　1980年代以降，第18区に相当する地域では，ポルトガル系人口が次第に減少している。1981年の国勢調査において，ポルトガル系人口は，ダンダスストリート沿いのリトルポルトガルBIA・ダンダスウエストBIAとその周辺部に，高度に集積していた（**図5-3**，**図10-2**を参照）。現在の第18区と第19区に位置する，ダンダスストリート沿いの全ての国勢調査区において，総人口の40％以上をポルトガル系住民が占めていた。しかし，ダンダスストリートを軸に，東側地域におけるポルトガル系人口の減少，および西側地域におけるポルトガル系人口の一定の維持という，東西方向における変化が認められるように

212

第10章　ジェントリフィケーション進展下のポルトガル系議員の選挙戦

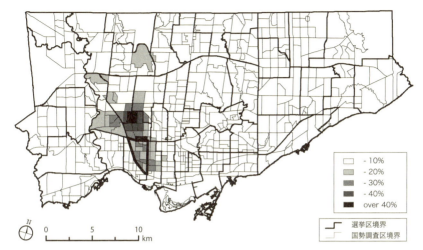

注：太線の選挙区は，研究対象の第18選挙区を示す。
出典：Statistics Canada（2016）をもとに筆者作成

図10-3　ポルトガル系人口の分布（2016年）と
トロント市議会議員選挙（2000～2014年）の選挙区割

なった。

　ポルトガル系住民の数は減少している一方，近年，ジェントリファイアーとして同定される住民の数は急増している。ジェントリファイアーは，一般的に，ポルトガル系住民よりも所得が高く，専門職に従事している現地生まれのカナダ人である。特に2000年代以降，多数のポルトガル系が，トロント市内においては，リトルポルトガルとその周辺部から，市内のより北方（移民回廊地域）へ移動するとともに，ミシサガ市をはじめとする西部郊外に移り住む事例も認められる（第7章）。市内北方への転住の現象は，一瞥すると，古典的な空間的同化モデルに一致し，自発的な居住分散として理解される。しかし，特に1990年代以降に進展しているジェントリフィケーションが，ポルトガル系住民の居住パターンに与えている影響を無視することは正当とは言い難い。図10-4～10-7［口絵］をもとに，平均所得と平均家賃の分布（2011年・2021年）をみると，近年，ポルトガル系が集住する市内北方の移民回廊地域に比べて，リトルポルトガルとその周辺部における高所得・高家賃の傾向が明瞭に読み取れる。2021年，リトルポルトガルにおける平均所得・平均家賃は遂に市

213

第Ⅳ部　私的政府BIAとジェントリフィケーション進展下のローカル政治

内平均を上回った。ジェントリファイアーの都市内部への流入は，第18区の伝統的ポルトガル系地区において，看過できない影響を与えている。不動産価格および賃料は急速に上昇し，この地区で長期間居住を続けてきた，借家人を中心とする，住民は経済的な困難に直面している。

　過去の選挙戦を振り返ると，ポルトガル系住民の空間的集中は，これまでポルトガル系政治家が当選するために必要不可欠であったと考えられる。少なくとも，彼・彼女らは，それを極めて重要な要素と考えてきた。1988 ～ 2010年の期間，3人のポルトガル系市議会議員が，全てポルトガル系集住地域から選出されたことは，この都市空間において，候補者のエスニシティと有権者のエスニシティとの間に相関が認められることを示し，候補者にとって，エスニシティが重要な要素であることを示す。ポルトガル系集住地域の内部では，近隣効果（neighbourhood effects）の存在も推察され，同胞間での相互の情報伝達が，同胞候補者の選出に寄与している可能性も考えられる。選挙での投票選好と選挙区内の住民構成には一定の関連があると考えられることから，近年生じているジェントリフィケーションとポルトガル系住民の居住分散は，第18区の選挙戦にも重大な影響を与えていると推察される。次節では，ポルトガル系の現職候補者アナ・バイランが，人口構成の変化が急激に生じている第18区において，2014年の選挙戦をいかに戦ったかを検討する。

第3節 ┃ 選挙政治に果たすメディアの役割

1 「支持 ― 被支持」の関係とカナダの主要メディアによる選挙戦報道

　Benjamin and Miller（2019）によれば，政治的な争点以上に，支持（endorsement）表明に関する有権者の認識が，投票行動をよく説明する。本項では，*Toronto Star, Globe and Mail*をはじめとする主要メディアにより報じられた選挙戦の記事と候補者への支持表明に言及しながら，第18区の選挙戦を分析する。2014年トロント市議会議員選挙において，第18区からは合計12人の候補者が出馬を表明した。しかし，有力な候補者は，ポルトガル系カナダ人で現職のアナ・バイラン，カナダ生まれの白人でハーヴァード大学出身の弁

214

第10章　ジェントリフィケーション進展下のポルトガル系議員の選挙戦

護士アレックス・メイザー（Alex Mazer）の2人のみであった。メイザーは連邦政府と州政府のアドヴァイザーを務めた経歴を有するとともに，食に関する支援団体*Food Share*の委員，およびトロント市の予算支出を監督する市民団体*Better Budget Toronto*の共同創設者でもある。地元主要紙*Toronto Star*は，以下のように，メイザーを紹介し，支持を表明した。

　　我々は，前回の選挙では，Ana Bailãoを支持した。彼女はこれまで，市議会において，合理的な中道派の意見を示してきた。今回，我々は再び彼女を支持する可能性もあったのだが，これまでに類を見ないほどに優れた，市議会の財産となるであろう，より有力な候補者がここにいる。Mazerは，ハーヴァード大学で教育を受けた若手弁護士であり，予算と都市の課題にも深く精通し，評判の良い政策アドヴァイザー，コミュニティ・ボランティアでもある。彼は，地に足の着いた進歩的な公共政策の提唱者であり，それを実現する仕組みも理解している。……市議会は，Bailãoの再選よりも，彼の専門的見識を必要としている。

（*Toronto Star* 2014, 2014年10月12日）

　上記の*Toronto Star*による社説は，バイランを政治的中道派の候補者として，Mazerを進歩派，かつ地に足の着いた公共政策の提唱者として位置付けた。地元で有力なフリー週刊紙*Now Magazine Toronto*も，以下の通り，バイランではなく，メイザーへの支持を表明した。

　　Ana Bailãoは，オーケー議員（Okay councilor）である。彼女は住宅や労働に関する問題に明るく，左派の支持を数多く獲得している。……（しかし，）第18区の住民は，（彼女の）代わりに，Mazerを選出するべきである。彼は，*Better Budget TO*の創設者，かつ州政府の財務大臣の元アドヴァイザーでもあり，理想を政策に還元する方法と，それを実行する際に市民を巻き込む方法を詳細に理解している。彼の批判的分析と市民参加に対する情熱は，市役所にとって歓迎すべきものである。

（*Now Magazine Toronto* 2014, 2014年10月23日）

215

第Ⅳ部　私的政府BIAとジェントリフィケーション進展下のローカル政治

*Now Magazine Toronto*は，バイランが左派から数多くの支持表明を獲得していることを報じたが，彼女に対する批判的な意見も示し，読者にはメイザーに票を投じるよう薦めた。*Toronto Star*と*Now Magazine Toronto*に加え，メイザーは，オンタリオ州・緑の党（Green Party）の党首マイク・シュライナー（Mike Schreiner）とオンタリオ州・前財務大臣ドワイト・ダンカン（Dwight Duncan）からの支持も得た。カナダの主要紙*Globe and Mail*は，このバイランとメイザーによる事実上，一騎打ちの選挙戦を「白熱する第18区の選挙戦」と題したコラム記事（本章冒頭）で分析した。*Globe and Mail*は，二人の候補者が類似した政策大綱を有し，ともに公共交通，低価格の住宅・保育を重視していることを指摘した。このコラム記事では，ポルトガル系住民の減少に言及しながら，第18区における人口構成の変化に焦点を当て，（バイランが自身の選挙区全体というより）ポルトガル系のエスニックコミュニティに献身してきた旨が述べられている。第18区に当たる選挙区では，歴史的にはポルトガル系住民の集積が顕著であったため，従来，地域（選挙区）のために働くことはエスニックコミュニティのために働くことと実質的に同義であった。しかし，2014年においては，*Globe and Mail*が上記の分析を出すに至る状況を迎えた。この記事は，同年の第18区の選挙戦において，エスニシティが鍵を握ることを示すとともに，人口構成の変化のため，選挙区の現況が現職バイランにとって，以前よりも不利で困難なものになっていることを示唆した。

　ホスト社会の主要メディアがバイランに支持を表明しなかった一方，彼女は，市・州・連邦の全レヴェルの政治家，ポルトガル系カナダ人が多数を占める建設労働者の労働組合，およびイタリア系，中国系，南アジア系などの様々なエスニックコミュニティの中心人物からの支持を取り付けた。さらに重要なことに，選挙区内を拠点に活動する（ポルトガル系ではない）アーティスト・映像作家・実業家の人物（クリスティーナ・ザイドラー（Christina Zeidler））もバイランへの支持を表明していたことが，彼女の選挙フライヤーから確認される。ザイドラーは，第18区の南端に位置するパークデール（Parkdale）地区を中心に活動するアーティストで，パイオニア・ジェントリファイアーの象徴的な存在である。彼女は，当時，低所得者向けの下宿屋（rooming house）として使われ，老朽化していたグラッドストーンホテル（Gladstone Hotel）をデザインし

216

第10章　ジェントリフィケーション進展下のポルトガル系議員の選挙戦

直して改装すると，アートと融合したスタイリッシュな高所得者向けホテルへ
と造り変えた（Lehrer, 2009）。また，ザイドラーは草の根の地域コミュニティ
団体*Active 18*の中心メンバーとして活動する。この団体は，2005年にパーク
デール地区で創設され，域内における開発の反対を掲げている。その主な集会
場は，彼女が手がけるグラッドストーンホテルであった。ザイドラーがジェン
トリファイアーと開発反対論者という二面的で矛盾した存在であることは，こ
こではさておき，バイランの選挙フライヤーの支持者リストにザイドラーの名
前が並んでいることは，他の多数のジェントリファイアーの注意と関心をバイ
ランに引き付けるには十分であった。

2　第18区の選挙戦におけるエスニックメディアの役割

　前項では，ホスト社会の主要メディアに焦点を当てたが，この選挙戦を分析
するにあたり，エスニックメディアの報道記事を精査することも重要かつ有効
と考えられる。エスニックメディアの読者が，基本的には，ポルトガル系（非
帰化者を含む）であることは論を俟たない。したがって，エスニックメディア
が発行するテクスト資料では，エスニックコミュニティを中心とする視点で選
挙戦が報じられていると考えられる。前述の通り，北米都市のヨーロッパ系エ
スニック集団のうち，トロントのポルトガル系コミュニティは特異な事例であ
る。ポルトガル系移民は，イタリア系やウクライナ系などの他のヨーロッパ系
エスニック集団に比べ，半世紀かそれ以上遅れてカナダに到着したため，多く
の移民一世がまだ存命でいる。そのため，移民一世を中心とする，トロントの
ポルトガル系住民の中には，エスニックメディアが提供する情報やコミュニ
ティ内の相互扶助に対し，比較的高い需要が存在する。エスニックメディアは，
エスニックコミュニティに特化した視点を伴う情報を生産し，コミュニティ内
の読者へと自言語で情報を供給・拡散する。

　以下の記事は，ポルトガル系エスニック新聞*Milénio*が，投開票日の3日前
に発行した新聞から抜粋したものである。見出しの文言「さあ，Ana Bailão
に投票しよう（Vamos votar na Ana Bailão）」は，この選挙戦におけるエスニッ
クコミュニティ内部の結束の重要性を表す象徴的な言葉と言える。こうしたエ
スニックメディアによるフレーズ生産の実践は，エスニックコミュニティへの

217

第Ⅳ部　私的政府BIAとジェントリフィケーション進展下のローカル政治

帰属意識が，いかに選挙政治に動員され，利用されているかを表象する。また，こうした実践は，選挙戦を通じて，エスニシティが強化または再構築されていることをも示唆する。

さあ，Ana Bailãoに投票しよう
10月27日の地方選挙では候補者番号67に

……それは，第18区の住民にとって，とても重要な瞬間であるが，トロント市のポルトガル系コミュニティにとってもまた重要である。……Anaは，実際に彼女自身が我々の一員であるために，コミュニティとしての我々の問題を理解している。幼少期において，Ana Bailãoは，我々誰しもがカナダで遭遇したものと同じ困難に直面した。……（彼女を）支援しているのは私たちだけではない。Anaは，多くの労働組合，オンタリオ州財務大臣Charles Sousaに加え，彼女がこれまでともに仕事をしてきた様々な市議会議員からの支援を得ている。Charles Sousa大臣は，「Anaの支援はまだ十分とは言えず，コミュニティの声（が届くか）は皆さん一人一人にかかっています。私たちの役割は，10月27日の選挙でAna Bailãoに投票することです。」と語っている。他者（others）に決めさせてはいけない。さあ，我がコミュニティの強さを示し，我がAna Bailãoに対する，第18区の信任を更新しよう。さあ，地方選挙において，Ana Bailão（候補者番号67）に投票しよう。

(*Milénio* 2014a，2014年10月24日)

以上のように，*Milénio*は，バイランのエスニックな出自を強調した。彼女が，"第18区の住民に対して"というよりも，"ポルトガル系コミュニティに対して"貢献し得る人物であることを力説した。また，このエスニックメディアは，トロントのポルトガル系コミュニティにおいて最も影響力のある人物の一人である，オンタリオ州財務大臣チャールズ・ソウザ（Charles Sousa）という個人名に直接言及し，ソウザからポルトガル系住民に対する，バイランへの投票の呼びかけを伝えた。前述の通り，この年の市議会議員選挙において，ライバル候補者のメイザーに比べて，カナダの主要メディアからのバイランへの支持表明は乏しかった。しかし，彼女は，彼女の強力な支持基盤であるポルトガ

第10章　ジェントリフィケーション進展下のポルトガル系議員の選挙戦

ル系コミュニティからの頑強な支持を確保していた。

Milénio は，ポルトガル系コミュニティに関係するトロント市内の全ての選挙区について，ACAPO（オンタリオ州ポルトガル系組織連合）が支持を表明する候補者一覧を，以下の通りに紹介した。

ACAPO
地方選挙における候補者への支持

オンタリオ州ポルトガル系組織連合は，前回の代表者会議において...来たる10月27日の選挙で，次の候補者を支持する動議が満場一致で採択されたことをお知らせします。

第18区：ANA BAILÃO

第 6 区：MARK GRIMES

第 8 区：ANTHONY PERRUZA

第 9 区：GUS CUSIMANO

第12区：NICK DOMINELLI

第15区：JOSH COLLE

第17区：CESAR PALACIO

第19区：MICHAEL LAYTON

今こそ，ポルトガル系カナダ人のコミュニティが結束し，投票権という民主的権利を行使して，最良の地方議員候補者に対し，参加と支援の強力なメッセージを送る時です。

(*Milénio* 2014b, 2014年10月24日)

ACAPOは，オンタリオ州のポルトガル系社会文化組織を統合する唯一の連合団体であり，ポルトガル系コミュニティにおいて絶大な影響力を有する。この記事において，ACAPOは，第18区の候補者であるバイランの名前をリストの最上段に置き，支持を表明する残りの候補者については，その後に選挙区の番号順で記した。バイランの名前がリストの最上段に配置されたことは，このエスニック統合団体にとって，2014年トロント市議会議員選挙において，彼女が最重要な候補者であることを明瞭に示した。このことはまた，第18区

219

第Ⅳ部　私的政府BIAとジェントリフィケーション進展下のローカル政治

がポルトガル系コミュニティの歴史と強固に結び付いた象徴的な場所として，その構成員らにとって，置換不可能な領域であることをも示唆する。

第4節　選挙活動のアリーナとしてのリトルポルトガル：一つの都市空間にある二つの場所

　ダンダスストリート沿いにある伝統的ポルトガル系地区の核心部は，リトルポルトガルBIAとダンダスウエストBIAを合わせた範囲である。この都市空間は，商業街区であるのみならず，選挙キャンペーンのアリーナとしても利用されている。今日，この都市空間は二つの場所アイデンティティを包含する。一方が，ポルトガル系にとっての場所（場所アイデンティティ）であり，他方が，ジェントリファイアーにとっての場所（場所アイデンティティ）である。それぞれの場所は，“時間”と“行事・出来事”の性質に基づいて別個に発現する。上記の二つの場所は，毎年6月に開催される「ポルトガルデイパレード（Portugal Day Parade）」と「ダンダスウエストフェスト（Dundas West Fest）」という二つのストリートフェスティバルを通じて，象徴的に発現する。

　1988年以降の毎年6月（ポルトガルウィークの期間），ACAPOにより，ポルトガルデイパレードを含む，一連のエスニックフェスティバルが開催されてきた。ポルトガルデイパレードは，ポルトガル系移民とその子孫が，ポルトガル系コミュニティの移民史に触れ，自らのエスニックアイデンティティを確認する最重要のフェスティバルである。ポルトガル系のエスニックアイデンティティは，ダンダスストリートにある移民街「リトルポルトガル」と分かち難く結び付いている。また，リトルポルトガルで催されるポルトガルデイパレードは，ポルトガルのエスニシティが高揚し，最高潮に達する「束の間の場所（temporal place）」を生成する。

　しかし近年，ジェントリフィケーションの到来とともに流入している新住民から，このパレードでの騒音について，不満が挙がるようになってきた（市当局者への聞取りに基づく）。一方，ポルトガルデイパレードは，連邦・州・市のそれぞれで政治活動に従事する，複数の政治家による支援を受けており，選挙キャンペーンのアリーナとしても利用されている。2014年の同パレードでは，

220

第10章　ジェントリフィケーション進展下のポルトガル系議員の選挙戦

ポルトガル系政治家のアナ・バイランとチャールズ・ソウザに加え，当時，首相の座を目指していたジャスティン・トゥルードー（Justin Pierre James Trudeau, 自由党，2015年〜首相）も，ポルトガルの国旗を振りながら，この都市空間を行進した。リベラル系や革新系の政治家にとって，このエスニックフェスティバルは，エスニックマイノリティに対する自らの寛容性を示す，選挙キャンペーンにおける格好のアリーナとなっている。

2014年のポルトガルデイパレードは，6月8日の日曜日に開催され，オンタリオ州全域から多くのポルトガル系を集めた。基本的に，このエスニックパレードの参加者（演者・観衆）はポルトガル系である。彼・彼女らは，多数のパレード用の山車とともに，自身や両親・祖父母らが生まれ育った出郷地域に根差した，ポルトガルの多様な民族舞踊を披露しながら，ダンダスストリートを行進する（**写真9−3**［カバー表・表袖］）。このエスニックフェスティバルは，エスニックコミュニティに対する強烈な帰属意識を生じさせるとともに，この都市空間の内部にポルトガル系にとって意義深く，情緒的な場所を一時的に構築する。

他方，前述した二つのBIAは，ポルトガルデイパレードの前日にあたる2014年6月7日の土曜日，ダンダスウエストフェストと命名されたストリートフェスティバルを共同で開催した（**写真9−4**［カバー裏］）。ダンダスウエストフェストは，アート，ライブ音楽，ヴィンテージ古着などに焦点を当てた，ジェントリファイアーを志向したストリートフェスティバルである。第9章で述べた通り，ダンダスウエストフェストは，ジェントリファイアーの主導の下，2013年に初めて開催された。2012年の企画当初，二つのBIAとACAPOとの共催による開催が計画されていたが，フェスティバルの運営に対する考え方などの違いから，ACAPOとBIAとの間では軋轢が生じた。その結果，フェスティバルの開催は延期され，最終的には，翌年，BIAのみによって開催された。このことから，BIAの中核メンバーは，ダンダスウエストフェストにおいて，ポルトガルのエスニシティを脱強調化した。ダンダスウエストフェストは，ジェントリファイアーの文化的嗜好が抽出され，商業的にパッケージ化されたフェスティバルとなった。このストリートフェスティバルは，近隣変容の諸相が鮮明に映し出された象徴的な束の間の場所を生産したのである。

221

第Ⅳ部　私的政府 BIA とジェントリフィケーション進展下のローカル政治

　同一の都市空間で開催された，ダンダスウエストフェストとポルトガルデイ
パレードの両ストリートフェスティバルにおいて，バイランは二日続けて選挙
キャンペーンを実施した。選挙活動の実践に際し，彼女はリトルポルトガルと
いう一つの都市空間の中に，二つの場所が存在することを認識していた。バイ
ランは，それぞれの場所が持つ特性に応じ，選挙キャンペーンの方法を変化さ
せ，新／旧の双方の住民に訴えかけた。ポルトガルデイパレードの当日，彼女
の選挙スタッフは観衆に手旗を配って回った。この手旗は，一方の面にポルト
ガル国旗が描かれ，他方の面にバイランの顔写真とともにポルトガル語で選挙
広告が書かれていた。パレードの主な観衆は（ポルトガル語話者の）ポルトガ
ル系であることから，彼女の選挙事務所は，ポルトガル系を出自とする住民の
みが読むことを想定した，このような選挙グッズを作成して配布した。バイラ
ンは，チャールズ・ソウザとジャスティン・トゥルードーと並び，沿道に溢れ
た多数の観衆に，このポルトガル国旗の手旗を振りながら，ダンダスストリー
トを行進した。エスニシティが高揚したこの場所において，彼女は殊更に自身
のエスニシティを前面に押し出し，情緒的・感情的な側面から同胞に働きかけ
ることで，他の候補者にはできない独自の選挙活動を展開した。テンポラルに
生成された場所の性質を利用して巧妙に仕立て上げられた戦略的なエスニシテ
ィ（またはエスニックアイデンティティ）は，選挙キャンペーンを通して利用さ
れるとともに，その過程を通じて弁証法的に構築された。選挙区内での主要な
エスニックコミュニティを出自とする候補者に対峙するとき，メイザーのよう
なそこに帰属しない候補者にとっては，政治的な立場や政策の内容にかかわら
ず，エスニックパレードでの行進など，エスニックフェスティバルで大々的に
選挙活動を展開することは，実質的に不可能と考えられる。

　その一方，ダンダスウエストフェストの当日，バイランとメイザーの両者は，
揃って選挙キャンペーン用のテントブースを開設し，自身の選挙スタッフとと
もに，有権者やその他の訪問者と会話を交わし，投げかけられる質問に応対し
た。ここでのバイランの行動・実践は，ポルトガルデイパレード時のそれとは
大きく異なっていた。ダンダスウエストフェストの来訪者に対しては，前述し
たポルトガル国旗がデザインされた，ポルトガル語の手旗は配られなかった。
代わりに，特定のエスニシティには特化せず，英語で表記された，より一般的

第10章　ジェントリフィケーション進展下のポルトガル系議員の選挙戦

な別の選挙グッズ（ビニールバッグなど）が配られた。ポルトガルデイパレードの場所とは対照的に，ダンダスウエストフェストで生成された場所は，ジェントリフィケーションという地区内の新たな動向を表象する。このテンポラルな場所の中では，ポルトガル系という特定のエスニシティを強調することは，彼女の選挙戦にとって積極的な効果を生まない。カナダは多文化主義国家であり，トロント市は世界を代表する多文化都市・コスモポリタン都市である。すなわち，選挙戦において，候補者が一つのエスニックコミュニティにのみ著しく傾斜して見えることは，当該コミュニティに帰属しない有権者の票を失うリスクを孕んでいる。

第5節　まとめ

　本章では，ジェントリフィケーション，エスニシティ，選挙地理学の既往研究に貢献し，また，各分野の横断・接続を試みた。ジェントリフィケーションは，特定の地区内における住民の交代・置換，および住民属性の上昇を伴う現象であり，それはすなわち，地区内における有権者の構成のドラスティックな変容を意味する。それにもかかわらず，これまでのジェントリフィケーション研究では，選挙政治に対して十分な関心が払われてこなかった。有権者の構成に大きな変化が生じた時，通例，候補者らは当該選挙区で生じた変化への適応を試みる。このことから，特に小選挙区制の下で展開される選挙政治は，「近隣変容のミラー（写し鏡）」として機能すると言える。移民街は，元来，社会的・文化的な同質性によって特徴付けられる。そのため，ジェントリフィケーションが進行している間，移民街では，その社会的・文化的・政治的なダイナミクスが明瞭に表出される。特に，リトルポルトガルは，トロント市の移民街の中でも，居住・商業・社会・文化の種々の側面で高い凝集性を維持してきたことから，顕著な変化が観察される。本研究では，現在，ジェントリフィケーションが進行している，トロントのリトルポルトガルを対象とした。豊富な実証的データをもとに，アカデミアにおいて未踏の領域である，移民街におけるジェントリフィケーションと選挙との関係に焦点を当てることにより，既往研

223

第Ⅳ部　私的政府BIAとジェントリフィケーション進展下のローカル政治

究の間隙を埋めた。

　言語能力や学歴・職歴などの人的資源に乏しい移民エスニック集団にとって，移住先の国で政治家になることは，多くの困難を伴う大きな挑戦である。トロントのポルトガル系コミュニティの場合，1950年代の移住開始以降，コミュニティ内からの候補者が市議会議員選挙に立候補するまでに20年以上の月日を要した。また，市議会議員選挙で当選を果たし，市議会に最初の政治家を送り出すまでには，さらにもう10年がかかった。2021年までに選出された合計3人のポルトガル系カナダ人の市議会議員の全てが，伝統的なポルトガル系集住地域から選出された。近隣変容が急速に進行していた2014年の選挙において，ポルトガル系カナダ人の現職候補者バイランはなお，ポルトガル系地区の第18区から立候補を表明した。

　この選挙戦において，彼女のライバル候補者アレックス・メイザーは，オンタリオ州の前財務大臣や緑の党の党首に加え，*Toronto Star*や*Now Magazine Toronto*をはじめ，ホスト社会の複数の主要メディアからの支持を獲得した。他方のバイランは，ポルトガル系カナダ人が組合員の大多数を占める労働組合，ポルトガル系の政治家，およびイタリア系，中国系，南アジア系などの他のエスニックコミュニティの政治家やリーダーからの支持を確保した。さらに重要なことに，彼女は，パイオニア・ジェントリファイアーの象徴的人物クリスティーナ・ザイドラーからの支持表明をも獲得した。すなわち，バイランは，ポルトガル系を含む複数のエスニックコミュニティのみならず，そこにジェントリファイアーをも加えた，複雑な集団間同盟（complex inter-group alliance）の形成を図り，それを実現させた。これらの集団に帰属する有権者らは，彼女のライバル候補者であるメイザーを打倒するために，自発的，かつ意図的にこの同盟をつくり上げたわけではない。バイランが，自身の確固たる選挙基盤であるポルトガル系コミュニティから安定的に収集される同胞票に加え，票を上積みするため，同コミュニティ外部の集団に対しても，積極的かつ戦術的に自身への投票を働きかけた。その結果，上記の集団間同盟が形成された。

　少なくとも，ジェントリフィケーションが進行している第18区の現況において，候補者自身が有するエスニシティは，選挙戦における諸刃の剣となる。特定のエスニシティを出自とする候補者が，自身が保持するその文化的資源を

第10章　ジェントリフィケーション進展下のポルトガル系議員の選挙戦

躊躇なく明示して選挙キャンペーンに動員できる媒体および時空間は，エスニックメディアやエスニックな場所の内部に限定される。ホスト社会の市民に対してより開かれた場所では，より上位スケールの社会に帰属する構成員の一員として（この場合，カナディアンの一人として，そしてトロントニアンの一人として），より中立的な振る舞いが求められる。

　エスニックメディア，および多数の内外のエスニックコミュニティの有力者，そして影響力の大きいジェントリファイアーからの支持に加え，バイランはリトルポルトガルという一つの都市空間の内部にある二つの場所の存在を認識していた。2014年の選挙戦を迎え，リトルポルトガルでは，エスニック集団／ジェントリファイアーの双方がそれぞれ保有する場所アイデンティティが，時間と場面（time and occasion）にしたがって，凝縮されて象徴的に表出した。ポルトガルデイパレードとダンダスウエストフェストという，同一の都市空間において，一日違いで開催される二つのストリートフェスティバルは，地区内におけるこれら2種の場所アイデンティティを明快に生み出す。エスニックマイノリティを出自とする現職候補者と彼女の選挙事務所スタッフは，二つの場所の特徴を的確に把握し，近隣変容に対処することで，僅差ながらも選挙戦での勝利を果たした。得票数は，バイランが8,781（全投票者数の約46%）に対し，メイザーが7,975（約42%）であった。

　言うまでもなく，選挙キャンペーンは，上記のストリートフェスティバルが開催された時間・空間のみならず，多様な空間と場所で，様々な方法で実施された。しかし，これら二つのフェスティバルは，近隣変容に関する議論において，高度に象徴的であり，重大な意味を有していた。束の間に現出する二つの場所において，バイランが展開した選挙戦略は，ジェントリフィケーションに直面する移民街の現状を明瞭に映し出した。

　本章の議論は，以下の三つの結論を導出した。第一に，エスニックマイノリティ候補者による一連の選挙キャンペーンを通じ，エスニシティ，或いはエスニックな出自に根差した紐帯が維持・強化される点である。第二に，エスニック集団の連帯，またはコミュニティへの帰属意識は，政治家にとって扱いやすく利便性の高い政治的ツールとして利用・動員される点である。そして最後に，ジェントリフィケーションが進行過程にあるエスニックネイバーフッドでは，

225

第Ⅳ部　私的政府BIAとジェントリフィケーション進展下のローカル政治

エスニック・ベースの場所アイデンティティ／非エスニック・ベースの場所ア
ンデンティティがともに，戦略的に選挙政治に利用される点である。

　2014時点におけるトロントのリトルポルトガルの場合，この移民街はまだ
遷移期にあり，ジェントリフィケーションの初期段階にあたるため，ポルトガ
ル系／ジェントリファイアーの両住民の利害は，必ずしも互いに異なるわけで
はない。今後の到来が想定される，より富裕で公共サービスへの依存度が低い
と考えられる，後発のジェントリファイアーとは異なり，両者はともに，アフ
ォーダブルな住宅や公共交通の改善を求めている。この選挙戦において，ポル
トガル系カナダ人の現職候補者は，選挙戦での勝利を果たしたが，近い将来に
見込まれる，更なる住民構成の変化・置換とそれに伴う社会・文化・政治的な
近隣変容に応じて，異なる選挙戦略を考案し，実行する必要に迫られるかもし
れない。本章は，近隣変容の下での選挙戦について，主に現職のエスニック候
補者の視点から検討したため，当該分野の今後の研究において，ジェントリ
ファイアーを象徴する候補者の視角を分析する研究可能性をも生み出した。

　なお，次の2018年トロント市議会議員選挙でも，バイランは勝利し，三選
を達成した。この年の市議会議員選挙では，実施直前になり，ダグ・フォード
（Doug Ford，元トロント市議会議員，2014年トロント市長選挙候補者，現オンタリ
オ州進歩保守党・党首）率いる州政府による区割・議席数への介入が生じた。
当初計画されていた新たな47区（47議席）での実施案から，オンタリオ州議会
議員選挙の区割と同じ全25区（25議席）の選挙区割において，市議会議員選挙
が実施された。選挙戦の間際における州政府による市議会議員選挙の制度への
強権的介入という出来事は，トロント市の地元メディアを中心に波紋を呼び，
批判的に論じられたが，バイランにとって，この区割の変化は思わぬ幸運であ
ったと考えられる。これにより誕生した新制第9区は，2014年選挙の第17区
と第18区の範囲に概ね対応し，したがって，北方の新興居住地域（移民回廊地
域）を含め，ポルトガル系居住地域をより広く内包していた。さらに，区割の
変更が発表された直後には，長期に渡り（2003～2018年），第17区で市議会議
員を務めてきたエクアドル系現職議員セザール・パラシオ（Cesar Palacio）が，
選挙戦からの撤退を表明した。したがって，この新たに出現した選挙区（2018
年新制第9区）では，バイランを除き，有力な候補者がいなくなった。結果と

226

第10章　ジェントリフィケーション進展下のポルトガル系議員の選挙戦

して，2018年選挙において，彼女は，26,219票（全投票数の約84%）を獲得し，圧勝した。2018年のこの変則的で前例のない地方選挙を検討するためには，スケールの政治，ゲリマンダリングなどの選挙区割の作為的改変に関するような，異なる視点と洞察を要すると考えられる。このため，2018年の選挙戦は，本章の主な研究主題とはならず，代わって，今後の研究課題となり得るものと言える。

第Ⅴ部

おわりに

第11章

移民一世の高齢化と老後の戦略的トランスナショナリズム

第1節 | 本章のねらい

　医療の発達などを背景とする平均余命の延伸，および先進国を中心とする社会構造の変化に伴う出生率の低下を反映し，2019年，世界では11人に1人（9.1％）が高齢者（65歳以上）であった（United Nations Department of Economic and Social Affairs, Population Division 2019）。国連は，2050年までに，この値はさらに上昇し，6人に1人（15.9％）に達すると試算している。OECD諸国の中でも，多くの国々が急速な高齢化を経験している。2020年時点，最も高い高齢化率（総人口に占める65歳以上の人口の割合）を示した国は日本（28.8％）であり，イタリア（23.4％），ギリシャ（22.4％），ポルトガル（22.3％）がそれに続いた（OECD 2021）。高齢化に関して，カナダも例外ではなく，その高齢化率は1970～2020年の50年間で7.9％から18.0％へ上昇した。

　世界中の人々が，生涯を通じて，より良い生活を希求しており，移住は我々人類（他の動物も同様）がその目的を達成するための手段の一つである。カナダは，高齢化率の高い先進国であるとともに，移民国家であり，200以上のエスニック集団から成る多文化国家でもある。カナダでは，移民は国の平均以上に高い高齢化率を示す。Durst（2005）によれば，ヨーロッパ系移民の高齢化率は特に高く，2001年時点で30.7％に達した。こうした移民高齢者は，カナダ

231

第Ⅴ部　おわりに

の非移民（カナダ生まれの国民）の高齢者，および送出国へと帰還移住してそ
こで高齢期を迎えている元移民とも異なる経験をし，異なる社会サービスへの
期待を有している（Durst 2005）。2016年の国勢調査によれば，ポルトガル系
移民の高齢化率も28.5％（オンタリオ州で29.0％，トロント市で28.2％）と高く，
カナダ国内の平均を10％以上も上回っている。ポルトガル系移民にみられる
顕著に高い高齢化率は，ポルトガルからカナダへの大規模移住が1960年代か
ら1970年代に生じ，その後，移住の流れが急速に停滞した事実に依拠する。
多くのポルトガル系移民がより良い生活を求め，若年時にポルトガルからカナ
ダへと大西洋を越えて移住した。そして今日，移住から半世紀程度を経過し，
受入国であるカナダで高齢期を迎えている。

　本章では，高齢期を迎えたポルトガル系移民のうち，カナダ（トロント）と
ポルトガルの両国間を往来するトランスナショナルな移民高齢者に焦点を当て
る。これら高齢のポルトガル系移民は，なぜポルトガルへの帰還移住を選択し
なかったのだろうか。また，なぜその代わりに，カナダを拠点としながら，毎
年ポルトガルに長期間滞在することを選択したのだろうか。さらに，彼らの老
後生活は2か国の間で，どのように構造化されているのだろうか。本章では，
これらの問いを検討する。これらの問いについての探究を通じ，高齢化に直面
するトロントのポルトガル系コミュニティの現状の一端を精細に捕捉すること
が可能になる。また，ポルトガル系移民高齢者の老後の生活様式への着眼によ
り，彼・彼女らをホスト社会において脆弱で受動的な存在としてのみ描くので
はなく，主体的・能動的で戦略的に生活実践を組み立て得る主体として捉える。
これにより，高齢期を迎えるエスニックコミュニティの人々に関して，理解の
偏りを減らして，その均衡を図ることができると考えられる。

　一部に，自身の親が未だ存命な移民高齢者もいるものの，多くの場合，高齢
期を迎えた彼・彼女らは，子育て，労働，親の介護といった種々の義務から既
に解放されている。また，本章の全ての調査協力者は，調査時点において，2
か国間を独力で移動できていたことから，健康面について比較的良好な人々と
言える。これらを踏まえ，本章は，トロントのポルトガル系移民がトランスナ
ショナルな老後生活を送るにあたり，それを促進・制約する要因を明らかにす
る。分析に際し，特に，個々の家庭状況，多重国籍，社会保障制度といった

232

「家族」と「法」と「経済」の側面に注目する。得られた結果をもとに，環大西洋の文脈（transatlantic context）に照らし，ポルトガル系移民高齢者によるトランスナショナルな実践を議論する。

本章は，以下の順で展開される。第2節において，既存の研究を整理し，分析の枠組みとして，トランスナショナル移住のライフサイクルモデルを提示する。その上で，環大西洋地域における高齢期のトランスナショナル移住者を類型化し，その中におけるカナダのポルトガル系移民の位置付けを確認し，本章の研究の意義を示す。第3節では，国勢調査から得られた定量的データをもとに，カナダにおけるポルトガル系移民の人口学的特徴，および高齢化のプロセスを分析する。第4節においては，2014 〜 2018年に実施した，ポルトガル系コミュニティ内の中心人物と移民高齢者へのインタヴューに基づく定性的分析を通じ，大西洋を横断するトランスナショナルな老後生活について，それを促進および制約する諸要因を特定する。最後に，第5節では，環大西洋移住の文脈に照らし，カナダのポルトガル系移民による老後の実践を議論する。ライフサイクルの最終局面において，彼・彼女らが「経済的な事情」と「両国に住まい，高い生活の質を享受したいという欲求」との均衡をいかに図り，自身の実践を統合しているかを説明し，本章に結論を下す。

第2節 ┃ 高齢期のトランスナショナル移住

1 トランスナショナル移住のライフサイクルモデル

1990年代初頭以降，トランスナショナリズムおよびトランスナショナル移住は，多くの研究者の関心を集めている（Faist 2012; Faist et al. 2013）。Levitt and Jaworsky（2007）によれば，現代の移民の多くは，程度の差はあれど自身が生活するトランスナショナルな社会的領域に関する，複数の場・レイヤーに同時に埋め込まれている。国際移民によるトランスナショナルな現象を説明した研究は枚挙に暇がない（例えば，Guarnizo 1994; Ley 2004）。しかし，既往の研究で捉えられてきたトランスナショナルなモビリティの形態は，主に現役世代の人々に関するものであった（Bolzman et al. 2017）。Ley and Kobayashi

233

第V部　おわりに

(2005) が，カナダから香港への帰還移民を例に示したように，トランスナショナル時代を迎えた今日，移住はライフサイクルのステージに応じ，戦略的に企てられる。それにもかかわらず，ライフサイクルの最終局面である「老後（リタイアメント期）」のステージに焦点を当てた研究は限定的であり，なかでも環大西洋移住の文脈に照らした論考は数少ない。

　トランスナショナル移住は，従来から認められてきた永住を伴う送出国から受入国への一方通行的な移住，および受入国から送出国への帰還移住に比較し，移民が二つまたはそれ以上の国家の間で，より頻繁に，かつより流動的に移動する人口のフロー現象である。この現象を引き起こす全般的な背景を理解するためには，まずトランスナショナル移住のメカニズムを体系立てて把握することが重要と考えられる。そこで本章では，トランスナショナル移住を促進かつ制約する「労働（仕事）」「健康」「子ども」「親」の四つの主要な『一般決定因子』から成る"トランスナショナル移住のライフサイクルモデル"を提出する。また，このモデルは「経済」と「法」という，移住に関するより基礎的な条件を形作る，相互に横断的な二つの『基盤決定因子』も含み，構成される（図11-1）。

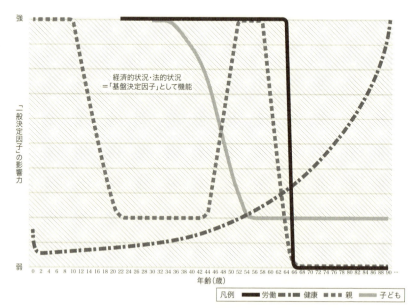

図11-1　トランスナショナル移住のライフサイクルモデル

第11章　移民一世の高齢化と老後の戦略的トランスナショナリズム

　トランスナショナル移住に関する四つの主要な一般決定因子（「労働」「健康」「子ども」「親」）は，トランスナショナル移住を実践するために移住者が割くことのできる時間量との強い関連を持つ。また，移住者がライフコースのどの段階に位置しているかにより，これらの一般決定因子の作用の有無，期間，および同時に作用する因子の数は変化する。例えば，一般的に，乳児期・幼児期・青年期において，人間は労働と子ども（＝子育て）の二つの決定因子による制約を受けない。しかし，一方で，これらのライフステージにおいて，人間は親によって自身の行動を強く制限される。これらの期間，全四つの一般決定因子のうち，二つの因子（健康，親）しか作用していないとしても，自身の意思に基づく自由な移動・移住の可能性は極めて制約的である。このモデルにおいて，制約を生じさせる因子の数の多寡は，必ずしも重要ではない。

　四つの主要な一般決定因子について，順に詳しくみていこう。まず「労働因子」は，労働環境や雇用条件から構成される因子であり，2か国間における国際移民の潜在的なモビリティに影響を与える。定職を持つ現役世代の多くの人々にとっては，往来のための自由時間を十分に確保できないため，両国でともに長期間生活することは現実的ではない。トランスナショナル企業で働く会社員，およびその他の特殊な職種に就く人の中には，国境を頻繁に越えて移動する人もいるかもしれない。しかし，そうした人々の大半は，行き先を自ら決定する権限を有しておらず，彼・彼女らを雇用する会社などによって，自身の渡航目的地が決められる。以上の通り，現役世代の人々にとって，労働というファクターは制約／促進のいずれの作用に対しても，極めて影響力の大きい因子である。

　次に「健康因子」は健康状態を示し，概して，年齢に大きく依存する。この因子もトランスナショナル移住の可否を決する重要な要素である。世界保健機関（WHO）によると，2019年において，世界の平均健康余命（Healthy Life Expectancy）は，出生時から数えた場合，63.7年であった（WHO 2019）。カナダにおいて，出生時と60歳時の平均健康余命は，それぞれ71.3年と18.99年であった。他方，ポルトガルでは，それぞれ71.0年と18.65年であった（WHO 2019）。本章の論旨に沿って，カナダのポルトガル系移民高齢者を検討するにあたっては，両国における，60歳時の平均健康余命がより参考になる。上記

235

第V部　おわりに

のWHOのデータから，ポルトガル系移民高齢者は，65歳時から数えて平均約14年の間，余生を健康な身体とともに過ごし得ると仮定される。

　残された二つの一般決定因子（「親因子」と「子因子」）を合わせてみてみたい。これら二つの因子は，ライフサイクルとの強い関連をもつ「家族」という単位を軸に展開する。すなわち，「子」は子育ての客体・高齢者介護の主体として，「親」は子育ての主体・高齢者介護の客体として，家族構成員間のモビリティに相互に影響を与える。幼年期において，人間は親によって保護されるとともに，自身の行動を制約されもする。親は，子に代わって，彼ら（子）自身に関わる殆ど全ての重要な決定を下し得る力を保有する。また，子育てのために，親は時間に追われることがしばしばであり，子により大きな制約を受ける。反対に，親が高齢になった時，成人を迎えた子は親の高齢者介護の義務を負う。自身の親が自らと異なる国で暮らしている場合，このライフステージにおいて，トランスナショナルな実践が不可避的に生じることになる。そして，親が死去した時，子は高齢者介護とそれに関する種々の責任から解放される。その後，親の他界というこのライフイベントが，彼ら自身の（トランスナショナルな）老後生活に関する選択の余地を拡げる。

　続いて，二つの基盤決定因子をみていこう。「経済因子」は，二つある基盤決定因子の一方を構成する。人間は，一般的に，ある行動・実践に関する十分な経済的資源を持つ時に初めて，国境を越える移動が可能となる。このことから，前述の四つの一般決定因子に比べ，この経済因子は，より根源的な次元において，移住の可否を決する基礎を成すと言える。経済的資源を有さない人が，国外への移住を切望したとしても，それは残酷ながらも，決して叶わぬ夢として終わる（難民などの場合を除く）。次に「法因子」は，残す他方の基盤決定因子である。法的な地位や権利は，しばしば改正される移民法や送出国／受入国間での二国間協定などによって変化する。それは，誰が入国でき，人々がどのような，そしてどの程度の権利を与えられるのか，そして反対にどのような義務を負うのか，さらには，どの位の期間それぞれの国に滞在できるのかなどを規定する。

　経済・法の二つの基盤決定因子は，その人がどこの国で生まれ生活しているのかに強く依存する。このことから，より属地的であるとともに，家庭環境なども

236

第11章 移民一世の高齢化と老後の戦略的トランスナショナリズム

含め，概ね個人の外部に所在する要素であり，他力的な特徴を示す。また，これら二つの因子はともに，老後のライフステージとの関係が深く，社会保障を含む幅広い問題と関連する。種々の権限を規定する法的要素への注目は特に重要であるが，法と経済の相互作用に関しても注意を払う必要がある。例えば，年金システムを考えれば明らかなように，法制度に基づいて，高齢者の年金受給額が決められ，その受給額が個々人の経済状況を規定する。このように基盤決定因子は，トランスナショナル移住を含む国際移住を検討するにあたり，重要な要素の一部と考えられる。

　四つの一般決定因子（労働，健康，子，親）と二つの基盤決定因子（経済，法）の相互作用は，老後のライフステージにおいて，固有の影響を及ぼす。老後に生じる各因子の作用の変化，およびそれに関連する社会的責任・家族的責任の減少を考慮すると，高齢期（特に，後期高齢期に比べ，より健康状態の良い前期高齢期）は，国際移民によるトランスナショナルな移住・モビリティの可能性を拡げ得るライフステージと考えられる。本章では，特に「子」と「親」の二つの一般決定因子と「経済」と「法」の二つの基盤決定因子に焦点を当て，環大西洋の文脈において，高齢期を迎えたポルトガル系移民を精査する。

2　高齢期におけるトランスナショナル移住の類型化

　ライフサイクルの視点からトランスナショナル移住を検討する際，「家族」という単位が極めて重要である。「家庭」の形成・発達の過程（結婚，子の誕生，子育て，両親の介護をはじめ，各家族構成員の加齢過程における「依存と自立の往復運動」を伴う一連の流れ）で生じる種々の変化は，個々の人間のモビリティを制約させも促進させもする両義的な特性を有する。

　乳・幼児期から青年期頃までの人間のモビリティは，基本的には親の決定に依存する。一定の経済資源を有する親の中には，自身は他の因子による制約を受けながらも，彼・彼女らの子（ら）を「パラシュートキッズ（parachute kids）」として，親の随伴なしに国外へ送り出す者もいる（Sun 2014）。また，息子／娘が学齢期に達した時，その子（ら）とともに，（両）親自身も国境を越えて移動する事例も認められる（Alaggia et al. 2001; Abelmann et al. 2014）。Waters（2005）は，中流階級による香港からヴァンクーヴァーへの環太平洋の

237

第V部　おわりに

モビリティを検討し，現代の東アジア系移民による家族的戦略において，教育
が果たす役割の重要性を説明した。すなわち，単なる資本蓄積というより，広
範な家族的プロジェクトの遂行において，子が不可欠な役割を担うという。

　一方，トランスナショナル移住は「家族の犠牲」という否定的な側面を時に
伴うとされる。例えば，「移住の女性化（feminization of migration）」が進行す
る背景において，アメリカでは，家族のより良い生活のために移住したサルバ
ドール系移民の女性が，皮肉なことに，両国間での親子の悲痛な別離の経験に
苦闘しているという（Abrego 2014）。このほか，メキシコ系移民が本国に残し
てきた若年の子どもは，メキシコで親とともに暮らす子どもに比べ，行動や情
緒の面で問題を抱えやすい傾向にあるとの報告も確認される（Lahaie et al.
2009）。他方，母国に親を残してきた移民は，親の身体が不自由になった時，
介護の問題に直面し，帰国という倫理義務を感じて罪悪感に苛まれている
（Baldassar et al. 2007; Brijnath 2009; Krzyzowski and Mucha 2014; Baldassar 2015）。
カナダのポルトガル系移民に関しては，ケベック州におけるアゾレス諸島系移
民が，世代，家族内の地位，ライフコースに基づき，ポルトガルにいる高齢の
家族構成員のため，トランスナショナルな介護（transnational caregiving）を多
様な形態で実践しているという（Gherghel and Le Gall 2010）。このように，こ
れまで一定数の研究が，ライフサイクル，および家族という単位について，直
接的または間接的に焦点を当て，トランスナショナル移住への理解を試みてき
た。また，多数の研究が，核家族および拡張家族の内部における中心的な存在
として，現役世代の移民を（一部は，彼らの子とともに）検討してきた一方，移
動する主体として，高齢のトランスナショナル移民に焦点を当てた研究は，前
者に比して数少ない。

　本章は，「死」の前の最後のライフステージとして位置付けられる，高齢期
（リタイアメント期）に焦点を当てる。移民高齢者の一部には，自身のライフス
テージが老後に遷移してもなお，介護を必要とする親をもつ者もいる。しかし，
多くの場合，彼・彼女らは既に親との死別を経験し，介護の責任を終えている。
高齢期における彼らの決定は，各人の経済，法，健康，およびその他の個人的
な状況に応じて変化し，①送出国への帰還移住（return migration），②受入国
での定住，そして③トランスナショナルな老後生活（transnational later life）の

238

第11章　移民一世の高齢化と老後の戦略的トランスナショナリズム

3通りに分岐する。

　Carling and Pettersen（2014）は，ノルウェーにおいて，最も帰還の可能性が高い移民の属性が，受入国において，生涯の約半分の期間を過ごした40歳代の男性であることを指摘した。しかし，彼らは直近の計画というより，退職後のオプションとして，母国への帰還を検討しているという。また，Klinthäll（2006）は，スウェーデンを例に，同国の法定退職年齢の65歳に達した時，特に男性において，帰還移住の確率が上昇したことを示し，「リタイアメント効果（retirement effect）」の存在を明らかにした。リタイアメント効果は退職後すぐに現れるとともに，帰還移住の割合は65歳を過ぎると，再び減少したとされる。

　このように，帰還移住に取り組んだ複数の研究が，国際移民による退職と帰還移住との関係を扱ってきたとともに，これまでに他の多数の研究が移住受入国における移民の定住と同化の過程を検討してきた（例えば，Gordon 1964; Alba and Nee 2003）。これらと比べた時，受入国に住居を維持しながら送出国でも毎年長期間滞在する移民高齢者に関し，そのトランスナショナルな実践の解明に取り組んだ研究は限定的である。ヨーロッパと北米を対象とした高齢移民に関する既存の研究を合わせてみてみると，①ヨーロッパ内富裕層（Intra-Europe Rich），②ヨーロッパ内移民（Intra-Europe Immigrant），③北米スノーバード（North American Snowbird），④大西洋横断移民（Trans-Atlantic Immigrant）の4類型に大別される（**表11-1**）。これらの類型には，一部で国内スケールの移住者も内包するため，高齢期における人口流動の全容をより広く捕捉できる。

表11-1　ヨーロッパ・北米の老後におけるトランスナショナル移住者の類型

類型	主な居住地	現地生/移民	経済状況	気候要因	移住スケール
ヨーロッパ内富裕層	ヨーロッパ（先進国）	主に現地生	高位	強	国家内または地域（ヨーロッパ）内
ヨーロッパ内移民	ヨーロッパ（先進国）	移民	低位〜中位	弱	地域（ヨーロッパ）内
北米スノーバード	北アメリカ	主に現地生	高位	強	国家内または地域（北中米）内
大西洋横断移民	北アメリカ	移民	中位〜高位	弱	地域横断的（大陸横断的）

第V部　おわりに

　まず第一に，「ヨーロッパ内富裕層」に区分される高齢者の移住行動をみて
みたい。彼・彼女らのトランスナショナル移住は，例えば，イギリスからスペ
インなど，ヨーロッパの内部で生じる。一般的には，より温暖な気候を移住の
動機とする，富裕層の人々が該当する。Bolzman et al.（2006）によれば，従
来の移住研究は既に，この類型の人々が実践する，居住地を二つの国・地域の
いずれかに分けて捉える視点（①受入地での定住，②送出地への帰還移住）に代
わる「第3のオプション」の存在を認識してきた。しかし，この第3のオプシ
ョンに関する研究は，主に，国内スケールでの移住（Bond 1990）のほか，北
ヨーロッパを拠点とする富裕な退職者による南ヨーロッパへの季節移住の事例
から示され，移動の方向の点からみれば，「北から南」への一方向的な現象が
報告されてきた（Casado-Diaz et al. 2004）。

　第二に，「ヨーロッパ内移民」の高齢者は，より貧しいヨーロッパの国を出
身とし，より富裕な他のヨーロッパの国に基本的に現住する移民を示す。トラ
ンスナショナル移住は，低所得者／高所得者の両方の人々によって実践されて
いるにもかかわらず，こうした若年時にヨーロッパの「南から北」へ移住し，
そこで定着した国際移民については，十分な報告が認められていない
（Bolzman et al. 2006）。フランスにおいて，移民労働者用ホステルの住民を調査
したHunter（2011）によると，彼らは受入社会への統合水準が低いにもかかわ
らず，退職時にも送出国へ帰還せず，代わって，定期的な里帰り旅行を好む傾
向にある。Bolzman et al.（2017）は，スイスで生涯の労働期間の半分以上を
過ごした，高齢のスペイン系，イタリア系，ポルトガル系の移民の生活様式を
検討した。彼らによれば，こうした移民高齢者の空間的モビリティは多様な形
態をとり，それぞれが，法的制約，家族構成，その他の個人的な状況に対し，
適応しているという。

　第三に，「北米スノーバード」に該当する高齢者は，カナダとアメリカ北部
地域を拠点とするが，前述の「ヨーロッパ内富裕層」と共通する特性をもつ。
この類型の人々は，典型的には，冬季により温暖な気候を求めて，アメリカの
サンベルト地域，メキシコ，カリブ海地域などへ季節的に移動する富裕層の高
齢者である（Craig 1992; McHugh and Mings 1994; Coates et al. 2002; Happel and
Hogan 2002; Smith and House 2006; Bjelde and Sanders 2012）。スノーバードに関

240

第11章　移民一世の高齢化と老後の戦略的トランスナショナリズム

する既往の研究は，北米に住む人々の高齢期のトランスナショナリズムを描出してきた。しかし，それらの分析対象は，受入国（カナダ・アメリカ）出身の富裕な人々に集中し，他の国・地域から北米へ移住してそこに定着した，国際移民の送出地／受入地の関係は等閑にされてきた。

　最後に，第四の類型は「環大西洋移民」の高齢者であり，これが本研究の対象となる集団である。トランスナショナリズムに関する先行研究は，ヨーロッパの領域内部に偏在してきた（例えば，Gustafson 2008; Oliver 2016）。また，北米においては，特に，ポルトガル系移民をはじめ，相対的に経済水準が高くないヨーロッパ諸国からの移民高齢者に関し，トランスナショナルな行動が十分に検討されてこなかった。ヨーロッパ地域の内部では，超国家的な連合体である欧州連合（European Union：EU）が組織されているため，世界の他の地域に比較して，移動に関する国家間の法的制約が弱い。そのため，ヨーロッパ内部で生じる移住とトランスナショナリティのコンテクストは，ヨーロッパ—北米間など，他地域のそれとは著しく異なる。EU加盟国の間のみならず，スイスをはじめ，ヨーロッパ地域に位置するEU非加盟国もEUとの間で協定を結んでいる。人の移動の自由に関しては，1994年，欧州自由貿易連合（European Free Trade Association：EFTA）のうち，スイスを除く全3か国（アイスランド，リヒテンシュタイン，ノルウェー）とEUの間で「欧州経済領域（European Economic Area：EEA）協定」が，2002年には，スイスとEUの間で「人の自由な移動に関する協定（Agreement on the Free Movement of Persons：AFMP）」がそれぞれ発効した。なお，AFMPは，スイスと他のEFTA加盟国全3か国との間にも適用される。

　本章で対象とするような大西洋を横断して展開される，高齢者のトランスナショナル移住を検討することにより，既存の研究とは異なる視座から，高齢期のトランスナショナルな実践を把捉することが可能になると考えられる。以上の通り，本章は，環大西洋の文脈に照らし，ポルトガル系移民高齢者によるトランスナショナルな老後生活を精査することで，これまで見過ごされてきた学問領域の間隙を埋め，アカデミアの発展に貢献するものである。

第V部　おわりに

第3節 ┃ カナダにおけるポルトガル系移民の高齢化

1　ポルトガル系移民の高齢化率

　本節では，2016年カナダ国勢調査のうち，移民（一世）の出生国，高齢化率，および国籍保有状況などに関する25％サンプルデータを利用する。これらのデータをもとに，多重国籍，社会保障をはじめとした，法的・経済的な特徴に焦点を当てた分析をおこなう。2016年，カナダの総人口のうち，65歳以上の人口は500万人を超え，高齢化率は15.9％に達した（**表11－2**）。オンタリオ州においても，200万人以上を高齢者が構成し，その高齢化率は16.0％に達した。トロント大都市圏に相当する国勢調査地域（Census Metropolitan Area）では，高齢化率は13.9％であり，カナダとオンタリオ州の高齢化率をいずれも下回った。国内最大の都市であるトロント市を核とする，トロント大都市圏では，カナダ全土およびオンタリオ州に比して，高齢化の傾向は抑制的である。

表11－2　カナダにおけるポルトガル系人口の高齢化（2016年）

	カナダ	オンタリオ州	トロント大都市圏
総人口	34,460,065	13,242,160	5,862,855
高齢者（65歳以上）人口	5,479,910	2,113,520	815,460
高齢化率	15.9%	16.0%	13.9%
移民一世人口	8,219,555	4,122,840	2,874,265
ポルトガル系総人口	482,605	324,930	210,420
総人口に占めるポルトガル系総人口の割合	1.4%	2.5%	3.6%
ポルトガル系高齢者（65歳以上）人口	61,060	42,095	28,800
ポルトガル系人口の高齢化率	12.7%	13.0%	13.7%
ポルトガル系移民一世人口	205,230	143,360	101,675
ポルトガル系総人口に占めるポルトガル系移民一世の割合	42.5%	44.1%	48.3%
ポルトガル系移民一世・高齢者（65歳以上）人口	58,435	41,535	28,640
ポルトガル系移民一世の高齢化率	28.5%	29.0%	28.2%

注：25％サンプルデータにおける，エスニックオリジン（ethnic origin）の回答では，複数選択が認められている。
　　一部の国民に対して，詳細な質問項目を問う25％サンプルデータの数値は，全員回答のカナダ国勢調査の数値に一致しない。
　　トロント大都市圏は，国勢調査におけるToronto CMA (Census Metropolitan Area) の範囲を示す。
　　全ての人口の項目について，単位は（人）である。
出典：Statistics Canada（2016）をもとに筆者作成

第11章　移民一世の高齢化と老後の戦略的トランスナショナリズム

　2016年，ポルトガル系総人口は，カナダ全土で482,605人を数え，このうち
の324,930人（67.3%）がオンタリオ州に，210,420人（43.6%）がトロント大都
市圏に集積した。すなわち，カナダのポルトガル系人口のうち，3分の2以上
がオンタリオ州に，半数近くがトロント大都市圏に集中する。このことは，オ
ンタリオ州（特にトロント大都市圏）が，カナダにおけるポルトガル系コミュ
ニティの中枢地であることを示す。最初期の移住から半世紀余りを経た今日，
ポルトガル系コミュニティは，200以上のエスニック集団が暮らす多文化都市
トロントを拠点に，大都市圏域内の30人に1人以上（3.6%）という高い人口割
合を占め，一定のプレゼンスを示す集団へと発展した。

　しかし，その一方，今日におけるカナダのポルトガル系人口は，国際移住
（＝社会増）によってではなく，主には，自然増によって維持されている
（Statistics Canada 2016）。カナダのポルトガル系コミュニティは，一世，二世，
さらには三世以降の多数の世代から構成されている。ポルトガル系総人口に移
民一世が占める割合は，カナダ全土，オンタリオ州，トロント大都市圏の各空
間スケールにおいて，それぞれ42.5%（205,230人），44.1%（143,460人），48.3%
（101,675人）であり，いずれも過半数を下回る。このように，ポルトガル系コ
ミュニティにおいて，移民一世はマジョリティを構成していないものの，上記
全ての空間スケールにおいて，依然として40%以上を占めている。このこと
は，現在，ポルトガル系コミュニティが一世から二・三世への世代交代期を迎
えていることを示唆する。

　ポルトガル系高齢者（65歳以上）人口，およびポルトガル系総人口に占める
その割合（＝高齢化率）は，カナダ全土で61,060人（12.7%），オンタリオ州で
42,095人（13.0%），トロント大都市圏で28,800人（13.7%）であった。また，ポ
ルトガル系移民一世の高齢者人口，および全ポルトガル系移民一世に占める高
齢者の人口割合（＝高齢化率）は，カナダ全土で58,435人（28.5%），オンタリ
オ州で41,535人（29.0%），トロント大都市圏で28,640人（28.2%）であった。現
在，ポルトガル系移民一世の4人に1人以上が，老後生活を送っている。

2　ポルトガル系移民の市民権保有状況

　表11−3は，2016年時点のカナダにおけるポルトガル系移民の年齢構成，

243

第V部　おわりに

表11-3　ポルトガル系移民の年齢構成と市民権の保有状況（2016年）

年齢	総人口 （人）	非カナダ市民 （人）	カナダ市民 （人）	カナダ 市民権のみ （人）	多重市民権 （人）	カナダ 市民権の 保有割合	多重市民権 の保有割合
0－14	765	500	270	185	80	35.3%	10.5%
15－24	1,385	715	675	480	190	48.7%	13.7%
25－34	6,905	2,635	4,270	3,110	1,165	61.8%	16.9%
35－44	12,955	3,545	9,410	7,220	2,190	72.6%	16.9%
45－54	33,280	6,050	27,235	21,935	5,295	81.8%	15.9%
55－64	35,985	4,780	31,205	24,705	6,500	86.7%	18.1%
65－74	27,720	2,500	25,220	19,315	5,905	91.0%	21.3%
75≦	20,445	2,205	18,245	14,400	3,845	89.2%	18.8%
合計	139,440	22,930	116,530	91,350	25,170	83.6%	18.1%

注：上記は，出生地（place of birth）を「ポルトガル」と回答した人（すなわち，ポルトガル系移民）のデータに基づく。
　　25%サンプルデータに基づく推計値であるため，合計の数値のうち，一部は当該項目の和に一致しない。
出典：Statistics Canada（2016）をもとに筆者作成

およびカナダ市民権（カナダ国籍）・多重市民権（多重国籍）の保有状況を示す。

　これらのデータは，カナダ国勢調査における出生地（＝ポルトガル）の回答
に紐付いており，全回答者がポルトガル系の移民一世である。2016年時点，
55-64歳の人口は35,985人に達し，最大の年齢集団であり，45-54歳（33,280人），
65-74歳（27,720人），75歳以上（20,445人）がそれに続いた。45歳未満の移民の
人口は，合計22,010人に過ぎず，全体の15.8％にとどまった。前述の通り，ポ
ルトガルからカナダへの移住の流れは特定の時代に集中した。すなわち，1960
年代～1970年代，ポルトガルからカナダへの移住は最盛期を迎えたが，20世
紀末には移住の流れは停滞した。こうした国際移住の時代的な消長を反映し，
今日のカナダにおいて，ポルトガル系移民は高年齢層に偏在している。約50
年前，主に10～30歳代の若年時にポルトガルから移住した移民一世は，現在，
カナダで高齢期を迎えているのである。

　2016年時点，0-14歳，15-24歳，25-34歳，35-44歳，45-54歳，55-64歳のコー
ホートにおいては，それぞれ35.3％（270人），48.7％（675人），61.8％（4,270人），
72.6％（9,410人），81.8％（27,235人），86.7％（31,205人）がカナダ市民権を取得
していた。65-74歳および75歳以上の高齢者に区分される二つのコーホートに
関して，カナダ市民権の取得割合は，それぞれ91.0％（25,220人），89.2％
（18,245人）とさらに高い値が確認された。このように，概して，若い年齢集団

244

第11章　移民一世の高齢化と老後の戦略的トランスナショナリズム

ほど，市民権の取得割合が低く，年齢が上がるにつれて，カナダ市民権の取得
割合が上昇する傾向が認められた。こうした事実は，受入国における居住の長
期化に伴い，市民権に申請する機会をより多く得られるためと推察される。な
お，18歳未満の移民がカナダ市民権を取得しているか否かは，親の法的地位
や意思決定に大きく依存する。IRCC（2021a）は，「彼ら（＊18歳未満の申請
者）は，カナダ市民の，または（家族として，ともに申請して）未成年者と同時
にカナダ市民になる，最低1人の親（法的に養子縁組を結んでいる親を含む）を
必要とする」［＊は筆者による補足］と規定している。

　Hou and Picot（2019）によれば，カナダで申請条件を満たす18歳以上の移
民において，市民権の取得割合は次第に増加している。その値は，1991年に
81.6％，2001年に84.5％，2016年に86.2％であった。カナダの市民権を申請す
るためには，申請者はカナダ永住者でなければならず，かつ申請書に署名した
日付の直近5年間のうち，最低1,095日（＝3年）の間，カナダに物理的に滞在
していなければならない（IRCC 2021b）。また，永住者の地位を維持するため
には，過去5年間のうちの最低730日（＝2年）間，カナダに滞在していなけれ
ばならない（IRCC 2021c）。以上を鑑みると，カナダのポルトガル系移民の大
半は，カナダ市民権への申請資格を満たしていると考えられる。

　他方，カナダの永住権資格は，移民（或いは国外出生者）に対し，滞在，就
学，就労，医療など，既に多岐にわたる権利を認めている。カナダの市民権を
取得することにより，移民は，政治参加，公的職を含む全ての職へのアクセス，
およびカナダのパスポートを得ることができる。翻せば，移民は永住権のみを
取得することにより，これらを除くほぼ全ての権利を得られる。このことから，
少なからぬ人々にとって，市民権は即座に必要なものではないとも考えられる。
しかし，それにもかかわらず，カナダのポルトガル系移民は，隣国アメリカの
ポルトガル系移民に比べても，受入国の市民権を獲得・保有する割合が高い
（Bloemraad 2002, 2009）。その理由は，各受入国における市民権獲得に至るま
での障壁の差異など，複数の要因が考えられるが，具体的な要因を明らかにす
るためには，別途詳細な検討が求められる。Bloemraad（2002, 2009）の報告に
一致し，本研究でも，カナダのポルトガル系移民において，なかでも中高年の
コーホートを中心に，高い市民権取得割合が確認された。カナダ市民権の取得

245

第Ⅴ部　おわりに

割合の高さを反映し，トロント市では，多数のポルトガル系移民一世がその被
選挙権を行使して選挙に立候補し，さらに，そのうちの複数名が議員に選出さ
れてきた（第10章）。他方，選挙権を獲得・保有した同胞の有権者が，そうし
た同胞議員の輩出に寄与したことも忘れてはならない。ポルトガル系移民は，
政治にも積極的に参加し，従来の移民が置かれた労働力の供給源，或いは調整
弁としての地位にとどまることなく，トロント市の政治的中枢においても重要
な一部分を構成してきた。

　カナダのポルトガル系移民の市民権に関しては，1980年前後にカナダとポ
ルトガルの両国で生じた国籍法の改正も重要な出来事であった。カナダでは，
多重国籍（dual citizenship）を厳しく制限する"1947年法"の制定から30年後に
当たる1977年，その制約が撤廃された。他方，1981年，ポルトガルでも国籍
法が改正され，多重国籍が認められた（Bloemraad 2004, 2006）。すなわち，
1981年以降，カナダのポルトガル系移民は，多重国籍の保有を選択すること
が可能となった。ポルトガルの新しい国籍法は，出生地主義（jus soli）から血
統主義（jus sanguinis）への転換という，ポルトガル市民権の要件に関する重
要な変化を含んだ。そのため，カナダにいる多くの二世以降の世代のポルトガ
ル系は，現在，多重国籍を保有しているとされる。しかし，それとは対照的に，
上記の統計データは，移民一世のうち，18.1％のみが多重国籍を有しているこ
とを示した。65-74歳のコーホートが最も高い21.3％であり，75歳以上（18.8％），
55-64歳（18.1％）がそれに続いた。移民一世においては，カナダでの居住期間
が長く，かつポルトガルへの愛着も強いと思われる高齢の人々でさえ，概して
多重国籍者の割合は5人に1人程度であった。前述のように，ポルトガルから
カナダへの大規模な移住が生じたのは，ポルトガルで国籍法が改正された以前
の1960年代〜1970年代であった。このことから推し図ると，国籍法の改正前
に移住したポルトガル系移民のうちの一定数は，カナダ市民権の取得と引き換
えに，ポルトガル市民権を既に放棄していた可能性が考えられる。或いは，当
時未成年であった移民の中には，親の意思決定により，親子共々，ポルトガル
からカナダへと国籍変更がおこなわれたかもしれない。

第11章　移民一世の高齢化と老後の戦略的トランスナショナリズム

第4節　トランスナショナルな老後生活を促進・制約する諸要因

1　調査対象のポルトガル系移民高齢者の概要

　ポルトガル系移民高齢者を対象に，トロント市内に立地するポルトガル系コミュニティの社会文化組織とエスニックビジネスにおいて，質問票を用いたインタヴューを実施した。これらのエスニックな社会文化組織は，ダンスやゲームなどのイベントを通じ，ポルトガル系高齢者の間での多様な相互作用の機会を日常的に提供している（**写真11－1**）。ポルトガル系の食料品店や飲食店などのエスニックビジネスへの訪問のほか（第6章・第7章），ポルトガル系高齢者はこうした社会文化組織が開催するイベントを通じて交流している。質問項目は，カナダへ移住した年，移住時の年齢，家族構成，家族構成員の居住地，ポルトガル・カナダの両国における住宅の取得状況などであった。ポルトガル系移民高齢者とエスニックコミュニティについて，より広く一般的な情報を把握するため，2014年から2018年にかけて，複数の社会文化組織の代表・スタッフ，およびこのコミュニティに精通したポルトガル系カナダ人に対してもインタヴューを実施した。

出典：撮影筆者（2016年7月）

写真11－1　Casa dos Açoresで開催される高齢者向けダンスイベント

　2016年6〜7月，合計21名のポルトガル系移民に対して，質問票を用いた半構造化インタヴューを実施した。このうち，60歳代以上で，かつインタヴューの前年に2か月以上の間，ポルトガルに滞在した8名が有効回答者（以下，回答者）として抽出された（**表11－4**）。通年カナダに滞在していた人，およびポルトガルでの滞在期間が2か月未満であった人は，分析対象から除外した。このことは，経済，健康，家庭状況などのため，必ずしも全てのポルトガル系

第Ⅴ部　おわりに

表11－4　調査対象のポルトガル系移民高齢者の属性

仮名	ジェンダー	年齢(歳代)	送出地域	移住年	移住時の年齢(歳代)	家族構成員の居住地			住宅の所有状況		ポルトガルでの滞在月	合計滞在月数
						カナダ	ポルトガル	その他	カナダ	ポルトガル		
Jose	男	60	マデイラ	1967	20	●▲▲▲		◎	✓	✓	6～7月	2
Maria	女	60	大陸	1989	40	▲▲	◎		賃貸	✓	5月.8～10月.12月	4
Ana	女	70	アゾレス	1965	10	▲△			✓	✓	7～8月	2
Mario	男	60	大陸	1974	20		●▲▲▲		✓	✓	1月.9月	2
Carlos	男	60	大陸	1976	20	●▲▲▲	△△△△△△		✓	✓	6～8月	2.5
Gustavo	男	70	大陸	1971	20	●▲▲	△△△		✓	✓	6～8月	2.5
Antonio	男	80	アゾレス	1954	20	△△△△			✓	✓	11～3月	5
Fernando	男	70	アゾレス	1964	20	●▲△	△△		✓	✓	5～6月	5

【凡例】
夫・妻:●　息子・娘　:▲　父・母:◎　兄弟・姉妹:△

移民高齢者がトランスナショナルな老後生活を実践できるわけではないことを示す。

　本研究の回答者8名の年齢は，60歳代～80歳代であり，性別の内訳は，男性8名，女性2名であった。出身地別には，ヨーロッパ大陸（本土）（n＝4），アゾレス諸島（n＝3），マデイラ諸島（n＝1）であり，多様な地域が認められた（**図5－1**）。カナダへ渡ったポルトガル系移民の数については，統計データの制約上，出身地別の数を知ることは困難であるが，Teixeira and Da Rosa（2009）によって，その過半数がサンミゲル島出身者をはじめとするアゾレス諸島出身者であると試算されている。この点を踏まえると，回答者の出身地の構成は，カナダにおけるポルトガル系人口の構成を概ね反映していると言える。なお，以下では，全回答者に対して仮名が付され，本文中においても各人が仮名とともに言及される。

　回答者の8名全員が，ポルトガルからの移住が隆盛した1950年代から1980年代にかけて，カナダへ移住した。カナダへの到着時，マリア（Maria）を除く7名が，10歳代または20歳代であった。全8名のうちの6名は，サラザールによる独裁政権下，および長期化するアフリカ旧植民地との戦争の間，より良い生活状況と労働機会を求めてカナダに到着した。島嶼部出身者が1954～1967年に，大陸出身者は1971～1989年にカナダへ移住した。すなわち，島嶼部出身者は，大陸出身者よりも早い時期にカナダへ到着していた傾向が認められる。この傾向は，第7章のポルトガル系経営者に関する報告に一致するとともに，概して，島嶼部出身者が大陸出身者よりも高齢であり，近年，より急速

248

第11章　移民一世の高齢化と老後の戦略的トランスナショナリズム

な高齢化を経験していることを示唆する。また，Noivo（1997）および
Gherghel and Le Gall（2010）によれば，大陸出身の移民が移住当初から送出
国への帰還意思を持つ一方，アゾレス諸島出身の移民は永続的な移住を企図し，
受入国に定住する傾向にある。インタヴューを実施したポルトガル系の高齢者
は，概して，この見解に同意したが，本研究では，大陸出身者でありながらも，
ポルトガルへ帰還移住していないトランスナショナル移民の事例も確認された。
続く2・3の二つの項では，8名の回答者の事例をもとに，個々の家庭状況を含
む，トロントのポルトガル系移民高齢者が置かれている立場・状況について，
送出国であるポルトガルとの関係から検討する。

2　移民高齢者による大西洋を横断する高齢者介護

　マリアは，1947年にポルトガル第二の都市であるポルトの近くの町で生ま
れた。父親の仕事のため，彼女は，当時ポルトガルの植民地であったモザンビ
ークで，7歳からの21年間を過ごした。モザンビークがポルトガルから独立し
た1975年，彼女はポルトガルへ戻ると，14年間をポルトガルの首都リスボン
で過ごした。そして，1989年，生活水準の向上を求めてカナダへの移住を決
意した。彼女のライフパスは，最後のアフリカ植民地の喪失という，ポルトガ
ルを中心とする現代グローバルヒストリーの重要な局面を物語る。15世紀以降，
世界で一定の影響力を有したポルトガルの帝国国家としての終焉は，20世紀
後半になり，ポルトガル人の一個人の移住パターンにも影響を与えた。

　インタヴューの前年において，5月，8〜10月，12月の計3回，マリアはポ
ルトガルへ行き，計4か月間をそこで過ごした。彼女によれば，後期高齢者と
なった彼女の母親は介護を必要としている。しかし，ポルトガルには介護でき
る近親者が十分におらず，そのために彼女は大西洋を越えて，両国を度々往復
することになっているという。5月と12月における彼女の訪問の目的には，母
親の誕生日，クリスマスを祝うことがそれぞれ含まれていた。インタヴューに
おいて，彼女は，自身の母親がより健康であるなら，カナダにより長く滞在し
ていたい旨の発話をした。当然ながら，彼女は，自身の母親を何者にも代え難
い存在として大切に思い，そのため，重要なイベントの時季を選び，ポルトガ
ルを訪れている。しかし，その一方で，年複数回に及ぶ両国間の往来は，不本

249

第Ⅴ部　おわりに

意ながらに実践されている側面を有する。マリアは，高齢期においても，自身が可能な限り，頻繁かつ多くの時間を家族的な責務に捧げ，トランスナショナル・ケアに供している。

　マリアの事例は，介護を必要とする高齢の親の存在が，他の国に移住した高齢の子にとっての少なからぬ負担となっていることを示す。こうしたトランスナショナル・ケアにより生じる負担は，ヨーロッパ域内（のポルトガル以外の国）で暮らすポルトガル系移民に比べ，大西洋を横断するトロントのポルトガル系移民の文脈において，特に顕著であると言えよう。また，今でも母が暮らすマリアの地元町はポルトガルの大陸地域にあり，カナダからみた場合，アゾレス諸島よりも遠方に位置する。当然ながら，親自身にカナダへ移住してもらうことも問題を解決するための効果的な選択肢と考えられる。しかし，多くの場合，移民の親にとって，晩年における初めての海外移住は過大な挑戦である。彼・彼女らは，人生のほぼ全ての期間を過ごしてきたポルトガルの地元地域での継続した居住を望む傾向にある。

　移民高齢者にとって，受入国と送出国との間でのトランスナショナルな実践が持つ意味は，親の介護の要否をはじめ，個人が置かれる家庭の状況によって変化する。介護の責任から既に解放された他の移民高齢者とは異なり，自身が高齢期を迎えてもなお，親がポルトガルで存命する場合，移民高齢者のモビリティは，しばしば喜び・幸福といった積極的な情感よりも，むしろ義務感とともに不可避的に生じている。

3　トランスナショナル移住の季節選好と多重国籍による滞在延伸

　1929年，アントニオ（Antonio）はアゾレス諸島の主要島・サンミゲル島に生まれ，カナダへ移住する25歳までの全ての時間をそこで過ごした。1954年，カナダに移住すると，まずは鉄道の建設労働者として，続いて工場労働者としての仕事に従事した。その後，トロントに到着したアントニオは，食料品店を開業し，リタイアするまでの間，その経営を続けた。リタイア後に関しては，（インタヴューの）6年前に妻が他界するまでの間，二人で共に故郷のサンミゲル島を毎年訪れていたという。彼によれば，計4人の兄弟・姉妹を含む，彼の全ての近親者は，現在，カナダで暮らしており，ポルトガルには数名の甥・姪

第11章　移民一世の高齢化と老後の戦略的トランスナショナリズム

のみが生活している。しかし，妻が他界してもなお，彼は旧友に会うことを主たる目的の一つに，サンミゲル島への来訪を続けている。

インタヴューの中でアントニオは，彼にとって，トロントの冬の厳しい寒さもトランスナショナル移住の理由の一つであることを説明した。本調査の前年にも，主に季節的な理由から，11月初旬から3月末までの間，ポルトガルに滞在していたと答えた。カナダとポルトガル（またはトロントとサンミゲル島）の2地域の間で認められる気候の差異は，彼が両地域での滞在時季を決するにあたって重要なファクターである。しかし，アントニオとは異なり，全8名のうち，5名の調査協力者は，夏季にのみポルトガルに滞在し，冬季にはトロントに滞在していたと回答した。ポルトガル系社会文化組織の代表への聞取りによれば，大半のポルトガル系移民高齢者は，トロントで暮らす近親者（子・孫など）とクリスマスをともに過ごしたいため，4～5月にポルトガルへ出発し，10月頃にはカナダへ戻ってくるという。また，この代表によれば，ポルトガル各地の気候（外気温）は，概してトロントに比べて温暖だが，今日のトロントでは，自家用車の普及，地下街の発達，建物の堅牢さや気密性の高さのほか，条例の下で全建物内に自動暖房のシステムが完備されており，冬季にも快適に過ごせる環境が整っているという。これらの諸要素は，トロントにおける生活の質の向上に寄与しており，ポルトガル系移民も冬季を概ね快適に過ごせていると説明した。中には，ポルトガルにある老朽化した住居よりも，設備性能が高いトロントの住居の方がより暖かく快適に冬を過ごせると発話した者もいた。このように，ポルトガル系移民高齢者によるトランスナショナル移住の季節選好を説明する際，環境決定論的な枠組みを単純に適用することは困難である。

他方，多重国籍は，制度的側面において，ポルトガル系移民高齢者によるトランスナショナルな老後生活を促進する。インタヴューの前年，アントニオは，連続した約5か月間をポルトガルで，残りの期間をカナダで過ごした。国民国家として，ポルトガルは（年金を含む十分な経済資源を有する）EU構成国の市民を除く外国市民に対しては，90日間に限定して国内での滞在を認めている。加えて，シェンゲン協定の下，非シェンゲン国市民は，過去180日間のうちの通算90日間のみ，シェンゲン圏内に滞在できる。したがって，カナダ国籍のみを保有するポルトガル系カナダ人に対しては，この90日間ルールが適用さ

第Ⅴ部　おわりに

れる。対照的に，ポルトガル・カナダの多重国籍保有者に，このルールは適用
されず，基本的に，彼・彼女らは滞在期間の制限なしに両国に滞在・居住でき
る。今日，両国の国籍を保有する移民高齢者は，多重国籍の制度の下，"ほぼ
自由に"大西洋上を往来し，二つの国・地域で老後生活を満喫できる。

4　トランスナショナルな老後生活における社会保障制度の影響

　ポルトガル系移民高齢者の多くは，若年時にカナダへ到着して長期間就労し
た末，高齢期を迎えている。そのため，今日，彼・彼女らはカナダ政府から年
金を受給する資格を有している。前述したように，移民高齢者は，多重国籍を
保有する場合，"事実上自由に（defacto freely）"両国に滞在できる。このことは，
彼らが国民国家の法的拘束から解放されていることを示すかに見える。しかし
実際には，多重国籍は受入国／送出国の間におけるトランスナショナルな生活
条件を限定的に緩和しているに過ぎない。ここで重要になるのが，公的年金を
はじめとする社会保障制度である。

　特に高齢者にとって，社会保障は生活を営む上で重要であるが，隣国アメリ
カをはじめ，他の先進諸国と比べても，カナダ政府は比較的に充実した社会保
障プログラムを提供している。ヘルスケアシステムに加え，公的年金は，政府
が提供する，国民にとって不可欠な社会保障サービスである。カナダの公的年
金システムは，「カナダ年金プラン制度（Canada Pension Plan）」（略称，CPP）
と「老齢保障制度（Old Age Security）」（略称，OAS）の2種類から構成される。
ケベック州のみが，CPPの代わりに，ケベック年金制度（Quebec Pension
Plan）（略称，QPP）と呼ばれる独立した年金プログラムを運営する。OASはケ
ベック州を含むカナダ全土で運用されている。

　2019年において，65歳で受取を開始した新規CPP受給者の平均受給月額は
679.16 CADであり，最高受給月額は1,154.58 CADであった。他方，OASの受
給額に関しては，受給者が18歳以降にカナダ（または他の特定の国）に居住し
ていた期間に基づき算出される。例えば，2021年1～3月の期間，OASの最
高受給月額は615.37 CADであった。CPPは，年金受給者の現役時代の平均収
入（換言すれば，CPPの制度への貢献度）に基づき，受給月額が決定される社会
保険方式の退職年金である。CPPの受給額は，受給開始年齢に応じて変動する。

252

第11章　移民一世の高齢化と老後の戦略的トランスナショナリズム

標準的な受給開始年齢は65歳であるが，受給者は60歳に早めることも，70歳まで遅らせることもできる。受給開始年齢を早めた場合，受給月額が減少する一方，最長の70歳まで受け取りを待つことにより，受給者は受給月額を最大化できる。これに対し，OASは法定の身分と居住要件を満たす65歳以上の高齢者のための基礎年金である。18歳以降の40年間以上をカナダで暮らした人は，OASの支払いを満額で受け取ることができる一方，40年に満たない人は，カナダで居住した期間を40で割ることにより算出される，居住年数に比例した部分的な金額を受け取る。OAS年金受給者がカナダの国外で生活している場合，彼らはカナダにおいて最低20年間の居住経験を有していることが受給要件となるが，カナダ国内に居住している場合，10年間の居住経験があれば，OASの年金を受給できる。

　このほか，カナダに居住しながらOASを受給し，かつ年間所得が規定の額を下回る65歳以上の高齢者に対し，カナダ政府は「所得保障補填（Guaranteed Income Supplement）」（略称，GIS）と呼ばれる経済的なセーフティネットを提供している。2021年2月時点，その規定額は，独身，寡婦・寡夫の場合，18,648 CAD未満である。受給者に配偶者・内縁のパートナーがいる場合，本人と配偶者・内縁のパートナーの所得の合計が（1）24,624 CAD（配偶者・内縁のパートナーがOASを満額受給している場合），（2）44,688 CAD（配偶者・内縁のパートナーがOASを受給していない場合），（3）44,688 CAD（配偶者・内縁のパートナーが給付金を受給している場合）のいずれか未満であることがGISの受給条件である。

　本研究の全回答者を含め，カナダのポルトガル系移民の多くが，CPPとOASの両方について，年金の受給資格を満たしている。これは，前述の通り，彼・彼女らが1950年代から1980年代にカナダへ移住し，その後，約30〜60年の間，この国で就労したためである。OASに関しては，満額で受給するポルトガル系移民もいれば，より少ない額を受け取る者もいる。社会保険方式に基づくCPPとは異なり，OASは税金を財源とする年金である。ポルトガルに居住しながらOASを受け取るためには，受給者は18歳以降の最低20年間をカナダで居住していなければならない。このOASを国外で受け取るための受給要件を満たしていない場合には，年間6か月以上，カナダ国外に滞在した時，OAS年金の支払いは停止される。しかし，ポルトガル系移民の大半が，18歳

253

第Ⅴ部　おわりに

以降，20年を遥かに超える期間，カナダに居住した経験を持つため，このルールは多くのポルトガル系移民に対し，大きな影響を与えない。

トランスナショナル移住するポルトガル系移民高齢者にとって，社会保障上の最も重要な点はGISである。6か月以上の間，年金受給者がカナダを離れる場合，カナダでの過去の居住期間にかかわらず，GISを受給できない。したがって，CPP，OAS，GISの3種類を合わせ，年金受給額を最大化するためには，移民高齢者は6か月以上の間，ポルトガルに滞在することはできない。本研究の対象者のうち，ポルトガルに6か月を超えて滞在した者がいなかったことは，こうした法的・経済的な規定と制約を反映する。このように，カナダの年金システムは，一見すると，大西洋上で展開されるポルトガル系移民高齢者によるトランスナショナルな行動にとって，制約として機能していると言える。しかし，翻ってみると，6か月以上の間，カナダに滞在しさえすれば，彼らは経済的資源を最大化でき，それを原資に老後生活を一層充実させることができる。重要な点は，これらの制度設計の下で，ポルトガル系移民高齢者がトランスナショナルな実践を主体的に展開できているか否かである。

第5節 ┃ まとめ

1953年に始まり，1960年代から1970年代にかけて，ポルトガルからカナダへの移民数は急増したが，その後，特に世紀転換期を境としてその数は顕著に減少した。こうした移住時期の特性を反映し，カナダのポルトガル系移民の人口は，近年，高齢化しており，4人のうち1人以上の移民（一世）が65歳以上の高齢者である。本章は，移住の受入国（カナダ）と送出国（ポルトガル）の両国において，トランスナショナルな老後生活を営むポルトガル系移民高齢者を対象とした。本章の研究目的は，主に，家庭状況，多重国籍，社会保障制度といった「家族」と「法」と「経済」の側面に注目し，トランスナショナルな老後生活を促進・制約する要因を明らかにし，その上で，環大西洋移住のコンテクストに照らし，彼・彼女らによるトランスナショナルな実践を議論することであった。目的を達成するため，2016年カナダ国勢調査（25％サンプルデー

254

第11章　移民一世の高齢化と老後の戦略的トランスナショナリズム

タ）の利用・分析などに加え，トロントのポルトガル系移民高齢者に対し，半構造化インタヴューを実施した。

はじめに，筆者が提出したトランスナショナル移住のライフサイクルモデルに基づき，リタイアメント期に至るまでのライフコースとトランスナショナル移住に関する特徴を整理しておきたい。このモデルは，トランスナショナル移住に関する，主な四つの一般決定因子（「労働（仕事）」「健康」「子ども」「親」），および移住のより基礎的な条件を形づくる相互に横断的な二つの基盤決定因子（「経済」「法」）から構成される。ライフパスの細かな時空間的変遷，およびその具体的内容は，個々人に固有の環境・価値観・経験などに依存するが，リタイアメント期において，概して人々は，それ以前のライフステージに比べ，労働・子育て・親の介護など，種々の義務から解放される傾向にある。この点において，リタイアメント期はトランスナショナル移住の実現可能性が極めて高まるライフステージと考えられる。このモデルは，必ずしもトランスナショナル移住と高齢期における移住にのみ適用され得るものではなく，他の様々な移住の形態やライフステージを検討する際にも有用なものと考えられる。

トランスナショナル移住に関する既存の研究は，特定の対象に偏在してきた。大半の研究は，現役世代の成人に焦点を当てており，そのうちの一部には，彼らの子どもを含めて移住現象を分析したものも認められる。高齢者の移住行動に関する先行研究は，国内スケールでの移住現象に注目が集まりながらも，トランスナショナルな実践についても検討が進められてきた。例えば，富裕な北ヨーロッパ地域から相対的に経済発展の遅れた南ヨーロッパ地域への退職者（＝「ヨーロッパ内富裕層」の高齢者），およびその北米版であるスノーバード（＝「北米スノーバード」の高齢者）などに関する研究が蓄積されてきた。経済的に発展の乏しい国からより発展した国へと移住した，ヨーロッパ系移民の高齢者（＝「ヨーロッパ内移民」および「大西洋横断移民」の高齢者）のトランスナショナリズムを追究した論考は相対的に蓄積に乏しく，特に環大西洋移住のコンテクストから議論に取り組んだ研究は限定的である。アカデミアにおけるこの欠落部を充塡することにより，本章の研究は，移住研究，エスニック研究，人口地理学，社会地理学などの幅広い分野を横断し，トランスナショナル研究の領域に貢献するものである。

255

第Ⅴ部　おわりに

　カナダのポルトガル系移民は，大陸出身者，アゾレス諸島出身者，マデイラ
諸島出身者の三つの主たるサブグループから構成される。本研究の調査協力者
は，全3地域・計8名の移民高齢者から構成された。ポルトガル系移民高齢者
の大半が，既に両親の他界を経験しているが，本研究では，自身の母親が健在
であるため，介護の目的に加え，誕生日やクリスマスといった重要行事を共に
祝うため，2か国間を往来する移民高齢者も1名確認された。他の家族構成員
が異なる国に居住している状況は，移民のトランスナショナルな実践を不可避
的に促進する。ポルトガルで暮らす後期高齢期の親を介護する，この移民高齢
者は義務感の結果として生じる，自身のトランスナショナルな実践を不本意，
かつ重荷として消極的に捉えていることがわかった。トランスナショナル移住
が有する意味は，家庭の状況をはじめ，個人が置かれた固有の状況によって，
積極的にも消極的にも変化すると考えられる。他方，他の7名の移民高齢者の
親は既に亡くなっており，彼・彼女らは介護の義務から既に解放されており，
親の介護とは異なる理由で大西洋を横断する老後生活を実践していた。

　トロントのポルトガル系移民高齢者（＝大西洋横断移民）は，トランスナショ
ナル移住の季節選好，動機，法的制約を含む，複数の側面において，他の三つ
の高齢トランスナショナル移住者集団とは異なる特性を示した。彼・彼女らの
季節選好は，ヨーロッパ内富裕層と北米スノーバードの二つの高齢者集団とは
異なり，環境決定論的な説明では理解が難しい。カナダに比してポルトガルが
温暖であることは，多くの場合，彼らにとっての移動の主たる動機にはならな
い。トロントのポルトガル系移民は，クリスマスなどの最重要な日を家族と共に
過ごすことに重きを置き，夫・妻や息子・娘が暮らすカナダで冬を過ごす事例
が多数派を占めた。また，EUを中心とするヨーロッパ域内で移動する二つの高
齢者集団（ヨーロッパ内富裕層，ヨーロッパ内移民）に比べ，カナダ国籍のポルト
ガル系移民にとって，ヨーロッパにおける滞在期間など，法的な制約は大きい。
しかし，1980年前後にポルトガルとカナダの両国で国籍法が改正され，多重国
籍が認められたことにより，二重国籍者となった移民にとって，トランスナ
ショナル移住の制約は減じた。さらに社会保障に関しては，1960年代〜1970年代
を中心に，若年時にカナダへ移住し，そこで長期間就労したポルトガル系移民
の多くは，カナダ政府から年金を受給する資格を有している。しかし，カナダ

第11章　移民一世の高齢化と老後の戦略的トランスナショナリズム

政府が給付する年金を満額で受け取るためには，法制度上，年間6か月以上の間，カナダに滞在しなければならない。この点は，トランスナショナル移住の制約とも理解できるが，翻せば，移民高齢者は，カナダに6か月間滞在しさえすれば，老後の生活を充実させるための経済的資源を最大化できる。

カナダ・トロントのポルトガル系移民高齢者のトランスナショナルな老後生活は，年金受給額を最大化させ，かつ送出国と受入国の両国において生活の質を最高化させることを企図した，ライフサイクルの最終局面における，彼・彼女らによる戦略的実践である。

最後に，本章の研究には，いくつかの限界も認められる。調査回答者として，ポルトガルの全3地域からの移民を扱ったが，インタヴューを通じて収集されたデータには，送出地の地域間の差異を示唆すると思われるものも認められた。例えば，アゾレス諸島出身者およびマデイラ諸島出身者とは対照的に，大陸出身のポルトガル系移民には，ポルトガルにのみ住居を所有し，近親者もより多く同国に居住している傾向が認められた。アゾレス諸島は，ポルトガル大陸部，さらにはマデイラ諸島よりも，カナダに近接して立地している。また，各サブグループ間において，社会的慣習の差異が存在し，現在でも概ね維持されているであろうこと，およびカナダへの移住以前，三者には社会経済的状況にも違いが認められたとも考えられる。したがって，ポルトガル系コミュニティのサブグループ間には，本章では未検討の差異や分裂がさらに存在する可能性がある。おそらく，これらの点は，回答者からの発話をより豊富に用いる研究アプローチを採用することで，適切に説明できると考えられる。さらに，本章では，ジェンダーに基づく差異に関しても分析が及ばなかった。当然ながら，平均余命の長短，人生哲学の違いなど，あらゆるジェンダーグループ間で多様な差異が存在すると考えられ，それらは老後の行動様式にも反映されるであろう。加えて，近年日本国内でも指摘される老老介護やヤングケアラーの問題も存在するかもしれない。

以上の諸点は，重要であるものの，本章の目的と焦点からは外れていたため，ここでは検討がなされなかった。今後，これらについて取り組むことで，当該の研究分野に興味深い議論の素材が提供されると考えられる。

257

第12章

結び：多文化都市トロントのディレンマと移民街の揺動

　本書は，特に1970年代以降の北米都市を特徴付ける二つの鍵概念である，ジェントリフィケーションと私的政府BIAに注目し，多文化都市トロントにおけるポルトガル系移民街の変動過程を検討してきた。前部までに，上記の二つの鍵概念に注目しながら，（1）トロントのポルトガル系移民街「リトルポルトガル」の変容プロセス（第6章〜第10章），（2）同移民街のドラスティックな変容に呼応した，ポルトガル系コミュニティの大都市圏スケールにおける空間構造の再編プロセスと再編後の空間構成（第7章），および（3）ポルトガル系移民街という特定のエスニシティにより特徴付けられてきた都市空間が，その社会的・文化的な特性を変化させる過程において，この空間内部で現出したローカル政治の実践・構造・力学を明らかにした（第9章・第10章）。これら三点に関する個別具体的な記述と分析は各章で示した通りである。本章では，上記（1）〜（3）を整理・統合して議論するとともに，今日において多文化都市トロントが直面するディレンマ，およびこの都市の内部に所在する移民街の急変が示唆する社会地理的含意について，一世の高齢化というポルトガル系コミュニティの現状（第11章）も交えて考察する。

第1節　総括・考察

　本書で対象とするポルトガル系移民は，送出国であるポルトガルの政治・経

第Ⅴ部　おわりに

済情勢の不安定化，および受入国であるカナダにおける移民法の改正とケベック州の自治権拡大運動などを背景に，主に1960年代から1970年代にかけてトロントに流入していった（第4章・第5章）。この時期，カナダでは国家スケールでの社会的・文化的・政治的および法的な変容が生じるとともに，最大都市であったケベック州モントリオールの不安定化に伴って国内都市間の序列が再編されていった。トロントは経済・人口の量的発展のみならず，文化的・社会的な多様性という質的側面でも大きく変革された。その結果，人口・経済の両規模での最大都市として，かつ世界有数の多文化都市として成長していった。20世紀後半以降，ポルトガル系移民も単なる労働力としてのみならず，多文化都市トロントを担う重要なピースとして，この都市の発展に貢献してきた。

　ポルトガル系コミュニティの人々は，1960年代以降，トロントのインナーシティ西部に集住すると，自らの移民街を形成していった。その居住の集積度合いは，200以上のエスニック集団が暮らすこの都市において最も高い水準とされ（Kalbach 1990），周辺地区から顕著に差異化された特異な都市景観を創出してきた。また，高度に集積した居住空間を基盤に，都市内部に数多くの社会文化組織を創設するとともに，同胞の需要に対応した多業種のエスニックビジネスから成る商業空間を築いた（第6章）。19世紀末頃以降，ユダヤ系やイタリア系など，先着した他のヨーロッパ系エスニック集団が集住してきた歴史が示唆するように，ポルトガル系の移民街がトロント市中心西部に形成されたことは，この都市空間が地価・賃料が比較的に安価であったためと考えられる。また1960年代，トロント市で散発的に萌芽したジェントリフィケーションがリトルポルトガルを挟む形で，同街区から離れた東西の両方向から次第に浸潤していき（Walks and Maaranen 2008b），当初，この街区が資本投下の標的から外れていたことにも起因する。

　ジェントリフィケーションが市内の限定的な地区でのみ確認される中，1960年代末以降，ポルトガル系移民はリトルポルトガルに急速に集積するとともに，高い割合で不動産の取得を実現させていった。その後，より多くの地区でジェントリフィケーションが確認されるようになっていった一方，ポルトガル系移民に特徴的な不動産の保有割合の高さは，特に2000年代までの間，開発業者による標的化を回避したり，ジェントリフィケーションの進行を遅滞させるこ

260

第12章　結び：多文化都市トロントのディレンマと移民街の揺動

とに寄与してきたと考えられる（第9章）。Walks and Maaranen（2008b）によれば，2000年代初頭時点，リトルポルトガルはジェントリフィケーションの「発現可能性がある地区」または「萌芽段階にある地区」に区分され，ジェントリフィケーションのフロンティアとして位置付けられていた。しかし，時間の経過とともに，周辺地区における開発が完了していくと，やがてこの街区にもジェントリフィケーションの波が到来することになった。こうした状況を踏まえ，本書は，それ以降の主に2010年代における，リトルポルトガルの急速な街区変容の経験を克明に描出することを試みた。

　国勢調査から居住分布をみると，1980年代以降，リトルポルトガルにおけるポルトガル系住民の集積割合は既に衰退局面に入っていた（第7章）。この時期のポルトガル系コミュニティの空間的な分散化は，彼・彼女らの中で早期に社会経済的に上昇し，自発的にインナーシティを脱した者が他地域へ転住したためと推察される。すなわち，1980年代頃の比較的早期に居住分散したポルトガル系住民は，都市研究の古典モデルである空間的同化論に一致し，より広く・より良好な居住空間を求めて自発的・能動的に郊外空間へと移動していったと考えられる。今日，ポルトガル系の居住地域は，①リトルポルトガル，②リトルポルトガルから見て北方の移民回廊地域，③ミシサガ市をはじめとするトロント大都市圏の西部郊外の三つの地域に認められる。Teixeira and Murdie（1997）によれば，この時，同胞の不動産仲介業者の紹介により，リトルポルトガルから特定の郊外空間へとポルトガル系住民の転住が促進された。

　このようなポルトガル系移民による，受入地域への到着後，比較的短期間での空間的同化は，彼・彼女らが移住した時代，移住先である受入都市の二つの要素から理解できる。カナダは，後発のポルトガル系ディアスポラであり，ポルトガルからの移民数は1960年代〜1970年代に最盛期を迎えた（第5章）。他の多くのヨーロッパ系移民集団が戦前までにカナダに到着していた一方，ポルトガル系移民はより遅く，戦後のこの時期に到着した。加えて，ポルトガル系移民の最多数が，当時，雇用機会が集中し始めていたトロントを受入都市として選んだ。国家スケールで移民法が改正された1970年頃以降，多様なエスニックオリジンを有する数多くの移民を受け入れるとともに，多元的価値観が普及していったトロントに固有の社会的・文化的な文脈の下，ポルトガル系移民

261

第Ⅴ部　おわりに

街の形成・変容過程が進行したと考えられる。

　イギリス優越主義が支配する，20世紀前半のトロントにポルトガル系移民が移住していたならば，南欧系の移民である彼・彼女らは，20世紀後半以降の現代に比べて，より明確に差異化・人種化されていたと考えられる。Kobayashi and Peake（2000）によれば，白人性の概念は社会的な構築物であり，それゆえに流動的・可変的である。開拓期のカナダにおいて，白人の語は主にイギリス系を指し示した（第4章）。20世紀初頭，東南欧系移民は白人としてはみなされていなかった。しかし，それ以降，この概念の範疇は絶えず変化を続け，20世紀後半以降には特に広範疇化されていった。本書で対象とするポルトガル系移民の人々は，20世紀後半という特有の時代において，多元的価値観が浸透したカナダ・トロントに流入したために，早期に居住空間を郊外化させることができたと考えられる。

　一方，ポルトガル系住民の居住分散を彼らの社会経済的地位の上昇とそれに伴う自発的・能動的な意思決定のみから説明することには限界もある。なぜならば，2000年代以降，ジェントリフィケーションの本格的な進行とともに，リトルポルトガルにおけるポルトガル系住民の減少とそれにより生じる多面的な街区変容が一層顕著になっていったためである。2000年代以降におけるポルトガル系住民の空間的分散化とリトルポルトガルにおける街区変容は，空間的同化論で前提とされる移民エスニック集団の自発性・能動性に基づく積極的な変化というよりも，ジェントリフィケーションに伴う外的な圧力や締め出しの強制力が作用する中で生じていった。すなわち，リトルポルトガルの街区変容，およびポルトガル系コミュニティの空間的分散化は，特に1980年代から進んだ移民エスニックコミュニティによるホスト社会への文化的・社会経済的な同化過程，および2000年代以降に急進したジェントリフィケーションの両要素の合成的な帰結として結論付けられる。なかでも，後者の影響がより強く，**図10−4〜7**［口絵］からわかる通り，近年ポルトガル系住民が集積する市内北方の移民回廊地域の所得・家賃がリトルポルトガルのそれを大きく下回るのは，その証左である。2021年，リトルポルトガルの所得・家賃の平均は，遂に市内平均を上回った（第10章）。

　Murdie and Teixeira（2011）は，リトルポルトガルには賃貸契約で入居する

第12章　結び：多文化都市トロントのディレンマと移民街の揺動

高齢のポルトガル系移民一世が居住していることから，（家賃の高騰に追い付かない一定の年金額で暮らす）彼・彼女らに対するジェントリフィケーションの負の影響を指摘した。また，筆者による聞き取りに基づくと，ポルトガル系コミュニティの内部において，他にも複数の立場や意見が認められた。長年居住してきたリトルポルトガルの変容を嘆くとともに，この街区における居住の継続を望む者がいた一方，西部郊外や移民回廊地域に居住することをむしろ積極的に志向し，ジェントリフィケーションで高騰した街区内の住宅を売却することによって，より多くの経済的利潤を得られることを歓迎する者も確認された。このことは，ポルトガル系コミュニティの内部にも，多様な社会経済的立場にある人々がおり，同一のエスニックコミュニティ内での階層化の存在を示す。すなわち，近年におけるポルトガル系移民街の変容について，「ポルトガル系コミュニティ」として一括りに社会集団化させ，そこに帰属するとされる人々への影響を一意に描き出すことの困難が示唆される。

　特に2010年代以降，リトルポルトガルの変容は居住の側面にとどまらず，商業や政治などの側面にも大きな影響を及ぼし，街区の特性をより抜本的に塗り替えていった。2007年の同街区における都市政策BIAの導入は，こうした移民街の急激な変容に拍車をかけていった。私的政府とも称され，都市政策の新自由主義化を具現化するこの制度枠組みを活用することで（Didier et al. 2013; Lavery 1995），官民連携の名の下に"ローカルアクター"の役割が以前よりも重大になっていった。BIAの制度の下，街区内で活動する一部の私的な立場にある個人（＝私人）に，より強大な権限が集中していった（第8章）。リトルポルトガルBIAの創設とともに，特に商業・経済の側面において，聞こえの良い体裁としては"ボトムアップ"型の手法（その実態としては"私的政府"）により，街区を即座にかつ著しく改変していく体制が整った。

　都市政策BIAの導入を通じ，トロント市政府は街区内全ての地権者から財源を強制徴収できる仕組みをとることで，市民（地元の土地所有者・経営者）に対し，行政にサービス提供を依存する旧来の姿勢から，街区を自ら「経営」する新たな企業家的な意識を醸成することに成功した。1970年前後，トロントでは，都市内部における伝統的な建造環境の保存，大規模な再開発への反対により特徴づけられた「都市改良運動」が興隆した（第1章）。そうした時勢の中，

263

第Ⅴ部　おわりに

小規模小売店から成る都市内部の商業街区による，郊外の大型ショッピングモールへの対抗策として，都市政策BIAは誕生した（第8章）。しかし，BIAはその高い親和性から，その後間も無く急速に拡大することになる新自由主義化の軌道へと円滑に合流していった。都市政策BIAは，市民主導の体裁をとりながらも，「企業家都市（entrepreneurial city）」，或いは「競争力ある都市（competitive city）」を志向するトロント市当局（＝都市政府）という，より上位スケールの政治体による都市経営戦略の下で最大限に利用されることになった。

　一方，街区スケールで見た時，行政から民間への権限委譲を伴うBIAの制度の下では，域内の私人が果たす役割が重要になる。まちづくりの方針や経済的活性化の成否は，より多くを街区内の属人的要素に依存することになる。また，BIAに与えられた強大な権力は，街区内のアクター間の社会関係にも影響を及ぼす。加えて，大きな財源（予算規模）を確保する経済力に乏しい街区では，他の街区との街区間競争に敗れ，一層の衰退を経験する事例も出てくると推察される。新自由主義下において，都市間競争が熾烈化することが指摘されてきたが（Harvey 1989），BIAに注目して検討することで，今日，より下位のスケール（＝街区スケール）においても，競争が激化していることが理解できる。経済的な競争力を主たる指標に，こうした勝者と敗者を二分する，現行の苛烈な政治・社会制度下においては，エスニシティをはじめ，真正な文化が所在する余地は，現代都市の中で極めて限定的になっている。

　ジェントリフィケーションが急速に進み，移民街が変容期を迎える中，都市政策BIAがリトルポルトガルにも導入された結果，ポルトガル系移民／ジェントリファイアーという，新／旧のローカルアクター間による都市空間の統治をめぐる主導権争いが顕在化していった（第9章）。既存の商店会組織に比べ，BIA役員会には，強制力をもつ徴収手法に基づく安定的な財源確保とともに，まちづくりに関する種々の権限が集中し，高度な意思決定権が与えられている。2000年代末以降，BIAの制度下に置かれたリトルポルトガルでは，地元経営者らの間において，この組織内における権力の掌握をめぐり，ローカルな政治的対立が激化していった。BIA役員会の代表の座は，ポルトガル系移民一世から，二世を経て，2013年には非ポルトガル系でアートギャラリー経営者のパイオニア・ジェントリファイアーへと移行した。こうした街区内における主導

第12章　結び：多文化都市トロントのディレンマと移民街の揺動

権の移行に伴い，街区ブランディングや施策内容も変化していくこととなった。新／旧の両陣営で生じた主導権争いの結果，ジェントリファイアーが主導権を握ると，2013年以降，ジェントリファイアーの嗜好に沿ったストリートフェスティバル「ダンダスウエストフェスト」が開催されることになった。ポルトガル系コミュニティにとっての最重要なフェスティバル「ポルトガルパレード」は，同じリトルポルトガルという都市空間で実施される一方，ポルトガル系の組織連合ACAPOにより，前者とは1日違いの別日で開催された。

　ポルトガル系移民街の変化は，市議会議員の議席をめぐる選挙政治においても表出した（第10章）。ジェントリフィケーションの進展下において，リトルポルトガルは選挙戦のアリーナとして利用された。2014年，街区変容が著しく進む中での選挙戦において，リトルポルトガルという一つの都市空間の内部では，主にポルトガル系移民／ジェントリファイアーという二つの社会集団，および各集団が規定・定義する二つの場所アイデンティティが併存・拮抗した。当該選挙戦の候補者には，「場所性の把捉力」とも呼べる，それらの多様な場所性・場所アイデンティティへの高度な理解が求められた。ジェントリフィケーションは住民や商店経営者の構成はもちろん，有権者の構成にも大きな変更を与える。地元有権者からより多くの得票を目指す候補者らが互いに争う，小選挙区制下の選挙政治（特にローカルな課題を争点とする市議会議員選挙）には，住民属性の変化やミクロスケールでの近隣変容が具に反映される。ポルトガル系移民一世の現職議員は，ポルトガル系の同胞票が急速に減る一方，ジェントリフィケーションによって生じるローカルな社会的・文化的・政治的な情勢の変化を的確に把捉した。

　このポルトガル系の現職議員は，リトルポルトガルにおいて，ポルトガル系コミュニティを主体とする組織連合ACAPOとジェントリファイアーを主体とするBIAがそれぞれ個別に主催した，二つのストリートフェスティバルでも，そのテンポラルに発現する象徴的な場所性を高度な把捉力で読み取り，それぞれに応じた異なる選挙キャンペーンをおこなった。ポルトガル系のエスニシティは，選挙戦において，扱いやすく簡便な集票ツールとして利用されるとともに，選挙戦を通じて，エスニックな紐帯・結束が強化された。さらに，彼女はポルトガル系以外のエスニック集団，およびジェントリファイアーとの複雑な

265

第V部　おわりに

「集団間同盟」を構築し，巧妙な選挙戦を展開することで再選を果たした。ここで肝要な点は，マイノリティ性を含意するエスニシティは，今日のトロントの文脈においては，往々にして負のイメージを伴わないということである。

　多文化主義国家カナダに位置し，世界随一の多文化都市となった今日のトロントにおいて，移民街は国家および都市の理念を物質的に象徴し，具現化する空間と言えよう。その一方で，ジェントリフィケーションが進行する中，街区単位での経済的な活性化を目途に掲げる都市政策BIAは，移民街を再構築または脱構築することを通じ，市内各所で形骸化された文化空間を（再）生産している。本書で主に焦点を当てた2010年代以降におけるリトルポルトガルの変容過程は，それを明瞭に示すものであった。本書は，今日における新自由主義的な資本主義体制の下，多文化主義国家ならびに多文化都市という，二重のスケールでの理念に逆行する都市空間の束の間であり，しかし重要な経験を捉え，その中における複数のアクター間における場所をめぐるローカル政治の実践を描出した。

第2節　リトルポルトガルの将来： 一世の高齢化と多文化都市の商品としての移民街

1　移民一世の高齢化とエスニックコミュニティの世代交代

　移住の最盛期から約半世紀を迎えたことを踏まえると，ポルトガル系コミュニティの内部で生じる変化にも注意を払う必要がある。1960年代から1970年代にかけて，カナダへの移住の最盛期を迎え，20世紀末になると移住の流れが停滞したポルトガル系移民は，現在，高齢化している。2016年時点，移民一世の高齢化率は30％に迫った（第11章）。現在，ポルトガル系コミュニティは移民一世から二世や三世への世代交代を経験している。全ポルトガル系人口に対して，一世が占める割合は50％を下回り，彼らは少数派となった。

　エスニックコミュニティ内での高齢化が進む中，ポルトガル系移民高齢者のうち，経済的に一定の余裕があり，かつ健康状態が許す人は，カナダとポルトガルの両国を往来し，社会的および物理的にトランスナショナルな老後生活を送っている。彼・彼女らは，カナダ政府から受給される年金額の最大化と両国

266

第12章　結び：多文化都市トロントのディレンマと移民街の揺動

における生活の質の最高化の両立を図り，トランスナショナル移住を実践している。トランスナショナルな老後生活は，ライフサイクルの最終局面における，カナダのポルトガル系移民高齢者による戦略的実践と言える。

　この点においても，従来，往々にして受動的な存在として描かれてきた移民エスニック集団の相貌は後景に退く。前述の通り，ポルトガル系移民は高い不動産保有割合によって特徴付けられる。そのため，ジェントリフィケーションが進行する以前に住宅を購入していた人の中には，地価の上昇により経済的な恩恵を受けている人もいる。また，移民コミュニティ内には政治家の座に付くものも現れるなど，ホスト社会において比較的に高い地位を獲得し，そのプレゼンスを示している者もいる。上記のポルトガル系移民高齢者は，自身が有する移民としてのポジショナリティをより良く理解するとともに，法的・経済的な諸条件を考慮し，能動的かつ戦略的に意思決定を下し，老後の生活を「営みこなし」ている。しかしその一方で，こうした能動的実践を行使できる主体は，ポルトガル系コミュニティにおいても，一定の社会経済的地位にある個人に限られていることも忘れてはならない。様々な理由により，英語の修得をはじめとする文化変容，その他の人的資源や社会経済的地位の上昇を達成し得なかったポルトガル系移民が置かれている立場は，より脆弱であり，ホスト社会に対して受動的なものと考えられる。

　以上のように，今日，移民一世の高齢化が進む中，トロントのポルトガル系移民高齢者による老後生活の営みの一端が確認された。他方で，ポルトガル系移民一世は，今後数十年の間でその数を大きく減らしていくと予想される。ポルトガルからカナダへの移民の流入が停滞して世代交代が進行していること，および存続を目的としたポルトガル系社会文化組織の妥協的結合（第7章）などの現状を踏まえると，トロントのポルトガル系コミュニティは，今後エスニシティを紐帯とした緊密な活動を一層弱めていくと考えられる。ジェントリフィケーションの急速な進行に加え，こうしたエスニックコミュニティ内部の状況から，少なくとも近い将来においては，ポルトガル系移民街がかつてのような役割を取り戻す可能性は極めて低いと推察される。

267

第Ⅴ部　おわりに

2　パンデミック前後におけるポルトガル系移民街の新展開

　最後に，2020年春に始まったCOVID-19パンデミックの前後の期間，リトルポルトガルで認められた最新の動向を示しつつ，前述の分析内容にも照らしながら，本書に結論を下す。この間生じた重要な出来事は，①BIAの広域合併，②BIA内部における巨大オブジェの建設の二点に集約される。

　まず，パンデミック前夜の2019年，リトルポルトガルBIAとダンダスウエストBIAは合併し，リトルポルトガル・トロント（Little Portugal Toronto）BIAとなった。両BIAは隣接し，ともに1960年代末以降，ポルトガル系移民街の中核を構成してきた。共通のBIAコーディネーターを有給で雇用し，ダンダスウエストフェスト（ストリートフェスティバル）を共同開催するなど，以前から密接な関係にあった（第9章）。こうした経緯から，両BIAの合併は，ある意味では自然な成り行きでもあった。この広域合併を通じ，当該のBIA役員会には，より多額な資金が集まるとともに，より強大な権力が集中し，これまで以上に大規模で安定的な街区経営が可能となった。私人が管理する空間としては，あまりにも広大な都市空間が地元の土地所有者・経営者らの手に委ねられたのである。BIAという社会経済的，政治的および空間的な組織体が，まるで地方自治体が如く広域合併をおこなったことは，今日その存在がまさに，実質的には基礎自治体の直下にある統治政府として機能し，位置付けられていることを示唆する。

　次に，2021年には，ポルトガルのエスニックシンボルであるガロ（Galo＝雄鶏）のデザイン・コンペティションが開かれ，採用された応募者のデザインをもとに，リトルポルトガルの内部に，高さ2.8mの巨大なオブジェが設置された（**写真12-1**［カバー裏袖］）。このコンペティション企画は，ポルトガル系議員アナ・バイランなどの協力の下，同BIAが主催したものであった。第9章で言及したアートギャラリー経営者が，2016年にBIA代表の座を退くと，その後，エスニック銀行の支店長を務めるポルトガル系移民一世の女性が新代表に就任した。彼女は，BIA合併後にあたる2024年現在においても代表を務め，長期的に役員会を牽引している。近年，この代表によるリーダーシップの下，新制リトルポルトガルBIAはこうした新たな展開を見せている。

第12章　結び：多文化都市トロントのディレンマと移民街の揺動

　リトルポルトガルBIA域内において，ガロの巨大オブジェが設置されたことは，表面的にはリトルポルトガルの再ポルトガル化を思わせる。しかし実際には，これは文化要素の経済的資源化を通じた，外形的な「エスニシティの空間的商品化（spatial commodification of ethnicity）」にほかならない。リトルポルトガルは，トロントの多文化性を具現化する「空間的商品（spatial commodity）」として扱われているのである。前述の通り，筆者が調査を開始した2011年当時，トロントのリトルポルトガルは，ジェントリフィケーションの初期段階に位置付けられるとともに，総合型エスニックタウン期からエスニックビジネスタウン期への移行期にあった（第6章）。しかし，2024年現在，ジェントリフィケーションは成熟段階にあるとみられ，移民街としての発展段階に関しても，杉浦（1998）の語を用いるならば，総合型エスニックタウン期を既に終え，エスニックビジネスタウン期（または衰退期）に入ったとみられる。2024年現在，域内には，新たにもう1棟のコンドミニアムの建設が進んでいる（**写真12-1**[カバー裏袖]）。継続した地価・賃料の上昇とそれに連動する街区イメージの変容に加え，コンドミニアムの建設などによる物理的環境の変化も相俟って，前BIA代表（アートギャラリー経営者）を含めた，パイオニア・ジェントリファイアーがリトルポルトガルから次々と姿を消し，BIAの役員構成も再び様変わりした。"真正な移民街"を同胞にとっての居住・生活空間と定義するならば，2024年現在，リトルポルトガルはポルトガル人街としての真正性を大部分失い，実質的には脱ポルトガル化の最終ステージに突入していると言えよう。移民街としての真正性が失われる一方，着々と進行するエスニシティの空間的商品化の過程において，BIAは政策的装置として益々その本領を発揮している。

　2024年のBIA主催によるストリートフェスティバル（Dundas West Festから Do West Festへ改称）は，6月8日（金）〜10日（日）の3日間にかけて開催され，2010年代当初の開催日程に比べて期間が延長された。また，2日目にあたる土曜日の午前9〜12時には，このBIAによるフェスティバルの枠内において，ポルトガルデイパレードが開かれた。パンデミックを経て再開された2022年以降，この開催形態が続けられており，BIAとACAPOとの距離が縮まっていることが推察される。この点からも，ポルトガル系一世の女性がBIA代表に就任した影響が少なからず認められる。パレードの内容は，基本的には

269

第V部　おわりに

これまで通り，ポルトガルのフォークミュージックを流し，出郷地別の踊りなどを披露しながら行進する人々を聴衆が見物するものであった。他方，行進を先導する一行には，トロント市の新市長オリビア・チャウ（Olivia Chow）（2023年〜），地元選挙区の政治家，在トロント・ポルトガル領事，ACAPO代表をはじめとするポルトガル系コミュニティの中核的人物などと並び，BIA新代表の姿があった。

　恒例のパレード直後のセレモニーでは，従来通り，まずは主催団体であるACAPOの代表，および地元の選挙区選出の連邦議員と市議会議員などの政治家が挨拶をした。同年において特筆すべきは，その後，BIA代表が名前を呼ばれ，聴衆に向けて挨拶をおこなう場面が見られた点である。このことは，BIA役員会のローカルな影響力の強さを反映しており，BIA代表もさながら地域の政治代表（この場合，さらにポルトガル系コミュニティの代表）のような扱いを受けていると言える。2016年以降も引き続き，非ポルトガル系のジェントリファイアーがBIA代表を務めていた場合，事態はどのように展開していただろうか。おそらく，ACAPOとのフェスティバル・パレードの共催までは行き着いたとしても，彼または彼女がパレード後のセレモニーの場に呼ばれていた可能性は低いと予想される。すなわち，BIA代表の座にポルトガル系が再び就任したからこそ生じた，この年のセレモニーの一幕であったと考えられる。

　それでは，このBIA新代表は，ポルトガル系コミュニティとジェントリファイアーをともに包摂した，理想的なまちづくりを果たして実現できているのだろうか。2024年のポルトガルデイパレードは，形式的にはBIA主催のフェスティバルの日程内でおこなわれ，同BIAのSNSでもパレードへの参加が呼びかけられた。しかし，実際にパレードを訪れた聴衆の大半はトロント大都市圏から集まったポルトガル系の人々であり，ジェントリファイアーとして同定されるような属性の人々は全くと言っていいほどに見受けられなかった。他方，パレードが終わった直後から，古着屋，レコードショップ，飲食店などの露店が一斉に通り沿いに出され，営業を開始した。それ以降，若年層を中心とする（ポルトガル系以外の）人々がリトルポルトガルの内部を短時間で埋め尽くした。

　「Little Portugal（Toronto）BIA」という，ポルトガルを冠した街区名は，この都市空間にとって，ラベルやパッケージのような外面的・表層的な要素に

270

第12章 結び：多文化都市トロントのディレンマと移民街の揺動

ほかならない。その名称はヘリテージ的価値を生産し，（他の街区から）差異化された鮮烈な街区イメージを構築する。しかし一方で，近年になってこの街区を訪れるようになった人々が，ポルトガルの文化や街区の詳細な歴史に対し，旺盛な興味や関心を示しているとは言い難い。エスニシティはあくまでもラベルやパッケージとしての価値を発揮すれば良いのであり，彼らは街区内における真正なエスニック文化の体験を欲してはいない。求められる消費の内容は，「ヒップでアートな」若者を中心とするトロント住民（＝ホスト社会住民）に向けた「文化的」体験なのである。フェスティバルのプログラムの大半は，そうした来訪者（消費者）の需要に対応したものであり，フェスティバルの主なテーマは，2013年当時のものと大きくは変わらず，「アート，ミュージック，フード，カルチャー（Art, Music, Food, Culture）」であった（ここでの文化要素は，いずれもポルトガル由来のものを特に意味しない）。フェスティバルの夜には，常設ステージの他にも街区内の至る所で，ロックやヒップホップなどの音楽が大音量で流され，その音に合わせて身体を縦横左右に"揺動"させながら闊歩する若者の姿がみられた。逆説的に言えば，そこにポルトガルのフォークミュージックは流れていなかったのである。

　街区内に所在するテッハノーヴァ高齢者住宅の前には（第7章），午前には，ポルトガルデイパレードの客席最前列で熱心に手を振る車椅子に座った高齢者の姿が多数認められた。他方，それとは対照的に，午後には，BIAのフェスティバルを他人事のように遠い眼差しで眺める数名の高齢者の姿が見受けられたのみであった。現在のBIA代表は，自らのエスニックな出自を基盤に，ポルトガル系の組織・団体と比較的に良好な関係を保ち，形式的には彼らを内包したストリートフェスティバルを開催している。しかし，内実としては，同フェスティバルのプログラムには，ポルトガルの文化要素を見つけることは殆どできず，街区名とは乖離したイベントの実態が認められる。それらの実践は，街区内の商店経営者の数において，ジェントリファイアーが多数派を占めるようになったことはもちろん[1]，BIAが"経済"の活性化を目途としたローカル組織であることに依拠する。

　このBIA新代表は，移民一世の高齢化とジェントリフィケーションによる急激な近隣変容の実態を鑑み，BIAの制度の下において，ある種の現実路線の

271

第 V 部　おわりに

政策を採っていると言える。制度の趣旨に沿うように街区の経済的繁栄を最優先させるため，フェスティバルのテーマについては，集客と収益性が見込めるジェントリファイアーが有する「新たな」場所アイデンティティを基軸に据えている。それとともに，域内におけるエスニックシンボルのオブジェ建設やエスニックパレードの開催を通し，ポルトガル系コミュニティと密接に結び付いた「旧来の」場所アイデンティティを明示的・象徴的に表現している。後者の実践を通じ，場所の記憶をこの都市空間の内部に物質的に刻印するとともに，現代トロント市民および市外から訪れる観光者の心象に対しても，ポルトガル系移民と"共にあった"その場所の記憶を刻み付けることを試みている。こうした試みを（経済的価値を有する）街区イメージの構築へと結実させ，街区経済に裨益化させることにより，新／旧の場所性が一体化された，BIAとしての統合的な街づくりの成立を企図しているのである。

　以上の通り，今日，トロントのポルトガル系移民街においては，当該の都市空間がこれまで有した社会的・文化的な特性を歴史化・遺産化させる種々の実践が進行している。ジェントリフィケーションの進行とともに，ポルトガル系移民街は過去の遺物となりつつあり（或いは，過去の遺物と"され"つつあり），BIAによるまちづくり施策はその動きに拍車をかけている。歴史化の実践過程を通じ，特定の都市空間と分かち難く結び付いた社会・文化を形式的および公式的に保全するとともに，移民街をはじめとするインナーシティの都市空間は経済的利潤を抽出するための空間資源（または物理的基盤）として扱われている。その際，エスニシティは，ヘリテージ的価値を生み出して街区イメージを構築するための都合の良いラベルやパッケージとして，外形的・表面的にのみ利用・搾取され，移民街としての歴史的実在に対する詳細な回顧やエスニック文化の真正性は等閑にされている。なぜならば，BIAは"経済"の活性化を目的としており，それに主として資するカナダ社会における（ポルトガル系以外の）消費者の多くが真正なエスニシティや真正な移民街の存在を望んでいないからである。

　今日，差異や異質性を"多様性"の語に変換し，「多様性，それこそ我々の強み（Diversity, Our Strength）」をモットーに掲げる"多文化都市トロント"において，移民エスニック集団への圧力は，20世紀前半までの時代に比べ，相対

第12章　結び：多文化都市トロントのディレンマと移民街の揺動

的に低下していると考えられる。その一方，この多文化都市を構成する各市民が有する多様な文化要素は，経済的利潤の獲得を目的に「文化的資源」として抽出・回収され，インナーシティの都市空間を物理的な舞台として，利用・搾取されている。私的政府たるBIAの活動は，ジェントリフィケーションの動向と相互に連関しながら，移民街をはじめとするインナーシティの街区において，住・商のアクターの富裕化，および美化された街区イメージの構築とその堅牢化に与している。

　"BIA（Business Improvement Area）"は，文化要素の経済資源への変換の役割を担う「政策的装置」と言える。そして，市政府から民間セクターへの権限委譲を伴いながら，この政策的装置は街区単位で実装され，埋め込まれて「街区」の上書きと再構築に寄与していると言える。トロント市政府は直接的な介入者・具体的な政策形成者としてではなく，BIAという都市政策（より大きな制度枠組み）を通じて，その財源と実務を民間レヴェル（私人）へと負託している。こうしたBIAの制度の下，リトルポルトガルで近年みられる種々の実践は，リトルイタリーをはじめとする他の移民街と類似し，多文化都市トロントの陳列棚を彩る空間的商品を生産しながら，移民街の観光地化とシンボル化，そして形骸化に寄与している。ここにも，今日「多文化主義と新自由主義の交差点」として定置される現代トロント市における，多文化共生と経済発展の両立をめぐる矛盾と葛藤が認められる。

　無論，トロントが，世界の他の多くの都市に比べ，個人の多様な文化的バックグラウンドやその他の属性をより良く尊重し，積極的に共生に努めてきたことは否定されるはずもない。それゆえに，筆者もこの都市に魅了され，10年以上の間，足繁く通い詰めてきた。この点に関して末筆ではあるが，誤解のないように筆者の考えを付言しておきたい。本書で検討した通り，トロントのような多文化都市の典型例や先進例として称揚される都市においても，多文化共生と経済発展の両立をめぐる，矛盾や葛藤を孕んだ運動が認められる。筆者は，そうした見過ごされてきた諸点を捕捉し，そこに批判的な視線を投げかけることこそが，縦横無尽に浸潤する新自由主義的な資本主義経済の下，急速かつ絶え間なく移り変わる現代都市において，多様な属性を持つ個人がその社会空間的な変化に適応しながら，より良く共生する上で不可欠であると考えるのである。

273

第Ⅴ部　おわりに

注

（1）　地元ポルトガル系経営者への聞き取りによれば，パンデミックを契機に，自身の年齢と感染のリスクを勘案して閉業を決めた，高齢のポルトガル系経営者が複数おり，それによって街区内の商店と経営者の更新が一層進んだという。

文　献

明野斉史 2005. アメリカにおけるBID制度を活用した地域マネジメント. 日本不動産学会誌19
　　(1)：66-71.
金七紀男 1996.『ポルトガル史』. 彩流社.
金七紀男 2011. 宗教：カトリシズムとマリア信仰 村上義和・池俊介編著『ポルトガルを知る
　　ための55章』. 明石書店. pp. 149-151.
杉浦直 1996. シアトルにおける日系人コミュニティの空間的展開とエスニック・テリトリーの
　　変容. 人文地理48: 1-27.
杉浦直 1998. 文化・社会空間の生成・変容とシンボル化過程：リトル・トーキョーの観察か
　　ら. 地理学評論71A: 887-910.
杉浦直 2004. シアトルのアジア人街「インターナショナル地区」のビジネス動向と地域的分
　　化：1991年-2003年. 季刊地理学56: 90-105.
杉浦直 2008. エスニック集団とエスニシティ. 山下清海編著『エスニック・ワールド：世界と
　　日本のエスニック社会』. 明石書店. pp. 12-19.
杉浦直 2011. エスニック・タウンの生成・発展モデルと米国日本人街における検証. 季刊地理
　　学63: 125-146.
デッカー，Z. 2010.『ナショナル ジオグラフィック 世界の国：ポルトガル』. ほるぷ出版.
廣松悟1992. 都市政治とジェントリフィケーション：1970年代のトロント市における都市改良
　　運動の成立と改良派市政の効果を巡る一考察. 人文地理44(2): 219-241.
保井美樹 1998. アメリカにおけるBusiness Improvement District. 都市問題89(10): 79-95.
保井美樹 1999. アメリカにおける中心市街地活性化とNPO：ビジネス再開発地区（Business
　　Improvement Districts: BID）を中心に. 都市住宅学25: 49-59.
保井美樹 2002.「負担者自治」という観点から見た米国BID制度の評価に関する研究. 都市計
　　画51(2): 51-62.
保井美樹 2003. Business Improvement District（BID）：米国と日本. 都市計画52(1): 47-50.
渡辺達朗 1999. アメリカにおける「まちづくり」施策と小売商業：小売商業を軸にした中心市
　　街地活性化策の方向. 都市住宅学25: 41-48.

Abelmann, N., Newendorp, N. and Lee - Chung, S. 2014. East Asia's astronaut and geese
　　families: Hong Kong and South Korean cosmopolitanisms. *Critical Asian Studies* 46(2):
　　259–286.
Abrego, L. J. 2014. *Sacrificing families: Navigating laws, labor, and love across borders.*
　　Stanford, CA: Stanford University Press.
Agnew, J. A. 1984. Place and political behaviour: the geography of Scottish nationalism.
　　Political Geography Quarterly 3: 151-165.
Agnew, J. A. 1990. From political methodology to geographical social theory? A critical
　　review of electoral geography, 1960-87. In: Johnston, R. J., Shelly, F. M. and Taylor, P. J.
　　(eds), *Developments in Electoral Geography*. London and New York: Routledge. pp. 15-21.
Alaggia, R., Chau, S. and Tsang, K. T. 2001. Astronaut Asian families: Impact of migration on
　　family structure from the perspective of the youth. *Journal of Social Work Research*

and Evaluation 2(2): 295–306.

Alba, R. and Nee, V. 2003. Remaking the American mainstream: Assimilation and contemporary immigration. Cambridge, MA: Harvard University Press.

Aldrich, H., Cater, J., Jones, T., McEvoy, D. and Velleman, P. 1985. Ethnic residential concentration and the protected market hypothesis. *Social Forces* 63: 996-1009.

Allen, J. P. and Turner, E. 1996. Spatial patterns of immigrant assimilation. *Professional Geographer* 48: 140-155.

Anderson, G. M., and Higgs, D. 1976. *A future to inherit: Portuguese communities in Canada.* Toronto, ON: McClelland and Stewart.

Arreola, D. D. 1984. Mexican American exterior murals. *Geographical Review* 74: 409-424.

Arreola, D. D. 2004. *Hispanic Spaces, Latino Places: Community and Cultural Diversity in Contemporary America.* University of Texas Press.

August, M. 2008. Social mix and Canadian public housing redevelopment: Experiences in Toronto. *Canadian Journal of Urban Research* 17(1): 82-100.

Baganha, M. I. 2003. Portuguese emigration after World War II. In A. C. Pinto (Ed.), *Contemporary Portugal. Politics, society and culture* (pp. 139-157). Boulder: Social Sciences Monographs.

Bain, A. 2003. Constructing contemporary artistic identities in Toronto neighbourhoods. *Canadian Geographer* 47(3): 303-317.

Bain, A. 2006. Resisting the creation of forgotten places: Artistic production in Toronto neighbourhood. *Canadian Geographer* 50(4): 417-431.

Baldassar, L. 2015. Guilty feelings and the guilt trip: Emotions and motivation in migration and transnational caregiving. Emotion. *Space and Society* 16: 81-89.

Baldassar, L., Baldock, C. V. and Wilding, R. 2007. *Families caring across borders: Migration, ageing and transnational caregiving.* New York, NY: Palgrave Macmillan.

Barreto, M. A. 2007. ¡Si se puede! Latino Candidates and the Mobilization of Latino Voters. *American Political Science Review* 101: 425-441.

BBC Radio 2016. *WS More or Less: The world's most diverse city.* https://www.bbc.co.uk/programmes/p03v1r1p (閲覧日：2023年8月13日)

Benjamin, A. 2017a. Coethnic endorsements, out-group candidate preferences, and perceptions in local elections. *Urban Affairs Review* 53(4): 631-657.

Benjamin, A. 2017b. *Racial Coalition Building in Local Elections: Elite Cues and Cross-Ethnic Voting.* Cambridge, UK: Cambridge University Press.

Benjamin, A. and Miller, A. 2019. Picking winners: how political organizations influence local elections. *Urban Affairs Review* 55(3): 643-674.

Betancur, J. J. 2002. The politics of gentrification: The case of West Town in Chicago. *Urban Affairs Review* 37(6): 780-814.

Betancur, J J. 2011. Gentrification and community fabric in Chicago. *Urban Studies* 48(2): 383–406.

Bjelde, K. E. and Sanders, G. F. 2012. Change and continuity: Experiences of Midwestern snowbirds. *Journal of Applied Gerontology* 31(3): 314-335.

Bloemraad, I. 2002. The North American naturalization gap: An institutional approach to citizenship acquisition in the United States and Canada. *International Migration Review* 36(1): 193-228.

Bloemraad, I. 2004. Who claims dual citizenship? The limits of postnationalism, the possibilities of transnationalism, and the persistence of traditional citizenship.

International Migration Review 38(2): 389-426.

Bloemraad, I. 2006. *Becoming a citizen: Incorporating immigrants and refugees in the United States and Canada.* Oakland, CA: University of California Press.

Bloemraad, I. 2009. Invisible no more? Citizenship and politics among Portuguese Canadians. In *The Portuguese in Canada: Diasporic challenges and adjustment.* ed. C. Teixeiraand V. M. P. and Da Rosa. 2nd edition. Toronto, ON: University of Toronto Press, 161-188.

Bohme, F. G. 1956. The Portuguese in California. *California Historical Society Quarterly* 35(3): 233-252.

Bolzman, C., Fibbi, R. and Vial, M. 2006. What to do after retirement? Elderly migrants and the question of return. *Journal of Ethnic and Migration Studies* 32(8): 1359-1375.

Bolzman, C., Kaeser, L. and Christe, E. 2017. Transnational mobilities as a way of life among older migrants from Southern Europe. Population, *Space and Place* 23(5): e2016.

Bond, J. 1990. Living arrangements of elderly people. In *Ageing in society: An introduction to social gerontology.* Ed. Bond, J., Coleman, P. and Peace, S. M. London, UK: Sage, 200-225.

Boorstin, D. 1962. The Image: A Guide to Pseudo-Events in America. Harper.

Bourne, L. S. 1993. Close together and worlds apart: an analysis of changes in the ecology of income in Canadian cities. *Urban Studies* 30(8): 1293-1317.

Boyd, M. 2008. Defensive development. *Urban Affairs Review* 43(6): 751-776.

Brijnath, B. 2009. Familial bonds and boarding passes: Understanding caregiving in a transnational context. *Identities: Global Studies in Culture and Power* 16(1): 83–101.

Brosseau, L. and Dewing, M. 2009. *Canadian Multiculturalism (background paper).* Publication No. 2009-20-E. Library of Parliament.

Bullock, C.S. and Campbell, B. A. 1984. Racist or racial voting in the 1981 Atlanta municipal elections. *Urban Affairs Quarterly* 20: 149-164.

Butler, T and Lees, L. 2006. Super-gentrification in Barnsbury, London: globalization and gentrifying global elites at the neighbourhood level. *Transactions of the Institute of British Geographers* 31(4): 467-487.

Butler, T. and Robson, G. 2001. Social capital, gentrification and neighbourhood change in London: A comparison of three south London neighbourhoods. *Urban Studies* 38: 2145-2162.

Butler, T. and Robson, G. 2003. *London calling: The middle classes and the global city.* London: Bloomsbury Academic.

Busteed, M. A. 1975. *Geography and Voting Behaviour.* London: Oxford University Press.

Buzzelli, M. 2001. From Little Britain to Little Italy: An urban ethnic landscape study in Toronto. *Journal of Historical Geography* 27: 573-587.

Canadian Museum of Immigration at Pier 21. 2021. *The Colour Bar at the Canadian Border: Black American Farmers.* https://pier21.ca/research/immigration-history/black-american-farmers

Canadian Museum of Immigration at Pier 21. 2023. *Immigration Act, 1869.* https://pier21.ca/research/immigration-history/immigration-act-1869

Carling, J. and Pettersen, S. V. 2014. Return migration intentions in the integration‐transnationalism matrix. *International Migration* 52(6): 13–30.

Casado-Diaz, M. A., Kaiser, C. and Warnes, A. M. 2004. Northern European retired residents in nine Southern European areas: Characteristics, motivations and adjustment. *Ageing & Society* 24(3): 353–381.

Casa dos Açores do Onrario. 2010. *Casa dos Açores do Onrario: 1985-2010.* Whitby, Ontario:

de Sitter Publications.

Castells, M. 1983. *The City and the Grassroots. Univ of California Press.*

Caulfield, J. 1989. Gentrification and desire. *Canadian Review of Sociology and Anthropology* 26(4): 617-632.

Caulfield, J. 1994. *City form and everyday life: Toronto's gentrification and critical social practice.* Toronto: University of Toronto Press.

CHIN Radio. 2012. About us: Johnny Lombardi. http://www.chinradio.com/johnny-lombardi/ [Retrieved August 28, 2012]

Chum, A. 2015. The impact of gentrification on residential evictions. *Urban Geography* 36(7): 1083-1098.

City of Toronto. 2023. *Equity, Diversity & Inclusion.* https://www.toronto.ca/city-govern ment/accessibility-human-rights/equity-diversity-inclusion/#:~:text=Toronto%20is%20 one%20of%20the,and%20benefits%20to%20service%20recipients(閲覧日：2023年8月17日)

Coates, K. S., Healy, R. and Morrison, W. R. 2002. Tracking the snowbirds: Seasonal migration from Canada to the U.S.A. and Mexico. *American Review of Canadian Studies* 32(3): 433-450.

Cochrane, J. and Pietropaolo, V. 2000. *Kensington.* Boston Mills Press.

Conforti, J. M. 1996. Ghettos as tourism attractions. *Annals of Tourism Research* 23: 830-842.

Cox, K. R. 1969. The voting decision in spatial context. *Progress in Geography* 1: 96-100.

Craig, W. J. 1992. Seasonal migration of the elderly: Minnesota snowbirds. *Southeastern Geographer* 32(1): 38-50.

Didier, S., Morange, M., and Peyroux, E. 2013. The adaptative nature of neoliberalism at the local scale: Fifteen years of city improvement districts in Cape Town and Johannesburg. *Antipode* 45(1): 121–139.

Doering, J., Silver, D. and Taylor, Z. 2020. The spatial articulation of urban political cleavages. *Urban Affairs Review* 57(4): 911–951.

Donald, B. 2002. Spinning Toronto's golden age: the making of a `city that worked'. *Environment and Planning A* 34: 2127-2154.

Douglas, G. C. C. 2012. The edge of the island: Cultural ideology and neighbourhood identity at the gentrification frontier. *Urban Studies* 49(16): 3579–3594.

Dunkelman, D. 1997. *Your guide to Toronto neighbourhoods.* Ogden, UT: Maple Tree Publishing. 337.

Dunleavy, P. 1979. The urban basis of political alignment: social class, domestic property ownership, and state intervention in consumption processes. *British Journal of Political Science* 9(4): 409-443.

Dunleavy, P. 1980. *Urban Political Analysis: The Politics of Collective Consumption.* London: Macmillan.

Dunleavy, P. and Husbands, C. 1985. *British Democracy at the Crossroads.* London: Allen and Unwin.

Durst, D. 2005. Aging amongst immigrants in Canada: Population drift. *Canadian Studies in Population* 32(2): 257–270.

Faist, T. 2012. Transnational migration. In *The Wiley -Blackwell encyclopedia of globalization.* ed. G. Ritzer. Oxford, UK: Blackwell. https://doi.org/10.1002/97804706705 90.wbeog910

Faist, T., Fauser, M. and Reisenauer, E. 2013. *Transnational migration.* Cambridge, UK: Polity.

文　献

Filion, P. 1999. Rupture or continuity: Modern and postmodern planning in Toronto. *International Journal of Urban and Regional Research* 23(3):421-445.

Fong, T. P. 1994. *The First Suburban Chinatown: The Remaking of Monterey Park, California.* Temple University Press. Philadelphia.

Frenz, M. 2012. Representing the Portuguese Empire: Goan Consuls in British East Africa, c. 1910-1963. In Eric Morier-Genoud eds. *Imperial Migrations.*

Gans, H. J. 1979. Symbolic ethnicity: The future of ethnic groups and cultures in America. *Ethnic and Racial Studies* 2(1): 1-20.

Gherghel, A. and Le Gall, J. 2010. Transnational practices of care: The Azorean migration in Quebec (Canada). In *Boundaries: Dichotomies of keeping in and keeping out.* Ed. Chapple, J. Boston, MA: Brill, 141–157.

Glass, R. 1964. Introduction: Aspects of change. In Centre for Urban Studies Ed. *London: Aspects of change.* London: MacKibbon and Kee.

Globe and Mail. 2014. *Councillor Race Heats Up in Ward 18d.* October 22, 2014: A13.

Good, K. R. 2009. *Municipalities and Multiculturalism: The Politics of Immigration in Toronto and Vancouver.* University of Toronto Press: Toronto, Buffalo, and London.

Gordon, M. M. 1964. *Assimilation in American life: The role of race, religion, and national origins.* New York, NY: Oxford University Press.

Gravari-Barbas, M. 2017. Super-gentrification and hyper-tourismification in Le Marais, Paris. In: Gravari-Barbas M and Guinand S (eds), *Tourism and Gentrification in Contemporary Metropolises.* London: Routledge.

Guarnizo, L. E. 1994. Los Dominicanyorks: The making of a binational society. *Annals of the American Academy of Political and Social Science* 533(1): 70-86.

Gustafson, P. 2008. Transnationalism in retirement migration: The case of North European retirees in Spain. *Ethnic and Racial Studies* 31(3): 451-475.

Hackworth, J. 2016. Why there is no Detroit in Canada. *Urban Geography* 37(2): 272-295.

Hackworth, J. and Rekers, J. 2005. Ethnic packaging and gentrification: The case of four neighborhoods in Toronto. *Urban Affairs Review* 41(2): 211-236.

Hackworth, J. and Smith, N. 2001. The changing state of gentrification. *Tijdschrift Voor Economische en Sociale Geografie* 92(4): 464-477.

Hamnett, C. 1984. Gentrification and residential location theory: s review and assessment. In: Herbert, D. T. and Johnston, R. J. (eds), *Geography and the Urban Environment. Progress in Urban Research and Applications* 6. London: John Wiley.

Hamnett, C. 1991. The blind men and the elephant: the explanation of gentrification. *Transactions of the Institute of British Geographers* 16(2): 173-189.

Harvey, D. 1989. From Managerialism to Entrepreneurialism: The Transformation in Urban Governance in Late Capitalism. *Geografiska Annaler: Series B, Human Geography* 71:3-17.

Harvey, D. 2005. *A Brief History of Neoliberalism.* Oxford Univ Press.

Happel, S. K. and Hogan, T. D. 2002. Counting snowbirds: The importance of and the problems with estimating seasonal populations. *Population Research and Policy Review* 21: 227–240.

Hendricks, G. 1974. *Dominican diaspora: From the Dominican Republic to New York City: Villagers in transition.* Teachers' College Press.

Hernandez, T. and Jones, K. 2005. Downtowns in transition: Emerging business improvement area strategies. *International Journal of Retail & Distribution Management* 33: 789-805.

Hero, R. 1992. *Latinos and the U.S. Political System: Two-Tiered Pluralism*. Philadelphia: Temple Univ. Press.

Hiebert, D. 1993. Jewish immigrants and the garment industry of Toronto, 1901-1931: A case study of ethnic and class relations. *Annals of the Association of American Geographers* 83: 243-271.

Hiebert, D. 2000. Immigration and the changing Canadian city. *Canadian Geographer* 44(1): 25-43.

Historica Canada. 2015. Ukrainian Settlement in the Canadian Prairies. In *The Canadian Encyclopedia*. https://www.thecanadianencyclopedia.ca/en/article/ukrainians-homesteading-in-the-parkland-feature

Historica Canada. 2019. Italian Canadians. In *The Canadian Encyclopedia*. https://www.thecanadianencyclopedia.ca/en/article/italian-canadians

Historica Canada. 2023. Chinese Canadians. In *The Canadian Encyclopedia*. https://www.thecanadianencyclopedia.ca/en/article/chinese-canadians

Historica Canada 2024. *Keynesian Economics in Canada*. The Canadian Encyclopedia. https://www.thecanadianencyclopedia.ca/en/article/keynesian-economics

Hochleutner, R. B. 2008. BIDs farewell: The democratic accountability of business improvement districts. In Morcol, G., Hoyt, L., Meek, W. J. and Zimmerman, U. (Eds.), *Business improvement districts: Research, theories, and controversies* (pp. 95-110). Boca Raton, FL: CRC Press.

Hou, F. and Picot, G. 2019. *Trends in the citizenship rate among new immigrants to Canada*. https://www150.statcan.gc.ca/n1/pub/11-626-x/11-626-x2019015-eng.htm

Hoyt, H. 1939. *The Structure and Growth of Residential Neighborhoods in American Cities*. Washington D.C.: Federal Housing Administration.

Hoyt, L. 2003. *The Business Improvement District: An Internationally Diffused Approach to Revitalization*. International Downtown Association. Washington DC. http://www.lorlenehoyt.com/yahoo_site_admin/assets/docs/Hoyt_IDA.325174429.pdf. [Retrieved September 23, 2015]

Hoyt, L. 2006. Importing ideas: The transnational transfer of urban revitalization policy. *International Journal of Public Administration* 29: 221-243.

Hoyt, L. 2008. From North America to Africa: The BID model and the role of policy entrepreneurs. In G. Morcol, L. Hoyt, W. J. Meek, & U. Zimmerman (Eds.), *Business improvement districts: Research, theories, and controversies* (pp. 111–138). Boca Raton, FL: CRC Press.

Hulchanski, D. 2007. The Three Cities Within Toronto: Income Polarization among Toronto's Neighbourhoods, 1970-2000. *Centre for Urban and Community Studies Research Bulletin* 41: 1-12. http://www.urbancentre.utoronto.ca/pdfs/researchbulletins/CUCSRB41_Hulchanski_Three_Cities_Toronto.pdf [Retrieved January 4, 2017]

Hulchanski, D. 2010. *The Three Cities within Toronto: Income Polarization among Toronto's Neighbourhoods, 1970-2005*. Cities Centre, University of Toronto. http://www.urbancentre.utoronto.ca/pdfs/curp/tnrn/Three-Cities-Within-Toronto-2010-Final.pdf [Retrieved January 4, 2017]

Hunter, A. 2011. Theory and practice of return migration at retirement: The case of migrant worker hostel residents in France. *Population, Space and Place* 17: 179-192.

IRCC (Immigration, Refugees and Citizenship Canada). 2016. *Canada facts and figures: Immigrant overview - Permanent Residents 2016*. https://www.cic.gc.ca/opendatadonn

eesouvertes/data/Facts_and_Figures_2016_PR_EN.pdf

IRCC (Immigration, Refugees and Citizenship Canada). 2021a. *Guide CIT 0003 - Application for Canadian Citizenship - Minors (under 18 years of age)*. https://www.canada.ca/en/immigration-refugees-citizenship/services/application/application-forms-guides/guide-0003-application-canadiancitizenship-minors-under-18-years.html

IRCC (Immigration, Refugees and Citizenship Canada). 2021b. *Guide: Application for Canadian Citizenship: Adults - Subsection 5(1) CIT 0002*. https://www.canada.ca/en/immigrationrefugees-citizenship/services/application/applicationforms-guides/guide-0002-application-canadian-citizenshipunder-subsection-5-1-adults-18-years-older.html#Step1

IRCC (Immigration, Refugees and Citizenship Canada). 2021c. *How long must I stay in Canada to keep my permanent resident status?* https://www.cic.gc.ca/english/helpcentre/answer.asp?qnum=727&top=10

Johnston, R. J. 1982. *Redistricting by independent commissions: a perspective from Britain.* Annals of the Association of American Geographers 72: 457-470.

Johnston, R. J., O'Neil, A. B. and Taylor, P. J. 1987. The Geography of party support: comparative studies in electoral stability. In Holler, MJ (ed), *The Logic of Multiparty Systems*. Dordrecht: Martinus Nijhoff.

Kalbach, W.E. 1990. Ethnic residential segregation and its significance for the individual in an urban setting. In Breton, R., Isajiw, W. W., Kalbach, W. E., and Reitz, J. G.(eds.) *Ethnic Identity and Equality: Varieties of Experience in a Canadian City*. pp. 92-134.

Kaplan, D. H. 1998. The spatial structure of urban ethnic economies. *Urban Geography* 19: 489-501.

Kazemipur, A. and Halli, S. S. 2000. *The New Poverty in Canada: Ethnic Groups and Ghetto Neighbourhoods*. Toronto: Thompson.

Kipfer, S. and Keil, R. 2002. Toronto Inc? Planning the Competitive City in the New Toronto. *Antipode* 34(2): 227-264.

Klinthäll, M. 2006. Retirement return migration from Sweden. *International Migration* 44(2): 153-180.

Kobayashi, A. and Peake, L. 1994. Unnatural discourse: "Race" and gender in geography. *Gender, Place and Culture* 1: 225-244.

Kobayashi, A. and Peake, L. 2000. Racism out of Place: Thoughts on Whiteness and an Antiracist Geography in the New Millennium. *Annals of the Association of American Geographers* 90(2): 392-403.

Krzyżowski, L. and Mucha, J. 2014. Transnational caregiving in turbulent times: Polish migrants in Iceland and their elderly parents in Poland. *International Sociology* 29(1): 22-37.

Lahaie, C., Hayes, J. A., Piper, T. M., and Heymann, J. 2009. Work and family divided across borders: The impact of parental migration on Mexican children in transnational families. *Community, Work & Family* 12(3): 299-312.

Lavery, K. 1995. Privatization by the back door: The rise of private government in the USA. *Public Money & Management* 15: 49-53.

Lees, L. 2000a. A reappraisal of gentrification: towards a 'geography of gentrification'. *Progress in Human Geography* 24(3): 389-408.

Lees, L. 2000b. Super-gentrification: the case of Brooklyn Heights, New York City. *Urban Studies* 40(12): 2487-2509.

Lees, L. 2008. Gentrification and social mixing: Towards an inclusive urban renaissance? *Urban Studies* 45(12): 2449–2470.

Lees, L., Slater, T., and Wyly, E. 2008. *Gentrification*. New York: Routledge.

Lehrer, U. (2009) Urban Renaissance and Resistance in Toronto. In: Porter, L and Shaw, K (eds), *Whose Urban Renaissance?: An International Comparison of Urban Regeneration Strategies*. Oxon: Routledge.

Levitt, P., and Jaworsky, B. N. 2007. Transnational migration studies: Past developments and future trends. *Annual Review of Sociology* 33: 129-156.

Ley, D. 1980. Liberal Ideology and the Postindustrial City. *Annals of the Association of American Geographers* 70(2): 238-258.

Ley, D. 1994. Gentrification and the Politics of the New Middle Class. *Environment and Planning D: Society and Space* 12(1):53-74.

Ley, D. 1996. *The New middile class and the remaking of the central city*. New York: Oxford University Press.

Ley, D. 2003. Artists, aestheticisation and the field of gentrification. *Urban Studies* 40(12): 2527-2544.

Ley, D. 2004. Transnational spaces and everyday lives. *Transactions of the Institute of British Geographers* 29(2): 151-164.

Ley, D. and Kobayashi, A. 2005. Back to Hong Kong: Return migration or transnational sojourn? *Global Networks* 5(2): 111-127.

Ley, D. and Smith, H. 2000. Relations between deprivation and immigrant groups in large Canadian cities. *Urban Studies* 37(1): 37-62.

Li, W. 1998a. Los Angels's Chinese ethnoburb: From ethnic service center to global economy outpost. *Urban geography* 19: 502-517.

Li, W. 1998b. Anatomy of a new ethnic settlement: The Chinese Ethnoburb in Los Angeles. *Urban Studies* 35: 479-501.

Li, W. 2009. *Ethnoburb: The new ethnic community in urban America*. Honolulu: University of Hawaii Press.

Li, W. and Lo, L. 2009. Highly-skilled Indian migrations in Canada and the US: The tale of two immigration systems. *IMDS Working Paper Series* 4: 1-24.

Lippert, R. 2009. Signs of the surveillant assemblage: Privacy regulation, urban CCTV and governmentality. Social and Legal Studies: *An International Journal* 18(4): 505-522.

Lo, L. 2006. Changing Geography of Toronto's Chinese ethnic economy. In *Landscapes of the ethnic economy*, ed. D. H. Kaplan and W. Li, 83-96. Lanham, Maryland: Rowman & Littlefield Publishers Inc.

Lo, L. and Wang, S. 1997. Settlement patterns of Toronto's Chinese immigrants: Convergence or Divergence? *Canadian Journal of Regional Science* 20: 49-72.

Lo, L., Preston, V., Anisef, P., Basu, R. and Wang, S. 2015. *Social Infrastructure and Vulnerability in the Suburbs*. University of Toronto Press. Toronto, Buffalo and London.

Logan, J. R., Alba, R. D. and Zhang, W. 2002. Immigrant enclaves and ethnic communities in New York and Los Angels. *American Sociological Review* 67: 299-322.

Mallett, W. J. 1993. Private government formation in the D.C. metropolitan area. *Growth and Change* 24: 385-416.

Massey, D. S. 1985. Ethnic residential segregation: A theoretical synthesis and empirical review. *Sociology and Social Research*: 315-350.

Massey, D. S. and Denton, N. A. 1987. Trends in the residential segregation of Blacks,

文　献

Hispanics, and Asians: 1970–1980. *American Sociological Review* 52: 802-825.

Massey, D. S. and Denton, N. A. 1988. Suburbanization and segregation in U.S. Metropolitan Areas. *American Journal of Sociology* 94: 592-626.

Matwijiw, P. 1979. Ethnicity and urban residence: Winnipeg, 1941-1971. *Canadian Geographer* 23: 45-61.

McCann, E. 2011. Urban Policy Mobilities and Global Circuits of Knowledge Toward a Research Agenda. *Annals of the Association of American Geographers.* 101(1): 107–130.

McHugh, K. E. and R. C. Mings. 1994. Seasonal migration and health care. *Journal of Aging and Health* 6(1): 111-132.

Milénio. 2014a. *Vamos Votar na Ana Bailão: Candidata 67 nas Próximas Eleições Municipais a 27 de Outubro.* October 24, 2014: 24-30.

Milénio. 2014b. *ACAPO: Apoio a Candidatos 'as Eleições Municipais.* October 24, 2014: 24-30.

Mitchell, J. 1999. *Business Improvement Districts and Innovative Service Delivery.* Grant report. Pricewaterhouse Coopers Endowment for the Business of Government. Arlington, VA.

Mitchell, J. 2003. *Business Improvement Districts and the Shape of American Cities.* State University of New York Press. Albany, NY.

Moore, K. S. 2009. Gentrification in black face?: The return of the black middle class to urban neighborhoods. *Urban Geography* 30(2): 118-142.

Morcol, G., Hoyt, L., Meek, W. J. and Zimmerman, U. 2008. Business improvement districts: Research, theories, and controversies. In Morcol, G., Hoyt, L., Meek, W. J. and Zimmerman, U. (Eds.), *Business improvement districts: Research, theories, and controversies* (pp. 1-23). Boca Raton, FL: CRC Press.

Morcol, G. and Zimmerman, U. 2006. Metropolitan governance and business improvement districts. *International Journal of Public Administration* 29(1-3): 5–29.

Moreno, L. J. 1934. *Who shall survive?* New York: Beacon Press.

Morris, A. 2019. 'Super-gentrification' triumphs: gentrification and the displacement of public housing tenants in Sydney's inner-city. *Housing Studies* 34(7): 1071-1088.

Murdie, R. A. 1996. Economic restructuring and social polarization in Toronto. O'Loughlin, J. and Friedriches, J. eds. In *Social polarization in post-industrial metropolises.* Walter De Gruyter.

Murdie, R. and Teixeira, C. 2011. The impact of gentrification on ethnic neighbourhoods in Toronto: A case study of Little Portugal. *Urban Studies* 48: 61-83.

Newitt, M. 1981. Portugal in Africa. The Last Hundred Years. Longman, London.

Noivo, E. 1997. *Inside ethnic families: Three generations of Portuguese - Canadians.* Montreal and Kingston: McGill-Queens University Press.

Now Magazine Toronto. 2014. *Toronto votes 2014 picks & pans: who to vote for and who's got to go October 27 in all 44 ward races.* October 24, 2014: 23-29.

OECD (Organisation for Economic Co-operation and Development). 2021. *OECD Labour force statistics.* https://data.oecd.org/pop/elderly-population.htm

Oliver, C. 2016. Ageing, embodiment and emotions in orientations to home: British retirement migration in Spain. In *Transnational migration and home in older age.* ed. K. Walshand L. Näre, New York, NY: Routledge, 188-198.

O'Loughlin, J. 1980. The election of black mayors, 1977. *Annals of the Association of American Geographers* 70: 353-370.

O'Loughlin, J. 1981. The neighbourhood effect in urban voting surfaces: A cross-national analysis. In: Burnett, AD and Taylor, PJ (eds), *Political Studies from Spatial Perspectives: Anglo-American Essays on Political Geography*. Chichester: John Wiley.

Osei-Kwame, P. and Taylor, P. 1984. A politics of failure: the political geography of Ghanaian elections, 1954-1979. *Annals of the Association of American Geographers* 74(4): 574-589.

Park, E. R., Burgess, W. E., and Mckenzie, R. 1925. *The City*. Chicago: Chicago University Press.

Philpot, T. S. and Walton, H. 2007. One of our own: black female candidates and the voters who support them. *American Journal of Political Science* 51: 49-62.

Portes, A. 1980. Immigrant enclaves: An analysis of the labor market experiences of Cubans in Miami. *American Journal of Sociology* 86: 295-319.

Portes, A. and Jensen, L. 1987. What's an ethnic enclave?: The case for conceptual clarity. *American Sociological Review* 52:768-771.

Reitz, J.G. 1990. Ethnic Concentrations in Labour Markets and their Implications for Ethnic Inequality. In Breton, R., Isajiw, W. W., Kalbach, W. E., and Reitz, J. G.(eds.) *Ethnic Identity and Equality: Varieties of Experience in a Canadian City*. pp. 135-195.

Robson, G. and Butler, T. 2001. Coming to terms with London: Middle class communities in a global city. *International Journal of Urban and Regional Research* 25(1): 75-86.

Rocha Trindade, M. A. 2009. The Portuguese diaspora. In *The Portuguese in Canada: Diasporic challenges and adjustment*, 2nd edition, ed. C. Teixeira and V. M. P. Da Rosa, 18-41. Toronto: University of Toronto Press.

Roediger, D. R. 2005. *Working Toward Whiteness: How America's Immigrants Became White: The Strange Journey from Ellis Island to the Suburbs*. Basic Books: NY.

Rose, D. 2004. Discourses and experiences of social mix in gentrifying neighbourhoods: A Montreal case study. *Canadian Journal of Urban Research* 13(4): 278-327.

Ross, H. B. and Levine, A. M. 2011. Urban politics: Power in metropolitan America (8th ed.). New York: Routledge.

Santos, C. A., Belhassen, Y. and Caton, K. 2008. Reimaging Chinatown: An analysis of tourism discourse. *Tourism Management* 29: 1002-1012.

Schaffer, R. and Smith, N. 1986. The gentrification of harlem? *Annals of the Association of American Geographers* 76(3): 347-365.

Scott, J. 2013. *Social network analysis* (3rd ed.). Los Angeles: Sage.

Semple, R. K. and Green, M. B. 1983. Interurban Corporate Headquarters Relocation in Canada. *Cahiers de géographie du Québec* 27: 389-406.

Serrão, J. 1971. *Emigração Portuguesa: Sondagem Histórica*. Lisbon: Livros Horizonte.

Silver, D., Taylor, Z., and Calderón-Figueroa, F. 2020. Populism in the city: the case of Ford Nation. *International Journal of Politics, Culture, and Society* 33: 1-21.

Skop, E. and Li, W. 2005. Asians in America's suburbs: Patterns and consequences of settlement. *Geographical Review* 95: 167-188.

Slater, T. 2004a. North American gentrification? Revanchist and emancipatory perspectives explored. *Environment and Planning A* 36(7): 1191-1213.

Slater, T. 2004b. Municipally-managed gentrification in South Parkdale, Toronto. *Canadian Geographer* 48(3): 303-325.

Slater, T., Winifred, C. and Lees, L. 2004. Gentrification research: New directions and critical scholarship. Guest editorial. *Environment and Planning A* 36(7): 1141-1150.

Smith, N. 1979. Toward a Theory of Gentrification A Back to the City Movement by Capital, not People. *Journal of the American Planning Association* 45: 538-548,

文　献

Smith, N. 1996. *The new urban frontier: Gentrification and the revanchist city*. London: Routledge.

Smith, S. K. and House, M. 2006. Snowbirds, sunbirds, and stayers: Seasonal migration of elderly adults in Florida. *The Journals of Gerontology: Series B* 61(5): S232-S239.

Sonenshein, R. 1993. *Politics in Black and White: Race and Power in Los Angeles*. Princeton: Princeton University Press.

Statistics Canada. 2011. *National Household Survey: NHS Profile, Toronto, C, Ontario, 2011.* https://www12.statcan.gc.ca/nhs-enm/2011/dp-pd/prof/details/page.cfm?Lang=E&Geo 1=CSD&Code1=3520005&Data=Count&SearchText=toronto&SearchType=Begins&Sea rchPR=35&TABID=1&A1=Ethnic%20origin&B1=All&Custom=#tabs1

Statistics Canada. 2015. *Population growth in Canada: From 1851 to 2061.* https://www12. statcan.gc.ca/census-recensement/2011/as-sa/98-310-x/98-310-x2011003_1-eng.cfm

Statistics Canada. 2016. *Data tables, 2016 Census.* https://www12.statcan.gc.ca/census-recensement/2016/dp-pd/dttd/Rp-eng.cfm?LANG=E&APATH=3&DETAIL=0&DIM= 0&FL=A&FREE=0&GC=0&GID=0&GK=0&GRP=1&PID=110528&PRID=10&PTYPE =109445&S=0&SHOWALL=0&SUB=0&Temporal=2017&THEME=120&VID=0&VNA MEE=&VNAMEF=

Statistics Canada. 2018. *150 years of immigration in Canada.* https://www150.statcan.gc.ca/n1/pub/11-630-x/11-630-x2016006-eng.htm

Statistics Canada. 2020. *The Enslavement of African People in Canada (c. 1629–1834).* https://www.canada.ca/en/parks-canada/news/2020/07/the-enslavement-of-african-people-in-canada-c-16291834.html#:~:text=Between%20c.,Edward%20Island%2C%20 and%20New%20Brunswick.

Statistics Canada. 2023. *Significant events in the history of Asian communities in Canada.* https://www.canada.ca/en/canadian-heritage/campaigns/asian-heritage-month/ important-events.html#:~:text=Later%20on%2C%20Barkerville%2C%20British%20 Columbia,and%20later%20to%20maintain%20it.

Steel, M. and Symes, M. 2005. The Privatisation of Public Space? The American Experience of Business Improvement Districts and their Relationship to Local Governance, *Local Government Studies* 31(3):321-334.

Sun, K. Y. C. 2014. Transnational kinscription: A case of parachute kids in the USA and their parents in Taiwan. *Journal of Ethnic and Migration Studies* 40(9): 1431-1449.

Taylor, P. J. and Gudgin, G. 1976. The myth of non-partisan cartography: a study of electoral biases in the English boundary commission's redistribution for 1955-1970. *Urban Studies* 13(1): 13-25.

Taylor, Z. and McEleney, S. 2019. Do institutions and rules influence electoral accessibility and competitiveness? Considering the 2014 Toronto ward elections. *Urban Affairs Review* 55(1): 210-230.

Teixeira, C. 1998. Cultural resources and ethnic entrepreneurship: A case study of thePortuguese real estate industry in Toronto. *Canadian Geographer* 42(3): 267-281.

Teixeira, C. 2006. Residential segregation and ethnic economies in a multicultural city: The Little Portugal of Toronto. In D. H. Kaplan & W. Li (Eds.), *Landscapes of the ethnic economy* (pp. 49-65). Lanham, MD: Rowman & Littlefield Publishers Inc.

Teixeira, C. 2007. Toronto's Little Portugal: a neighbourhood in transition. *University of Toronto Centre for Urban and Community Studies Research Bulletin* 35: 1-8.

Teixeira, C. and Da Rosa, V. M. P. 2009. A historical and geographical perspective. In *The*

285

Portuguese in Canada: Diasporic challenges and adjustment, 2nd edition. eds. Teixeira, C. and Da Rosa, V. M. P., 3-17. Toronto: University of Toronto Press

Teixeira, C., and Murdie, R. 1997. The role of ethnic real estate agents in the residential relocation process: A case study of Portuguese homebuyers in suburban Toronto. *Urban Geography* 18(6): 497-520.

Teixeira, C. and Murdie, R. 2009. On the move: The Portuguese in Toronto. In *The Portuguese in Canada: Diasporic challenges and adjustment, 2nd edition.* Ed. Teixeira, C. and Da Rosa, V. M. P. pp. 191-208. Toronto: University of Toronto Press.

Toronto Historical Board. 1993. *Toronto 200 community history, 1793-1993.* Toronto: Toronto Historical Board.

Toronto Star. 2010. *The birthplace of BIAs celebrates 40 years.* http://www.thestar.com/news/gta/2010/04/18/the_birthplace_of_bias_celebrates_40_years.html [Retrieved September 25, 2015]

Toronto Star. 2014. *Seven Toronto city council challengers worth supporting.* October 12, 2014: 12.

Tourism Toronto. 2012. *Neighbourhoods.* http://www.seetorontonow.com/explore-neighbourhoods/ [Retrieved August 28, 2012]

United Nations (Department of Economic and Social Affairs, Population Division). 2019. *World population prospects 2019.* https://population.un.org/wpp/Publications/Files/WPP2019_Highlights.pdf

Urry, J. 1990 The Tourist Gaze: Leisure and Travel in Contemporary Societies. Sage.

van Weesep, J. 1994. Gentrification as a research frontier. *Progress in Human Geography* 18(1): 74-83.

Waldinger, R. D. 1986. *Through the eye of the needle: Immigrants and enterprise in New York's garment trades.* New York University Press.

Walks, R. A. 2001. The social ecology of the post-Fordist/global city? Economic restructuring and socio-spatial polarisation in the Toronto urban region. *Urban Studies* 38(3): 407-447.

Walks, R. A. 2004a. Place of residence, party preferences, and political attitudes in Canadian cities and suburbs. *Journal of Urban Affairs* 26(3): 269-295.

Walks, R. A. 2004b. Suburbanization, the vote, and changes in federal and provincial political representation and influence between inner cities and suburbs in large Canadian urban regions, 1945-1999. *Urban Affairs Review* 39(4): 411-440.

Walks, R. A. 2005. The city-suburban cleavage in Canadian federal politics. *Canadian Journal of Political Science* 38(2): 383-413.

Walks, R. A. and Maaranen, R. 2008a. Gentrification, social mix, and social polarization: Testing the linkages in large Canadian cities. *Urban Geography* 29(4): 293-326.

Walks, R. A. and Maaranen, R. 2008b. Neighbourhood gentrification and upgrading in Montreal, Toronto and Vancouver. *Centre for Urban and Community Studies Research Bulletin* 43: 1-9. http://www.urbancentre.utoronto.ca/pdfs/researchbulletins/CUCS_RB_43-Walks-Gentrification2008.pdf [Retrieved January 13, 2014]

Ward, K. 2006. "Policies in motion", urban management and state restructuring: The trans-local expansion of business improvement districts. *International of Urban and Regional Research* 30(1): 54-75.

Waters, J. L. 2005. Transnational family strategies and education in the contemporary Chinese diaspora. *Global Networks* 5(4): 359-377.

Wellman, B. 1979. The community question: The intimate networks of East Yorkers.

文 献

American Journal of Sociology 84: 1201-1231. ウェルマン，B著．野沢慎司・立山徳子訳．2006. コミュニティ問題：イーストヨーク住民の親密なネットワーク．『リーディングスネットワーク論：家族・コミュニティ・社会関係資本』159-204. 勁草書房．

Wellman, B. and Leighton, B. 1979. Networks, neighborhoods and communities: Approaches to the study of the community question. *Urban Affairs Quarterly* 15: 363-390.

Whyte, W. F. 1943. *Street Corner Society*. University of Chicago Press.

Williams, A. F. 1996. *John Cabot and Newfoundland*. St. John's: Newfoundland historical society.

Winks, R. 1997. *The Blacks in Canada: A History* (2nd ed.). Montreal: McGill-Queens Univ. Press.

Wirth, L. 1938. Urbanism as a Way of Life. *American Journal of Sociology* 44(1):1-24.

Wolf, F. J. 2006. Urban governance and business improvement districts: The Washington, DC BIDs. *International Journal of Public Administration* 29(1): 53-75.

White, R. 2016. Financing the Golden Age: Municipal Finance in Toronto, 1950 to 1975. IMFG Papers on Municipal Finance and Governance 29: 1-43. https://imfg.org/uploads/361/1902_imfg_no_29_online_r3_final.pdf

WHO (World Health Organization). 2019. GHE: Life expectancy and healthy life expectancy. In *The Global Health Observatory: Explore a world of health data*. https://www.who.int/data/gho/data/themes/mortality-and-globalhealth-estimates/ghe-life-expectancy-and-healthy-lifeexpectancy

World Bank 2015. Competitive cities for jobs and growth: what, who, and how. https://documents.worldbank.org/pt/publication/documents-reports/documentdetail/902411467990995484/competitive-cities-for-jobs-and-growth-what-who-and-how#:~:text=A%20competitive%20city%20is%20a,and%20to%20promoting%20shared%20prosperity.

Zelinsky, W. and Lee, B. A. 1998. Heterolocalism: An alternative model of the sociospatial behavior of immigrant ethnic communities. *International Journal of Population Geography* 4: 281-298.

Zhou, M. and Logan, J. R. 1991. In and out of Chinatown: Residential mobility and segregation of New York City's Chinese. *Social Forces* 70: 387-407.

Zucchi, J. E. 1988. *Italians in Toronto: Development of a National Identity 1875-1935*. McGill Queen's University Press.

Zukin, S. 1982. *Loft Living: Culture and Capital in Urban Change*. Baltimore: Johns Hopkins University Press.

あとがき

　2011年からの10年余り，筆者自身も様々な変化を経験してきた。大学生から大学院生へ，そして大学教員へとステージが変わるとともに，居住地も東京から四国へ，さらにカナダ西海岸を挟んで北海道へと，北太平洋地域の中ではあるが東西南北に移動した。現在，トロントと同緯度の北緯43度にある都市，札幌に拠点を移し，日々の生活を営んでいる。2020年のCOVID-19のパンデミック以降，トロントへの渡航は許されなくなったが，その間にも論文の執筆作業を進め，博士課程の在籍時から温めていた研究をまとめることができた。上手くいくことばかりではなかったが，20歳代から30歳代までのこの時間を，トロントという都市で，リトルポルトガルという都市空間で，調査に没頭できたという私自身の史実は一つの幸せである。フィールドから沢山のことを学ばせてもらった。

　私が幸い地理学の研究者になれたこと，そして本書が刊行に至ったことは，偏に周囲の人間に恵まれたために他ならない。駒澤大学では，学部と修士課程の在籍時，須山聡先生をはじめとする先生方に温かくご指導いただいた。須山先生には，研究の道に進むきっかけを与えていただいただけでなく，私の成長に必要なことはいつでも漏れなく，厳しくも優しい言葉をいただき，絶妙に応援いただいた。当時イタリアへの関心が強かった私が，ポルトガル系移民街へと研究の軸足を移したのも，この街区における現在進行形での変容の面白さに勘を利かせた須山先生からのすすめが大きかった。博士後期課程では日本大学に在籍し，矢ケ﨑典隆先生のもと，博士研究に取り組んだ。若き日をバークレーで過ごした矢ケ﨑先生が語るアメリカやブラジルでの調査の話は，いつでも刺激的であった。5階の角部屋にあった先生の研究室で語り合わせてもらった時を思い返すと言葉にはならない情感が引き起こされるし，ゼミや発表会の後に飲み交わしたビールは最高に美味しかった。世界のビールに関する蘊蓄も矢ケ﨑先生から手習いを受けた。最近では，ワインの手ほどきも受け，方々でお

289

世話になっている。

博士課程を取得した2017年春，幸いにも間断なく香川大学経済学部に着任することとなった。香川大学では，金德謙先生（現・広島修道大学），原直行先生をはじめとする皆様にお世話になった。これまで接することのなかった他分野の先生との日常的な交流機会を得て，多くのカルチャーショックも感じたが，同時に，これまで見えていなかった新たな視界を開いてもらえたのは幸運であった。高松での生活は，東京で生まれ育ちトロントで研究に取り組んできた，それまでの自分が培った「世界」に対する認識の狭さと甘さを痛感させてくれた。プライベートでも，ライブハウスという小さく濃密な文化の箱を通じ，気の置けない友人をつくることができたことは幸甚であった。

2022年春には，北海道大学大学院文学研究院へ移籍した。北方に位置していることに加え，コロニアルな歴史，豊かな自然環境をはじめ，北海道にはカナダと重なる点も多く，意気揚々と津軽海峡を越えた。北海道大学では，橋本雄一先生，林琢也先生をはじめとする，地域科学研究室の皆様に日々激励をいただき，感謝が絶えない。

カナダでは，トロントのリトルポルトガル及び周辺地区の住民・経営者・従業員・社会文化組織の構成員の皆様，トロント市職員の方々，及びトロントの色葉を教えてくれた友人のKevin Hurley氏には，長きにわたって大変お世話になった。また，博士課程在学中に留学したクイーンズ大学で私を受け入れてくださったJeffrey Masuda教授（現・ヴィクトリア大学），Audrey Kobayashi名誉教授，及びSophy Chan氏をはじめとする院生諸氏には，多岐に渡り，計り知れないほどの刺激をいただいた。Masuda教授には，2021～2022年，日本学術振興会・海外特別研究員およびヴィクトリア大学・客員研究員の受入研究者としてもお世話になったほか，公私の垣根を超えて数えきれない学びの機会を与えていただいている。カナダで出会い，お世話になってきた皆様にも，この場を借りて感謝の意をお伝えする。最後になるが，「家族」には，言葉無くしても常に激励の気持ちをもらっていた。家族の皆に，最大限の感謝の気持ちを伝えたい。

本書は，本研究期間に他界した，二人の祖母とビートルズ好きの画家で恩師の吉井宏氏に捧げるものである。

初出一覧

　本書は，2017年3月，日本大学に提出した博士論文「トロントにおけるポルトガル系コミュニティと都市空間の変容」を中核とし，その後の研究を追加して，全体の論を再構成したものである。また，本書の一部は，筆者が国内外の査読付き学術雑誌に発表した計6編の論文をもとに，それを加筆・修正・翻訳したものである。それぞれの章と学術論文との対応は，以下の通りである。

第6章　リトルポルトガルの移民街としての発展段階
高橋昂輝（2013）エスニック・タウンの空間的・社会経済的構造の多様性：トロントのイタリア系・ポルトガル系を事例に．新地理51(3): 1-18.
第7章　リトルポルトガルの脱ポルトガル化とポルトガル系コミュニティの空間的分散化
Takahashi Koki (2015). Little Portugal and the changing spatial structure of the Portuguese community in Toronto. *Geographical Review of Japan Series* B 88(1): 1–22.
第8章　都市の街区政策BIAとその私的政府性
高橋昂輝（2016）北米都市の業務改善自治地区BID：トロントにみるローカルガバナンスとエスニックブランディング．地理空間9(1): 1-20.
第9章　リトルポルトガルBIAにおける主導権争いと社会関係
Takahashi Koki (2017) Toronto's Little Portugal: Gentrification and social relations among local entrepreneurs. *Urban Geography* 38(4): 578-605.
第10章　ジェントリフィケーション進展下のポルトガル系議員の選挙戦
Takahashi Koki (2022) Electoral politics, gentrification, and strategic use of contested place identities in Toronto's Portuguese neighbourhood. *Environment and Planning C: Politics and Space* 40(6): 1307-1325.
第11章　移民一世の高齢化と老後の戦略的トランスナショナリズム
Takahashi Koki (2023) The aging of international migrants and strategic transnational practice in later life: Exploring Portuguese seniors in Toronto, Canada. *Canadian Geographies / Géographies canadiennes* 67(2): 272-287.

謝　辞

　本書を構成する研究は，以下の競争的資金による支援を受けた。

(1) 2014～2017年 日本学術振興会・特別研究員奨励費「ホスト社会における移民集団の適応・同化に関する地理学的研究」14J01668（研究代表者：高橋昂輝）

(2) 2016～2017年 日本地理学会・斎藤功研究助成「トロントの高齢ポルトガル系移民による二地域居住と環大西洋生活圏の形成」（研究代表者：高橋昂輝）

(3) 2018～2022年 日本学術振興会・科学研究費助成事業（若手研究）「ジェントリフィケーションの影響に注目した移民地区における選挙地理学的研究」18K12582（研究代表者：高橋昂輝）

(4) 2021～2022年 日本学術振興会・海外特別研究員事業「多文化主義国家カナダにおけるエスニシティの空間的商品化と私的政府BIAの役割」（研究代表者：高橋昂輝）

(5) 2023～2024年 村田学術振興財団・研究助成「多文化都市トロントにおけるエスニシティの空間的商品化：ジェントリフィケーションと私的政府BIAに注目して」（研究代表者：高橋昂輝）

(6) 2023～2025年 国土地理協会・学術研究助成「ポルトガル系ディアスポラの世界分布に関する研究：20世紀カナダに形成された要因の解明を目指して」（研究代表者：高橋昂輝）

　本書の出版にあたっては，以下の出版助成を受けた。

2024年度公益社団法人日本地理学会出版助成

索 引

【アルファベット】

ACAPO（Aliança dos Clubes e
　Associações Portuguesas de
　Ontário ＝オンタリオ州ポルトガ
　ル系組織連合）　58, 174, 190-2,
　199, 204, 219-21, 265, 269-70

BIA（Business Improvement Areas）
　18, 22-3, 26-7, 38-44, 111-4, 151-72,
　173-201, 206-7, 220-1, 259, 263-6,
　268-73

BIA役員会　23, 27, 40, 42, 111-2, 116,
　152-4, 162-4, 166-71, 189-92, 197,
　199-200, 264, 268, 270

BID（Business Improvement
　Districts）　40, 156-157

CPP（Canada Pension Plan ＝カナダ
　年金プラン制度）　252-4

EU（European Union ＝欧州連合）
　241, 251, 256

GIS（Guaranteed Income Supplement
　＝所得保障補填）　253-4

Globe and Mail　203-4, 214, 216

Levy（税金，特別税）　41, 153, 170

Now Magazine Toronto　215-6, 224

OAS（Old Age Security ＝老齢保障

制度）　252-4

OECD（Organisation for Economic
　Co-operation and Development ＝
　経済協力開発機構）　231

Toronto Star　214-6, 224

【人名（研究者）】

Kobayashi, A.　72, 233, 262

Lees, L.　21, 46-9

Ley, D.　21, 41, 47, 50, 52, 233

Slater, T.　46, 48

Smith, N.　21, 46-7, 49

Teixeira, C.　18, 35, 42, 47, 94, 96, 99,
　106, 124-6, 175, 248, 261-2

Walks, A.　21, 48, 50, 98-100, 175,
　260-1

【あ行】

アーティスト　47, 49, 181, 205, 216

アートギャラリー　166-7, 177-81, 190,
　195-6, 198, 264, 268-9

アゾレス（アゾレス系，アゾレス諸
　島，アゾレス自治政府）　88, 92,
　95-6, 128, 130-1, 134, 137-8, 176,
　183, 238, 248-50, 256-7

293

アッパーカナダ（Upper Canada）
62-3, 68, 82

アナ・バイラン（Ana Bailão）　203,
211-2, 214-19, 221-2, 224-6

アフリカ（アフリカ系，アフリカ植民
地，アフリカ大陸）　69, 76, 81-3,
87, 89, 91, 95, 106, 248-9

アメリカ（アメリカ合衆国）　23-4, 29,
31-2, 40, 42, 46, 51-2, 61-3, 65, 68-
72, 76, 80, 87, 92, 94, 96, 155, 157-9,
161, 169, 183, 238, 240-1, 245, 252

アントニオ・サラザール（António de
Oliveira Salazar）　90-1, 95, 106,
248

イギリス（イギリス系，イギリス植民
地，イギリス諸島）　17-20, 24, 29,
40, 45-6, 62-3, 65-69, 71-2, 74, 76,
81-3, 90, 93, 95, 104, 240, 262

移住（移住者）　19-20, 25, 34, 36, 41,
45, 56, 58, 65-7, 69-70, 74, 76-77, 79,
88, 91-7, 104-6, 117-8, 122-3, 126,
129, 131, 133, 135, 137-40, 175, 179,
183-4, 192-3, 203, 224, 231-41, 243-
4, 246-51, 253-7, 261-2, 266-7

イタリア（イタリア系）　30, 42, 51,
56, 62-3, 72, 76, 83, 87, 96, 103-8,
111-7, 124, 145, 164-6, 216-7, 224,
231, 240, 260

移民回廊地域　124, 129, 134-5, 138-9,
141, 143-4, 181, 192-3, 198, 213,

226, 261-3

移民街　18-21, 23-4, 26-7, 30-3

移民高齢者　58, 231-3, 236, 238-41,
247-52, 254-7, 266-7

移民法　23, 35, 43, 55, 61, 65-6, 68-71,
74-5, 77, 82, 92, 94, 97, 236, 260-1

イメージ　21, 23, 31, 43,47, 165, 266,
269, 271-3

インナーシティ　18-22, 27, 30-1, 34-7,
39, 42, 45-6, 49-50, 52-3, 55, 80, 151,
171, 175, 179, 182, 204, 260-1, 272-3

ヴァンクーヴァー（ヴァンクーヴァー
市）　64-5, 67, 77, 79-82, 98, 237

エスニックエンクレイヴ（ethnic
enclave）　30, 37

エスニックコミュニティ　32, 36-8, 51,
56, 58, 94, 123, 131, 145, 188, 192,
205, 210, 216-7, 221-5, 232, 247,
262-3, 266-7

エスニック集団　18-20, 29-37, 42-5,
47-51, 63, 68, 70, 72, 74, 83, 94, 104,
106, 108, 111-2, 116, 122, 165-6,
168, 170-1, 185, 200, 209, 217, 224-
5, 231, 243, 260, 262, 265, 267

エスニックビジネス　32-3, 36-8, 121,
139-40, 143-4, 206, 208, 247, 260,
269

エスニックメディア　191, 217-8, 225

エスニックBIA　43-4, 164-7, 169-70

エスノバーブ（ethnoburb）　35-7

索 引

エンクレイヴ経済（enclave
economy） 36
オンタリオ湖 62, 82, 141
オンタリオ州 24, 39, 62, 64, 74, 76,
82, 96, 154-5, 157-8, 179, 206, 216,
218-9, 221, 224, 226, 232, 242-3

【か行】

介護 232, 236-8, 249-50, 255-7
解放（emancipatory）言説 46
家族 94, 96-7, 129, 137, 140, 183, 195,
233, 236-8, 247, 250, 254-6
ガーディナー高速道路（Gardiner
Expressway） 141, 181
観光（tourism） 43
観光地化 38, 43-4, 114, 273
環大西洋 93, 233-4, 237, 241, 254-5
官民連携（public-private
partnership） 22, 188, 263
管理者主義（managerialism） 22
帰還移住（return migration） 232,
234, 238-40, 249
企業家主義（entrepreneurism） 22,
25
企業家都市（entrepreneurial city）
264
競争力ある都市（competitive city）
25, 264
空間的同化論（spatial assimilation
theory） 19-21, 34-5, 198, 261-2

景観 33, 48, 108, 110-2, 117, 129, 161,
163, 169, 175, 183, 260
ケインズ主義 22, 24
ゲットー 30-1, 36-7
ケベック州 29, 62-5, 70, 77-9, 82, 155,
157, 238, 252, 260
郊外化 35, 37-8, 81, 182, 262
候補者 25, 50-2, 204-5, 207-9, 211-2,
214-6, 218-9, 222-6, 265
高齢化（高齢化率） 58, 118, 124, 128-
9, 131, 138, 142, 231-3, 242-3, 249,
254, 259, 266-7, 271
黒人（黒人街区） 31, 51-2, 68-9, 72
国勢調査 18, 34, 55-8, 64, 71, 74, 76,
82, 103, 108, 121, 204-6, 212, 232-3,
242, 244, 254, 261
国勢調査区（census tract） 98, 124,
212
子育て 232, 235-7, 255
子ども 67-8, 128, 140, 183, 234-5, 238,
255
コミュニティ解放論 37-8
コンドミニアム 82, 177, 186, 269
コンフリクト 50, 174, 190, 192, 199

【さ行】

再開発 25, 39, 47, 105, 263
財源 41, 154, 171, 253, 263-4, 273
ジェントリファイアー 26, 47-50, 52,
57, 138, 142, 145, 171, 173, 175,

295

177-82, 184, 190, 192, 195-200, 205-7, 213-4, 216-7, 220-1, 224-6, 264-5, 269-72

ジェントリフィケーション　18, 20-3, 25-7, 42, 44-50, 52-3, 81, 88, 98-100, 135, 138, 142, 164, 167, 171, 174-5, 177, 179, 181-3, 185-6, 198-9, 203-5, 213-4, 220, 223-6, 259-67, 269, 271-3

シカゴ学派　20, 34

市議会議員　25, 27, 51, 152, 203-5, 207-14, 218-9, 224, 226, 265, 270

支持表明（endorsement）　51, 214, 216, 218, 224

私的政府（private governments）　23, 41, 44, 151, 170-1, 200, 259, 263, 273

締め出し（displacement）　46, 175, 183, 199, 262

社会関係　57, 172-4, 193, 195-6, 198-9, 264

社会的混合（social mix）　45, 47

社会的テクトニクス（social tectonics）　30, 45, 48, 57

社会保障　232, 237, 242, 252, 254, 256

社会文化組織　38, 56, 58, 106, 121, 126, 128, 131, 143-4, 191, 204, 208, 219, 247, 251, 260, 267

ジャスティン・トゥルードー（Justin Trudeau）　221-2

集団間同盟　51-2, 224, 266

商業のジェントリフィケーション（commercial gentrification）　21, 182, 185

消費様式　50

植民地　62-3, 68, 79, 81-2, 88-92, 95, 106, 248-9

新自由主義　22-6, 40-1, 46-7, 151, 171, 263-4, 266, 273

新中流階級（New Middle Class）　21, 50, 52

人種化（racialization）　72, 74, 76, 262

人種差別主義（racism）　67-8, 71-2, 74

スケール　23, 27, 37-8, 55-6, 69, 75, 78-80, 82, 88, 121, 151, 171-2, 225, 227, 239-40, 243, 255, 259-61, 264-6

ストリートフェスティバル　58, 163, 167, 190-2, 199, 204, 207, 220-2, 225, 265, 268-9, 271

スノーバード（Snowbird）　239-240, 255-6

政策移転（policy transfer）　22, 40, 44, 57, 154, 159

政治家　207, 214, 216, 220-1, 224-5, 267, 270

セグリゲーション　18, 34, 45

選挙区割　49, 204, 209-12, 226-7

選挙地理学　49-50, 52-3, 223

創造階級（creative class）　52

相補性（complementarity）　21

ソシオグラム　57, 173-4, 193, 196-9

【た行】

大航海時代　55, 88, 91

多重国籍　232, 242, 244, 246, 250-2, 254, 256

多文化主義（二言語多文化主義）　23-4, 26, 43, 61, 65, 69-70, 74-5, 77, 165, 169, 223, 266, 273

多文化都市　18, 23, 26-7, 55, 58, 61, 74-5, 106, 109, 223, 259-60, 266, 272-3

チェーンマイグレーション　97, 106, 137

地価　21, 23, 42, 135, 138, 184, 260, 267, 269

地代格差（rent gap）　21

チャイナタウン（Chinatown）　35, 42, 67, 77, 109, 165-6

賃料　21, 42, 138, 154, 164, 184, 186, 199, 214, 260, 262, 269

束の間の場所　220-1

ディアスポラ　55, 87-88, 90, 261

帝国主義（植民地主義）　88, 91

低所得者　46-7, 49, 216, 240

同胞票（エスニック票）　51, 209, 211-2, 224, 265

都市改良（urban reform）運動　24-5, 39, 41, 50, 263

都市政策　18, 22-3, 38-41, 44, 46-7, 49,

56-7, 97, 151, 158, 169, 171, 263-4, 266, 273

トランスナショナリズム　231, 233, 241, 255

トランスナショナル（トランスナショナル移住）　58, 232-41, 247-52, 254-7, 266-67

トロント市（トロント市当局，トロント市内）　17-8, 22-5, 39-42, 50-1, 55-8, 78-84, 88, 96, 98-9, 103, 107, 111, 124, 126, 133, 141, 151-5, 157-61, 163, 165-6, 169, 171, 179, 181, 185, 187-8, 192, 199, 203-15, 218-20, 223, 226, 232, 242, 246-7, 260, 263-4, 270, 272-3

トロント大都市圏　35, 79, 81, 83, 96, 108, 125-6, 129, 165, 183, 206, 242-3, 261, 270

【な行】

ニューヨーク（ニューヨーク市）　17, 22, 25, 40, 51, 80, 155, 157-8

年金　23, 237, 251-4, 256-7, 263, 266

農村　55, 77, 94, 179

【は行】

パイオニア・ジェントリファイアー　47, 177, 179, 181, 190, 196, 198-9, 206, 216, 224, 264, 269

白人至上主義　69, 71

白人性(Whiteness)　72, 262

場所（場所性）　131, 220-3, 225, 265-6,
　　272

場所アイデンティティ　26, 207, 220,
　　225-6, 265, 272

場所性の把捉力　265

場所の複数性　205

パラシュートキッズ　237

ピエール・トゥルードー（Pierre
　　Trudeau）　61, 69, 165

不動産　131, 133, 185-6, 198-9, 214,
　　260-1

フランス（フランス系）　17, 29, 62-3,
　　69-71, 78-9, 81-3, 90, 93-4, 95, 104,
　　240

フランス語　69, 71, 78-9, 82-3, 157

ブランディング　23, 44, 57, 152, 158,
　　164, 166, 168, 170, 265

フリーライダー　40, 171

ブリティッシュコロンビア州　63-4,
　　76-7

プレーリー（プレーリー三州）　63-4,
　　68, 72, 75-7

文化変容（acculturation）　20, 34, 45,
　　267

ポイントシステム　69, 71, 74-5, 77, 94

報復（revanchist）言説　46

ホスト社会　19-21, 29-35, 42, 45, 74,
　　81, 94, 96-7, 114, 116-7, 129, 138,
　　175, 179, 196, 198, 205, 210, 216-7,

224-5, 232, 262, 267, 271

ホワイトフライト（white flight）　19

【ま行】

マイノリティ（エスニックマイノリ
　　ティ，可視的マイノリティ）　19,
　　29, 50-2, 65-8, 70-2, 74, 77, 97, 165,
　　169, 221, 225, 266

まちづくり　22, 26-7, 163, 170-1, 188-
　　9, 197, 199, 207, 264, 270, 272

マデイラ（マデイラ系，マデイラ諸
　　島，マデイラ島）　88, 92, 95, 128-
　　9, 133, 248, 256-7

マデイラパーク（Madeira Park）
　　129-31, 133

マルクス主義地理学　31, 46

ミシサガ（ミシサガ市）　35, 125, 140,
　　155, 158, 181, 183, 185, 213, 261

メディア　43, 191, 205, 214, 216-8,
　　224-6

モントリオール（モントリオール市）
　　17, 25, 41, 50, 63-5, 76-82, 94, 96,
　　98, 155, 157, 260

【や行】

家賃　23, 213, 262-3

ユダヤ系（ユダヤ人）　18, 72, 74, 96,
　　104-6, 260

索　引

【ら行】

ライフコース　235, 238, 255

ライフサイクル　58, 233-4, 236-8, 255,
　　257, 267

ライフステージ　235-8, 255

リタイアメント　234, 238-9, 255

リトルイタリー（Little Italy）　33, 42,
　　44, 56, 103-5, 108-9, 111-7, 164-7,
　　170, 273

ロウアーカナダ（Lower Canada）
　　62-3, 68

老後　58, 231-4, 236-9, 241, 243, 247-8,
　　251-2, 254, 256-7, 266-7

労働組合　216, 218, 224

労働力　32-3, 36, 56, 63, 66-7, 76-7, 87,
　　113-4, 117, 137, 246, 260

ローカルアクター　42, 44, 47-8, 57,
　　263-4

ローカル政治　27, 56-8, 172-4, 198,
　　200, 259, 266

ロサンゼルス（ロサンゼルス市）　17,
　　22, 35, 42, 51-2, 80, 155, 157-8

路面電車の郊外（streetcar suburbs）
　　20

◎著者プロフィール

髙橋 昂輝（たかはし・こうき）
1988年東京都生まれ。博士（理学）。北海道大学大学院文学研究院・准教授（地域科学研究室）。専門は人文地理学（特に社会・文化地理学）。日本学術振興会・特別研究員（DC1），香川大学経済学部・専任講師，同准教授，日本学術振興会・海外特別研究員，ヴィクトリア大学・客員研究員を経て，現職。近年，国内外のトップジャーナルに多数の論文を発表するほか，メディアへの寄稿，写真展の企画・監修など，幅広く活動している。

多文化都市トロントにおける移民街の揺動
──ジェントリフィケーション・私的政府BIA・ローカル政治

2025年3月19日　初版第1刷発行

著　者　髙橋　昂輝

発行者　大江　道雅

発行所　株式会社　明石書店
　　　　〒101-0021
　　　　東京都千代田区外神田6-9-5
　　　　TEL 03-5818-1171
　　　　FAX 03-5818-1174
　　　　https://www.akashi.co.jp/
　　　　振替 00100-7-24505

装丁：金子　裕
組版：朝日メディアインターナショナル株式会社
印刷・製本：モリモト印刷株式会社

（定価はカバーに表示してあります）　　　　ISBN 978-4-7503-5898-7

|JCOPY|〈出版者著作権管理機構　委託出版物〉
本書の無断複製は著作権法上での例外を除き禁じられています。複製される場合は、そのつど事前に、出版者著作権管理機構（電話
03-5244-5088、FAX 03-5244-5089、e-mail: info@jcopy.or.jp)の許諾を得てください。

デジタル・ジオグラフィーズ

変容する空間、地理学の変容

ジェームズ・アッシュ、ロブ・キッチン、アグニェシュカ・レシュチンスキ 編著

二村太郎、桐村喬、小泉諒 訳
田中雅大 監訳

■A5判／並製／396頁
◎4000円

現代人は誰しもデジタル技術と共に生きている。コンピュータが情報処理の道具に留まらず、世界を構成するアクターはどう変容し、発展するのか。「空間」、「場所」、そしてそれらを取り扱う地理学はどう変容し、発展するのか。25のテーマから説き起こす「デジタル地理学」の手引き書。

● 内容構成 ●

日本語版序文　デジタル地理学／日本の地理学
デジタル・ジオグラフィーズへの招待
第Ⅰ部　デジタル空間　空間性◆都市・農村◆マッピング・モビリティ
第Ⅱ部　デジタル手法　認識論◆データとデータインフラストラクチャー◆質的手法と地理人文学◆参加型手法と市民科学◆カルトグラフィーとGIS◆統計学、モデリング、データサイエンス
第Ⅲ部　デジタル文化　メディアと大衆文化◆主体／主体性◆表象と媒介
第Ⅳ部　デジタル経済　労働◆産業◆シェアリングエコノミー◆既存の産業開発◆ガバナンス◆市民論◆倫理・知識政治◆地政学
第Ⅴ部　デジタル政治

日本の移住労働者　OECD労働移民政策レビュー：日本

経済協力開発機構（OECD）編著
是川夕、江場日菜子訳
◎3600円

日本社会の移民第二世代　エスニシティ間比較でとらえる「ニューカマー」の子どもたちの今

世界人権問題叢書 103
清水睦美、児島明、角替弘規、額賀美紗子、三浦綾希子、坪田光平著
◎5900円

世界のチャイナタウンの形成と変容　フィールドワークから華人社会を探究する

山下清海著
◎4600円

世界と日本の移民エスニック集団とホスト社会　日本社会の多文化化に向けたエスニック・コンフリクト研究

山下清海編著
◎4600円

都市に暮らすモンゴル人　ウランバートル・ゲル地区にみる住まい空間

松宮邑子著
◎4500円

現代人文地理学の理論と実践　世界を読み解く地理学的思考

ロバート・ロブ・キッチン、ブレンダン・バートレイ、ダンカン・フラー著
山本正三、菅野峰明訳
◎5800円

人間の領域性　空間を管理する戦略の理論と歴史

ロバート・デヴィッド・サック著　山﨑孝史監訳
◎3500円

女性の世界地図　女たちの経験・現在地・これから

ジョニー・シーガー著
中澤高志、大城直樹、荒又美陽、中川秀一、三浦尚子訳
◎3200円

〈価格は本体価格です〉

シンボルから読み解くカナダ
メープル・シロップから『赤毛のアン』まで

マイケル・ドーソン、キャサリン・ギドニー、ドナルド・ライト 編著／細川道久 訳

■A4判変型／並製／260頁 ◎3500円

カナダを代表する22のシンボルがいかにして創られ、その表象、意味が時代とともにどのように変化してきたのか、シンボルから想起されるカナダ社会のイメージが実態とどのように異なっているのかを、豊富なエピソードを織り交ぜわかりやすく解説する。

▶内容構成◀

はじめに／ビーバー／カヌー／トーテムポール／北／ラクロス／アイスホッケー／国歌／国旗／百合の花／メープル・シロップ／カナダ太平洋鉄道／騎馬警官／ドラール・デゾルモ／ローラ・シコード／ヴィミー・リッジ／平和維持部隊／赤毛のアン／ナイアガラの滝／公的健康保険制度／エ〜？／プーティン／ティム・ホートンズ

カナダ移民史 多民族社会の形成
ヴァレリー・ノールズ著／細川道久訳
◎4800円

カナダ人権史 多文化共生社会はこうして築かれた
世界歴史叢書
ドミニク・クレマン著／細川道久訳
◎3600円

新装版 カナダの継承語教育 多文化・多言語主義をめざして
世界歴史叢書
ジム・カミンズ／マルセル・ダネシ著
中島和子／高垣俊之訳
◎2400円

性差別を克服する実践のコミュニティ カナダ・ケベック州のフェミニズムに学ぶ
矢内琴江著
◎3600円

変容する移民コミュニティ 時間・空間・階層
移民・ディアスポラ研究9
駒井洋監修／小林真生編著
◎2800円

人の移動とエスニシティ 越境する他者と共生する社会に向けて
中坂恵美子／池田賢市編著
◎2200円

ポルトガルの歴史 小学校歴史教科書
世界の教科書シリーズ44
アナ・ロドリゲス・オリヴェイラほか著／東明彦訳
◎5800円

カーネーション革命 世界を揺るがしたポルトガル政変の軌跡
ジョゼ・メデイロス・フェレイラ著
横田正顕／西脇靖洋訳
◎4500円

〈価格は本体価格です〉

エリア・スタディーズ83

現代カナダを知るための60章【第2版】

飯野正子、竹中豊 総監修
日本カナダ学会 編

■四六判/並製/392頁
◎2000円

Hello, bonjour! 好評既刊を日本カナダ学会の総力を挙げて改訂。社会の分断が叫ばれる隣国アメリカや欧州各国と比較して、「カナダ的例外」と称されるほど多文化主義が成功しているとされるカナダの最新事情を、歴史にも目配りしつつ多角的に紹介する。先住民、日系人の部も設けた。

――― 内容構成 ―――

Ⅰ 国土・環境　カナダの国土と自然環境/気候変動とカナダ ほか
Ⅱ 多様性のなかの統一　多文化主義の今/カナダ人のアイデンティティ ほか
Ⅲ "最初のカナダ人"　様々なカナダ先住民/先住民教育の現在 ほか
Ⅳ 日系カナダ人と日本文化のひろがり　日系カナダ人のアイデンティティ ほか
Ⅴ 社会・ジェンダー　「独自の社会」としてのケベック/カナダ連邦騎馬警察 ほか
Ⅵ 政治・外交　政治制度の仕組み/ケベック問題/現代カナダの外交 ほか
Ⅶ 経済・社会保障　カナダの企業と産業構造/カナダの社会保障 ほか
Ⅷ 教育・言語　カナダの多文化教育/カナダの公用語政策 ほか
Ⅸ 文学・文化　『赤毛のアン』に描かれなかったカナダ/カナダの食文化 ほか

エリア・スタディーズ 156　カナダの歴史を知るための50章　細川道久編著　◎2000円

エリア・スタディーズ 56　ケベックを知るための56章【第2版】　日本ケベック学会編　◎2000円

エリア・スタディーズ 72　ポルトガルを知るための55章【第2版】　村上義和、池俊介編著　◎2000円

エリア・スタディーズ 12　ウクライナを知るための65章　服部倫卓、原田義也編著　◎2000円

エリア・スタディーズ 169　マレーシアを知るための56章　鳥居高編著　◎2000円

エリア・スタディーズ 199　NATO(北大西洋条約機構)を知るための71章　広瀬佳一編著　◎2000円

エリア・スタディーズ 195　ASEANを知るための50章【第2版】　黒柳米司、金子芳樹、吉野文雄編著　◎2000円

エリア・スタディーズ 139　パレスチナ/イスラエルの〈いま〉を知るための24章　鈴木啓之、児玉恵美編著　◎2000円

エリア・スタディーズ 206

〈価格は本体価格です〉